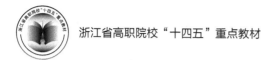 浙江省高职院校"十四五"重点教材

U0366780

轮机维护
与修理

主　编　胡强生

副主编　蒋更红　徐红明

主　审　梁卫武

上海交通大学出版社
SHANGHAI JIAO TONG UNIVERSITY PRESS

内容提要

本书在原"十二五"国家规划教材的基础上补充了大量立体化数字资源,共设九个情景,主要内容有船机零件磨损、腐蚀与疲劳的防止,船机零件缺陷的检验与故障诊断,船机零件修复工艺的应用,柴油机主要零部件的检修,船舶动力装置主要部件的检修等。教材内容既符合《高等职业学校轮机工程技术专业教学标准》,又兼顾了《中华人民共和国海船船员适任考试和发证规则》要求。

本书不仅适合作为航海类高等职业技术学院学生的教学用书,也可作为海船船员适任考证的培训教材,同时可供修船厂和航运部门工程技术人员参考。

图书在版编目(CIP)数据

轮机维护与修理/胡强生主编. —上海:上海交
通大学出版社,2024.8— ISBN 978-7-313-31082-8

Ⅰ.U676.4

中国国家版本馆 CIP 数据核字第 2024H4G385 号

轮机维护与修理
LUNJI WEIHU YU XIULI

主　　编:	胡强生		
出版发行:	上海交通大学出版社	地　　址:	上海市番禺路 951 号
邮政编码:	200030	电　　话:	021-64071208
印　　制:	苏州市古得堡数码印刷有限公司	经　　销:	全国新华书店
开　　本:	787mm×1092mm　1/16	印　　张:	15.25
字　　数:	362 千字		
版　　次:	2024 年 8 月第 1 版	印　　次:	2024 年 8 月第 1 次印刷
书　　号:	ISBN 978-7-313-31082-8	电子书号:	978-7-89424-801-5
定　　价:	68.00 元		

前　言

　　《轮机维护与修理》是浙江省高职院校"十四五"首批重点规划教材,本教材根据轮机人员在船上完成职业岗位实际工作任务所需要的知识、能力、素质要求,分解成若干典型的工作任务,按完成工作任务的需要和岗位操作规程,结合国家海事局海船船员适任证书考证要求组织教材内容,强调职业技能。教材充分体现工学结合的人才培养思路,体现本专业的最新发展,体现素质教育、思政教育和创新能力的培养。在内容上力求知识满足实际需求,实现职业教育体系与船员适任培训工作场景的融合,实现案例进课堂;在表现形式上,以项目设计为导向,突出知识与实操的关联性,实现纸质教材与数字教材的相互融合;在功能上,以数字教材为基础,配套课堂教学互动课件和满足课前预习、课后复习需求的自主学习系统等教学工具,寓教于问、寓教于答。

　　本次修订的主要内容:

　　(1)为方便学习,本书采用"互联网＋教育"的智慧学习理念,在纸质书中嵌入二维码呈现课件、习题、微课等数字资源。学生用手机等终端设备扫描书中二维码,即可免费观看微课、动画等全媒体课件,实现随时随地移动学习。

　　(2)增加了大量经典案例分析,把课程思政融入教材中,弘扬精益求精的专业精神、职业精神、工匠精神和劳模精神。

　　(3)优化各章内容、细节,丰富了"知识拓展",补充了课后练习题及参考答案。

　　本书特点:

　　(1)"岗课赛证融通":依据《高等职业学校轮机工程技术专业教学标准》的教学内容要求,同时参考《中华人民共和国海船船员适任考试和发证规则》《海船船员培训大纲(2021版)》及全国职业院校技能大赛高职组"船舶主机和轴系安装"项目比赛的技能要求,以真实生产项目、典型工作任务、案例等为载体组织教学单元,符合航海类专业的"岗课赛证融通"职业教育特点,实现理论和实践的有机融合。

　　(2)立体化数字资源建设:教材同步推出资源库,实现了教学模式上的创新,便于教师授课和学生对扩展知识的学习。

（3）适用范围广：本书不仅适合作为航海类高等职业技术学院学生的教学用书，也可作为海船船员适任考证的培训教材，同时可供修船厂和航运部门工程技术人员参考。

全书共分九个项目，分别由浙江交通职业技术学院胡强生、蒋更红、徐红明，浙江国际海运职业技术学院袁对共同编写。其中，蒋更红编写项目1和项目2，徐红明编写项目3和项目4，袁对编写项目5，胡强生编写其余项目及全书的练习题。全书由胡强生统编定稿，武汉船舶职业技术学院梁卫武担任主审。本书在编写工作中得到浙江交通职业技术学院、浙江国际海运职业技术学院、武汉船舶职业技术学院有关领导和同事的大力支持和帮助，在此深表感谢。由于编者水平有限，书中难免存在疏漏与不足之处，敬请读者批评指正，以便完善。

目 录

项目 1　船机零件磨损的防止

知识目标：了解摩擦、磨损与润滑的基本概念，掌握各类摩擦和磨损的机理，掌握船机零件的磨损规律，掌握减少船机零件磨损的途径和方法。

能力目标：能正确分辨各种磨损类型，能测量并计算磨损程度，会对船机零件进行磨合操作，能在实际管理中采取减少磨损的措施。

磨损是导致船机零件损坏或船舶机械失效的主要故障模式，是影响船舶机械正常运转和船舶安全航行的主要因素之一。据统计，一般机器中因磨损失效的零部件大约占全部报废零件的 80%。

研究船机零件的磨损必然涉及摩擦学这一新兴学科。尽管人们很早就注意到摩擦、磨损和润滑的重要性，但是三者作为一门学科（即摩擦学）提出来，还是在 20 世纪 60 年代。摩擦学是研究有相对运动的相互作用表面的理论和实践的一门科学技术。摩擦学涉及数学、物理、化学、材料学、固体力学、流体力学、机械工程等学科，是一门新兴的综合性边缘学科。

摩擦学是专门研究摩擦、磨损和润滑的。大多数情况下，摩擦增大是极其有害的，将造成能量损失和机械零件的磨损。据统计，世界一次性能源的 $1/3 \sim 1/2$ 以各种形式消耗于摩擦；磨损是摩擦的必然结果，其造成的损失是相当惊人的，中国工程院《摩擦学科学及工程应用现状与发展战略研究》报告指出："2006 年我国工业领域因摩擦磨损造成的损失约 9 700 亿元人民币，欧美发达国家因摩擦磨损造成的损失约占国民生产总值的 2%～7%；润滑是控制和降低摩擦、磨损有效的重要措施。

实践证明，应用已有的摩擦学知识来解决摩擦、磨损和润滑问题，其经济效益巨大。轮机管理人员必须了解船机零件的摩擦和磨损机理，掌握磨损规律及提高零件耐磨性的途径和方法，在管理工作中要努力防止零件过早磨损和过度磨损，确保船机安全可靠地工作，减少维修和提高机器的使用寿命。

任务 1.1　摩擦与磨损的认识

1.1.1　摩擦的产生及危害

任何零件的表面，无论采用何种加工手段，总是凹凸不平的，其放大的情况如图 1－1 所

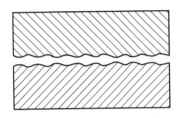

图 1-1　零件表面的放大情况

示。当两个零件在自重和外载荷作用下压紧并在外力作用下发生相对运动时,其凹凸不平的部分必然要发生机械咬合和碰撞,出现摩擦阻力而阻碍运动,使接触表面产生摩擦(Friction)。如果不采取任何技术措施,零件在摩擦过程中将迅速磨损和发热,严重时会咬死或烧熔,这是因为如下因素。

(1) 两摩擦表面实际上是凸点接触,接触点上的负荷大约是平均负荷的 1000 倍,接触点的金属在高负荷下发生变形,使机械咬合部位的凸点由于碰撞而脱落。

(2) 脱落的金属微粒夹在两摩擦面之间,起到磨料作用而使磨损加剧。

(3) 摩擦产生的机械能转变为热能,使凸点的温度升高,机械强度降低,导致磨损加剧。当温度上升到超过金属的熔点时,金属熔化使两机件咬死和摩擦面烧毁。

1.1.2　摩擦表面

具有相互运动零件表面的摩擦、磨损都是从表面的接触作用开始的。同时,摩擦、磨损与零件摩擦表面(Friction Surface)的形貌、表面层的结构等表面性能有关。

1.1.2.1　摩擦表面形貌和表示方法

零件表面无论用什么方法加工得多么平整光滑,在显微镜下观察,其表面总存在大小不同、高低不等、形状各异的峰和谷。也就是说,从微观的角度看,任何零件表面都是不规则的、起伏不平的,即存在着粗糙度,如图 1-2(a)所示。我们把零件表面的几何形状称为表面形貌(Surface Layer Morphology),它是由形成表面的最后加工方法、刀痕、切屑分裂时的变形、刀具与表面之间的摩擦和加工系统的振动等原因造成的。零件表面形貌由宏观几何形状、表面波度和表面粗糙度(微观几何形状)组成,如图 1-2(b)所示。

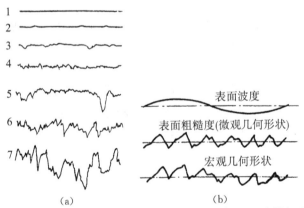

1—理想表面;2—块规表面;3—研磨表面;4—磨削表面;5—铣削表面;6—车削表面;7—钻削表面。

图 1-2　加工表面形貌

(a)各种加工方法的表面轮廓;(b)零件表面形貌

宏观几何形状是宏观表面轮廓线与名义几何形状的粗大偏差,与加工设备及刀具刚度、精度有关;表面波度是表面上周期性的波浪形状,与加工系统的振动频率有关,它介于宏观与微观几何形状之间;表面粗糙度是微观表面轮廓的几何形状偏差,主要取决于车、铣、刨、磨等加工方式及刀具的运动和磨损程度。

表面粗糙度直接影响零件摩擦表面的实际接触面积的大小和实际压强的大小。两个表面接触时,实际接触面积远远小于名义接触面积,仅是名义接触面积的 0.01%～0.1%。零件表面粗糙度直接影响表面的耐磨性、疲劳强度、耐蚀性和配合性质的稳定性。

评定表面粗糙度的方法很多,常用的方法是轮廓算术平均偏差 R_a,是用表面轮廓在取样长度内各点的平均高度来反映表面粗糙度的大小,分为 14 级,即 100、50、25、12.5、6.3、3.2、1.6、0.8、0.4、0.2、0.1、0.05、0.025、0.012,单位为 μm。

1.1.2.2　金属表面层结构

完全洁净的金属表面在大气环境中是不存在的。一旦洁净新鲜的表面出现,就会立刻由于吸附、污染形成覆盖膜。为了描述金属表面层结构(Surface Layer Composition),把经过机械加工的表面自表向里分成外表层和内表层。外表层包括污染层、吸附气体层、氧化层;内表层即加工硬化层与没有受到影响的金属基体,同时各层的厚度也不一样,如图 1-3 所示。

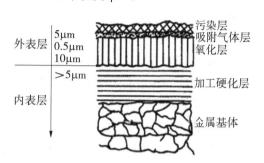

图 1-3　金属表面层结构示意图

正是由于零件金属表面层在结构上与其基体的不同,使得金属表面的性能与基体也不同。如表面层具有自由能,具有润湿性、吸附作用、化学作用(与空气和润滑剂中的氧作用),及表面层金属在机械加工时会产生塑性变形等。

1.1.3　摩擦类型

两个物体相互接触,在外力的作用下,发生相对运动或具有相对运动趋势时,接触面之间就会产生切向的运动阻力和阻力矩,这种现象叫作摩擦,所产生的阻力和阻力矩分别称为摩擦力和摩擦力矩。摩擦消耗大量的有用功,产生大量的热使物体温度升高并产生磨损。

1.1.3.1　摩擦的分类

(1) 按摩擦副的运动状态分为静摩擦(Static Friction)和动摩擦(Dynamical Friction)。

(2) 按摩擦副的运动形式分为滚动摩擦(Rolling Friction)和滑动摩擦(Sliding Friction)。

(3) 按摩擦副的表面润滑状态分为如下几种。

纯净摩擦(Purity Friction):摩擦表面间没有任何吸附膜或化合物时的摩擦。此种摩擦仅发生于两个接触表面产生塑性变形(表面膜破坏)或真空中。

干摩擦(Dry Friction):摩擦表面间没有任何润滑剂时的摩擦,摩擦系数较大,为 0.1～1.5。

边界摩擦(Margin Friction):在边界润滑条件下,摩擦表面间有一层极薄的润滑油膜时的摩擦。摩擦力的大小与润滑膜的黏度无关,只与润滑油膜分子对摩擦表面的吸附性有关。边界油膜的厚度仅为 0.1 μm,摩擦系数为 0.05～0.5。

液体摩擦(Liquid Friction):摩擦表面间有一层边界膜和流体膜的润滑剂时,摩擦表面不能直接接触,摩擦发生在润滑剂分子之间的摩擦。摩擦系数最小,仅为 0.001～0.01。

混合摩擦(Mixed Friction)：摩擦表面间同时存在边界摩擦和干摩擦的半干摩擦或同时存在边界摩擦和流体摩擦的半液体摩擦，均称为混合摩擦。

1.1.3.2　摩擦机理

1）干摩擦机理

摩擦表面之间没有任何润滑剂而直接接触时所产生的摩擦称为干摩擦。干摩擦的摩擦系数最大，对机械零件产生的磨损也最大，船舶机械零件运转中应尽量避免发生干摩擦。

在研究干摩擦机理时，对于摩擦力产生的原因有各种解释，如机械啮合说(1699年)、分子理论说(1734年)、分子-机械说(1939年)、黏着理论说(1942年)等。其中黏着理论较为直观，可解释许多摩擦问题，为多数人接受。

运动副零件在相对运动时，两个摩擦表面不可能形成面接触，只在少数微凸起的峰处形成点接触，其实际接触面积很小，仅为名义接触面积的千分之几至万分之几，但要承受摩擦面上的全部载荷，因此，接触点上的应力很大，产生弹性变形。随着载荷增加，当接触点上的应力达到材料的屈服极限 σ_s 时，接触点处产生塑性变形，如图 1-4 所示。接触点的塑性变形又使实际接触面积增大，并将接触点上的氧化膜压碎，接触点处两种金属分子之间因吸引力和相互扩散而融合在一起，即在接触点处两种金属黏着，称为冷焊或固相焊合。在未接触部分摩擦表面的峰谷则形成犬牙交错、相互嵌入的状况。

图 1-4　干摩擦表面的接触情况

(a)实际接触情况；(b)单个微体接触情况

当配合件继续相互运动时，即在切向力作用下滑动时，冷焊点被剪断，犬牙交错的微突体被剪断。随后又在新的接触点黏着，产生的新的冷焊点又被剪断，直至实际接触面增大到足以承受所加载荷为止。摩擦的过程就是黏着与滑动交替的过程，其结果是造成配合件表面的磨损。

干摩擦后，摩擦表面的金属性质发生很大变化。首先由于摩擦表面的塑性变形引起表面层加工硬化，以及释放出的热量使表面温度升高。当温度升高超过金属的再结晶温度时，表面的加工硬化消失且发生再结晶；当温度继续升高时，表面金属能被软化发生黏结和相变；当摩擦表面继续运动时，接触部分脱开，相变的组织因冷却而被淬火，摩擦表面强度和硬度进一步提高。最后，由于摩擦过程中摩擦表面与周围介质的作用，又会造成表面更大的磨损。例如，空气中的氧会使氧化膜破碎后的裸露金属表面氧化；空气中的水、润滑油中的酸、硫分会引起表面腐蚀等。

2）液体摩擦机理

在充分润滑的条件下，摩擦表面间有极薄的边界膜和一定厚度的流体膜，摩擦发生在润滑剂流体膜内，摩擦系数最小，产生的磨损也最小。利用润滑剂使两摩擦表面隔开的方法有两种,一种是利用摩擦表面的有利几何形状和表面间的相对运动使润滑剂流体产生楔形油膜或挤压油膜,来承受外部载荷并隔开摩擦表面,这种润滑称为流体动压润滑。另一种是利用外部压力将具有一定压力的润滑剂流体不断地打入摩擦表面间并使之隔开,这种润滑称为流体静压润滑。

流体动压润滑是依靠轴承或相对运动表面在运动方向上构成几何收敛楔形而产生的楔形效应。为此,相对运动零件在结构上自然形成楔形油膜,如轴与轴承、推力块与推力环等均能在运转时形成楔形油膜,或者在零件表面上设计成一定的形状,以便运转时产生楔形效应,建立楔形油膜。在此基础上,只要具备以下条件,建立楔形油膜,就能实现流体动压润滑。

(1)摩擦表面应具有较高的加工精度和表面粗糙度等级。

(2)摩擦表面间具有一定的合适配合间隙。

(3)保证连续而又充分地供给一定温度下黏度合适的润滑油。

(4)相对运动零件必须具有足够高的相对运动速度。

船舶机器在实际运转中,在启动、停车或者不稳定工况运转时,摩擦副难以实现或保持流体动压润滑而产生磨损。

图 1-5 所示为轴承与轴颈之间液体润滑油膜的形成过程。轴静止时,轴颈在自重作用下与轴承在最下方接触,在两侧形成楔形间隙,润滑油充满在此间隙中。当轴开始旋转时,由于润滑油具有黏性,附着在轴颈表面,因而被轴颈带着一起转动,从上部较宽的进油空间携带到狭窄空间。此层润滑油在楔形空间互相挤压,由于润滑油的可压缩性极小,挤压的结果使楔形油膜压力

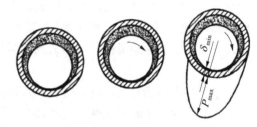

图 1-5 轴颈液体润滑油膜的形成过程

骤增,产生了使轴颈向上抬起的力。楔形油膜的压力随轴颈转速升高而增加,当轴颈转速升高到一定值时,液体油膜的压力使轴微微向上抬起,与轴承分开,在轴颈与轴承之间便形成了完整的液体油膜,这时轴与轴承即形成液体摩擦。在油膜厚度最小处,油膜压力最大。

3)边界摩擦机理

当摩擦表面间只有少量的润滑剂时,依靠润滑剂和加入润滑剂中添加剂的物理、化学性能,在摩擦表面上形成牢固的边界膜,以隔开摩擦表面,减少摩擦。矿物润滑剂中常含有一些极性物质,其分子的一端是带有强电荷的极性团,与金属表面亲和力强,具有吸附的特性,能在金属表面形成单层分子或多层分子的吸附膜。由于分子间的引力作用,当单层极性分子吸附膜达到饱和状态时,极性分子紧密排列并与金属表面吸附得更紧,分子间的内聚力使吸附膜具有一定的强度而具有一定的承载能力,摩擦发生在远离金属表面的极性分子的非极性端,从而有效地防止摩擦表面的直接接触,减少了磨损。如图 1-6 所示为边界润滑模型。边界膜按其结构形式的不同,可分为吸附膜和反应膜。吸附膜中有物理吸附膜及化学吸附膜,反应膜中有化学反应膜和氧化膜。

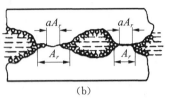

A_r—真实接触面积；aA_r—固体直接接触面积。

图 1-6　边界润滑模型

(a)摩擦发生在边界膜内；(b)边界润滑中的黏接点

物理吸附是靠静电使极性分子定向排列吸附于金属表面上。摩擦表面相对运动时，剪切仅发生在膜内分子层之间，避免了金属之间的直接摩擦。吸附与脱吸完全可逆，受热容易产生脱吸，所以适用于常温、低速、轻载的摩擦副。化学吸附膜是润滑剂中的一些极性分子的有价电子与金属或其氧化表面交换电子产生新的化合物，这种化合物的极性分子靠化学键使极性分子定向排列吸附于金属表面上。化学吸附膜很薄，且吸附与脱吸不完全可逆，受热发生脱吸。

为了满足高温、高压和高滑动速度的工作条件，常在润滑油中加入含硫、磷、氯等元素的添加剂，在高温下，这些元素与金属表面发生化学反应，生成厚度较大的化学反应膜。膜的熔点高，抗剪强度低，一般用于高速、重载及高温下的润滑。化学反应膜稳定，且反应不可逆。化学反应膜的润滑性能与膜的抗剪强度有关，抗剪强度低，则摩擦系数小，通常摩擦系数为 0.1～0.25。

当摩擦表面相对运动时，摩擦表面间的边界油膜的极性分子定向排列在金属表面上，摩擦发生在极性分子的非极性端之间，因而取代了摩擦表面的直接接触，起到了润滑作用，降低了摩擦系数，如图 1-6(a)所示。而当表面粗糙不平时，较大微凸体的凸峰刺破边界膜使金属表面直接接触，接触点的局部压力很大，温度很高而发生黏着。此时要使摩擦副运动就必须克服金属黏着点处的剪切力和边界膜中极性分子间的剪切力。因此，当表面接触面积内没有金属直接接触，表面间充满润滑剂时，边界膜润滑作用好，摩擦系数小；而当摩擦表面黏结点多，边界油膜润滑效果差，摩擦系数大。如图 1-6(b)所示。

润滑油在边界润滑中降低摩擦和磨损的能力称为润滑油的油性。润滑油的极性越强，极性油膜吸附越牢，油性越好；反之油性越差。通常用加入油性添加剂来提高润滑油的油性。

抗磨剂的作用是在边界润滑条件下，在金属表面形成化学或物理吸附的表面膜，以降低摩擦副的摩擦与磨损。典型的抗磨剂有氧、硫、氯化石蜡、磷和有机铅的化合物。

在高温重载条件下，采用极压添加剂。在边界润滑状态下，一般极压添加剂均有缓和油膜被破坏的作用，犹如增强油膜强度，故又称为油膜增强剂。

4) 混合摩擦机理

混合摩擦是指在摩擦表面同时存在着干摩擦、液体摩擦和边界摩擦的情况。金属零件在工作中，其表面的摩擦状态并不是一成不变的，有时是一种摩擦状态，有时又变成另一种摩擦状态，有时几种摩擦状态混合存在。例如，发动机曲轴的轴颈与轴瓦，在正常工作状态下，能够达到比较理想的液体润滑，即能够形成如图 1-5 所示的具有一定厚度的完整的液体油膜，但在启动之初或在曲轴承受冲击载荷时，油膜难以形成或受到破坏，即会出现边界摩擦甚至干摩擦。又如,活塞与气缸之间在正常工作中可以形成边界摩擦,但当气缸过热时,吸附膜被烧坏,就会出现干摩擦。

1.1.4 减少摩擦的有效措施——润滑

1.1.4.1 润滑的目的

在摩擦表面形成均匀连续的润滑油膜,是减少摩擦的有效措施。润滑(Lubrication)的主要目的如下:减少机件的磨耗量,延长使用寿命;减少摩擦功的损失,提高机械效率。此外,润滑还能起到以下作用。

(1)冷却散热:带走摩擦所产生的热量及外界传来的热量,使机件不致因过热而损坏。

(2)冲洗清洁:冲洗运动表面的污物,带走摩擦中掉下来的金属微粒,减少或防止磨料磨损。

(3)密封防漏:在发动机中,缸壁与活塞环之间的润滑油膜,能使活塞环的密封性增加,减少漏气损失。

(4)防止腐蚀:润滑油膜隔绝了空气及酸性物质与零件表面的直接接触,减少了机件受氧化、腐蚀的程度。

(5)消振减声:利用润滑油膜的缓冲作用,能使发动机的振动减弱,运转平稳。由于润滑油膜的隔离,使运动副的摩擦和冲击声减弱。

(6)传递动力作用:如推力轴承中推力环与推力块之间的动力油压。

1.1.4.2 形成良好润滑的主要条件

(1)合适的润滑油黏度。若润滑油黏度过小,润滑油不易被轴颈携带,容易从轴承的轴向两边流出,难以建立如图 1-5 所示的楔形油膜。但黏度太大时,润滑油难以进入零件间隙,油膜也不易建立。

(2)较高的转速。转速高,楔形油膜压力也高,容易形成均匀连续的油膜。发动机和其他运转机械在启动和低速运转时,要比正常工作时的零件磨损大得多。

(3)轴承负荷不能太高。轴承负荷越高,形成楔形油膜所需的油压越高,油膜难以建立;当承受冲击性负荷时,还可能将已经建立好的楔形油膜破坏。

(4)适当的零件间隙。零件间隙过小,润滑油难以进入间隙内;间隙过大时,则润滑油容易漏泄。当轴颈表面出现过大的圆度和圆柱度误差时,同样不利于油楔的形成。另外,若在轴承油楔的最大压力区内不合理地开挖油槽,也会大大降低油楔压力,不利于油膜的建立。

(5)摩擦表面的粗糙度要小。对于精加工的摩擦表面,只需很薄的油膜即可隔开两摩擦面;若表面粗糙,则要很厚的油膜才能形成完全的液体润滑。

1.1.5 磨损概念

机器运转过程中,相对运动的摩擦表面的物质逐渐损耗,使零件尺寸、形状、位置精度及表面质量发生变化的现象称为磨损(Wear)。

1.1.5.1 磨损的产生

摩擦和磨损是载荷作用下相互接触的两个物体做相对运动时,在接触表面上所发生的同一现象的两个方面,或者说,磨损是伴随着摩擦而产生的。

摩擦表面在发生相对运动的过程中,金属表面的相互接触主要产生两种作用:一是机械性的相互嵌入作用,二是分子间的相互吸引和黏附作用。嵌入就是由于金属表面存在微观不平,在相互接触中,其凸起和凹进的部分将相互嵌入和咬合,在相对运动中,凸起的部分金属发生变形而导致机械剥落;分子间的吸引和黏附作用,是指摩擦件在相对运动中,表层金属相互接近,分子间的相互吸引力将使接触处产生黏附现象,当相对运动继续时,金属表面那些发生黏附的地方将被撕裂,产生机械性破坏。此外,由于摩擦介质的化学腐蚀作用,金属的表面氧化,形成金属脆性氧化物,这些氧化物在摩擦过程中脱落,也是产生磨损的原因之一。

1.1.5.2　磨损指标

为了准确地描述零件磨损后其尺寸、形状和位置精度发生的变化情况,通常又可用磨损量、几何形状指标(圆度误差、圆柱度误差、平面度误差)等进行定量的测量和分析,并与机器说明书或相关标准、规范的数值比较,以判断零件的磨损程度。零件摩擦后的尺寸和几何形状误差直接影响机器的工作性能和可靠性,在船上的轮机管理工作中,为了不使零件产生过大的磨损,通常采用定期测量零件来检查和控制其磨损量,使尺寸和几何形状误差在要求范围内,保证配合件的间隙和工作性能。

1) 磨损量

(1) 磨损量 Δ 是用零件摩擦表面的尺寸变化量来衡量的。零件直径方向上的磨损量 Δ:

$$轴:\Delta = d_0 - d \tag{1-1}$$

$$孔:\Delta = D - D_0 \tag{1-2}$$

式中:d_0、D_0——分别为轴、孔的名义直径,mm;

　　d、D——分别为运转一定时间后的轴、孔实测直径,mm。

(2) 磨损率 φ 是指单位时间内零件半径方向上的最大磨损量 Δ_{max}:

$$\varphi = \frac{\Delta_{max}}{t} \tag{1-3}$$

式中:t——工作时间,h。

零件的磨损量和磨损率可以用零件自投入使用至报废的时间间隔内两次测量值之差来计算,也可以用任一段工作时间间隔内两次测量值之差来计算。依测量值计算出的磨损量和磨损率应与机器说明书或有关标准、规范的数值比较,以便判断零件的磨损程度。

2) 几何形状指标

(1) 圆度 t 是指半径差为公差 t 的两个同心圆之间的区域。圆度是用来衡量回转件横截面(垂直零件轴线的截面)的几何形状精度,限制回转件横截面的几何形状误差。可采用圆度仪、千分尺或百分表测量零件的实际圆度,即圆度误差 t'。

圆度误差 t' 是用被测零件上指定横截面的两个相互垂直的直径差之半表示的:

$$t' = \frac{(D_1 - D_2)}{2} \tag{1-4}$$

式中：t'——指定横截面的圆度误差，mm；

　　D_1、D_2——指定横截面上两个相互垂直的直径，mm。

测量并计算出被测零件上数个指定横截面的圆度误差值，取其中最大值 t'_{max} 与说明书、标准或规范的给定值 t 比较，判断零件横截面几何形状的变化情况，要求 $t'_{max} < t$。

（2）圆柱度 u 是指半径差为公差 u 的两个同心圆柱面间的区域。圆柱度是用来衡量回转件纵截面（包含零件轴线的截面）的几何形状精度，限制回转件纵截面的几何形状误差。采用圆度仪、千分尺或百分表测量零件的实际圆柱度，即圆柱度误差 u'。

圆柱度误差 u' 用被测零件上指定纵截面上数个测量直径中最大直径 D_{max} 与最小直径 D_{min} 差的一半表示。

$$u' = \frac{D_{max} - D_{min}}{2} \tag{1-5}$$

测量并计算被测零件上两个相互垂直纵截面的圆柱度误差，取其中最大值 u'_{max} 与说明书、标准或规范的给定值 u 比较，要求 $u'_{max} < u$。

（3）平面度 v 是指公差带是距离为公差值 v 的两个平行平面之间的区域。平面度是用来衡量平面平直的几何精度指标。生产中采用三点法测量，即将被测平面上相距最远三点上的基准靶调成等高，构成一理想平面或称基准平面，测量被测平面上各点至基准平面的距离，以其中最大（或最小）值与基准高的差值作为平面度误差 v'。此外，还可采用水平仪、拉钢丝线等方法测量。

1.1.6　磨损的分类

摩擦的后果是造成运动副工作表面的磨损。在摩擦过程中，摩擦时的环境因素，如温度、介质、应力、润滑条件等也是影响摩擦表面磨损的重要因素。根据磨损的机理和特征，磨损可分为黏着磨损、磨粒磨损、腐蚀磨损、疲劳磨损等。

1.1.6.1　黏着磨损

黏着磨损（Adhesive Wear）是在润滑条件下产生的一种常见磨损。它是摩擦副在相对运动时，在法向载荷的作用下，摩擦表面上某些微小凸峰接触点的金属直接接触形成黏着点（冷焊点），而后黏着又被剪断，摩擦表面金属发生转移的现象。其特征是黏着表面有鳞片状金属转移。

根据磨损时发生剪切部位的不同和摩擦表面被破坏程度的不同，黏着磨损又可分为以下五种。

1）轻微磨损

剪切发生在黏着结合面上，摩擦表面金属有轻微转移。此时，黏着点的结合强度低于摩擦副的两种基体金属的强度。这种磨损是机器中允许的。

2）涂抹

剪切发生在距黏着面不远的较软金属表面浅层处，金属被剪切脱落并涂抹黏附在较硬金属表面上。此时,黏着点的强度高于较软金属基体。

3）擦伤

剪切发生在较软金属的近表层处,在较软金属表面上产生沿运动方向的细小拉痕(拉毛)或较重拉痕(划痕),这是转移到硬金属表面的金属黏着物对软金属表面的犁削作用。黏着点的强度高于两种基体金属。

4）撕裂

或称黏焊,其剪切发生在运动副一方或双方表面的较深处,黏着点的强度高于两种基体。是一种比擦伤更严重的黏着磨损。肉眼可以观察到金属表面的撕裂、粗糙和明显的塑性变形。

5）咬死

运动副工作表面黏着面积大,而且黏结强度很高,致使运动副相对运动受阻而咬死。

除了载荷、润滑条件及相对运动速度等对黏着磨损有影响外,摩擦副本身的材质与特性也对黏着磨损产生很大的影响。

1）运动副金属的互溶性

互溶性好的运动副材料,黏着倾向大,容易产生黏着磨损。实验证明,相同材料相互摩擦产生的黏着磨损较异种材料大得多。所以在元素周期表中,相距较远的元素互溶性小,不容易发生黏着。

2）金属的晶体结构

晶体结构具有密排六方晶格的金属黏着倾向小,而具有体心和面心立方晶格的金属黏着倾向大。此外,单晶体黏着倾向大于多晶体;单相合金的黏着倾向大于多相合金;固溶体的黏着倾向大于化合物;塑性材料的黏着倾向大于脆性材料。

1.1.6.2　磨粒磨损

运动副相对运动时,在摩擦表面间存在固体磨粒或硬的凸起物,它对摩擦表面产生的微切削和刮擦作用引起的机械磨损称为磨粒磨损(Wear Particle)。

磨粒磨损是在润滑条件下的磨损,是工业领域中最重要的磨损形式,占机械磨损中的50%。

磨粒磨损有两种情况,一种是硬表面上的微凸体嵌入软表面,使之发生塑性变形,并在相对运动时对软表面进行微切削和犁划。另一种是当两表面间存在游离的磨粒,在相对运动时磨粒对表面进行微切削和挤压,使表面产生塑性变形,不断作用导致表面疲劳破坏。摩擦表面会产生深浅不一的往复规则的磨痕。

摩擦表面间的游离颗粒可能是润滑油中的杂质,空气中的灰尘和砂粒,也可能是摩擦表面脱落的磨损产物或腐蚀产物等。

摩擦副的材料硬度和磨粒的硬度、尺寸、形状对磨粒磨损均有较大影响。其中,磨粒的硬度是决定磨粒磨损的关键因素,摩擦副材料硬度越高,耐磨性越好;磨粒平均尺寸越大,磨损越严重;磨粒硬度越高,磨损越严重。即使磨粒的硬度低于摩擦副材料硬度,也还是会产生磨损。

1.1.6.3　腐蚀磨损

摩擦副相对运动时,由于摩擦表面金属与周围介质发生化学、电化学反应和机械摩擦作用而使摩擦表面金属损失的现象,称为腐蚀磨损(Corrosive Wear)。

腐蚀磨损是腐蚀与磨损相互促进共同作用的结果。摩擦表面金属与周围介质发生化学、电化学作用,产生腐蚀产物,摩擦过程中,腐蚀产物的脱落形成磨粒,构成二次磨粒磨损,新表面又会继续和介质作用而被腐蚀。不断地腐蚀、磨损致使运动副工作表面受到破坏。腐蚀表面常产生不规则的腐蚀痕迹、麻点和麻坑等,并附着腐蚀产物。

腐蚀磨损受到环境、温度、介质、润滑条件、滑动速度和载荷的影响,根据介质的性质、介质与表面的作用及运动副材料性能等的不同,主要有以下三种磨损形式。

1) 氧化磨损

摩擦表面与空气或润滑油中的氧或氧化性介质发生化学反应,形成氧化膜,摩擦过程中氧化膜脱落,随后又会生成一层新的氧化膜,氧化物不断脱落,使运动副零件金属损失的现象,称为氧化磨损。

除金、铂等极少数金属外,大多数金属表面均能生成氧化膜。摩擦副材料成分、氧化膜的结构、性质及与基体的结合强度等决定氧化磨损的程度。氧化膜韧性好、结构致密且与基体结合牢固,不仅不易脱落,还对摩擦表面起保护作用。

2) 特殊介质中的腐蚀磨损

摩擦表面与周围的酸、碱、盐等特殊介质作用生成各种腐蚀产物,并在摩擦过程中脱落构成的腐蚀磨损,称为特殊介质的腐蚀磨损。这种腐蚀磨损类似于氧化磨损,但比氧化磨损速度快。在某些介质中也会形成致密、结合牢固的保护膜,使腐蚀磨损速度减小。

3) 微动磨损

微动磨损是在两个紧密接触的表面之间,发生小振幅的相对振动所引起的机械化学磨损。如果微动损伤中,化学或电化学反应起主要作用,则称为微动腐蚀。若微动磨损的同时或其后还受到交变应力的作用,产生疲劳损坏,称为微动疲劳磨损。微动磨损的机理较复杂,它包含着黏着磨损、腐蚀磨损、磨粒磨损和疲劳磨损,是一种复合型磨损。微动磨损通常发生在紧配合的轴与齿轮,汽轮机和压气机的叶片配合处,发动机固定处,以及受振动的键、花键、螺栓、铆钉等连接件的接合面。

1.1.6.4　疲劳磨损

两个接触表面相对滚动或滑动时,在接触区形成的循环交变应力超过材料的疲劳强度,使接触表面产生塑性变形和微裂纹,进而扩展、剥落,这种由于材料表面疲劳而产生的物质损失的现象,称为疲劳磨损(Fatigue Wear)。如齿轮表面的点蚀现象、滚动轴承和凸轮等零件的磨损等。

产生疲劳磨损的内因是摩擦表面层内存在物理的、化学的缺陷,如晶格缺陷、空位、错位等物理缺陷,以及金属夹杂物、杂质等化学缺陷。在外力作用下,缺陷部位会产生应力集中而萌生裂纹。所以,减少零件材料内部的缺陷,将会显著地减少疲劳磨损。

1.1.7　磨损规律

船舶机械在工作过程中,各零件的工作条件各不相同,引起磨损的原因和磨损的程度也不完全一样,但是在正常的磨损过程中,大多数零件的磨损具有共性的规律。一般来说,零件的磨损可以分为三个时期。

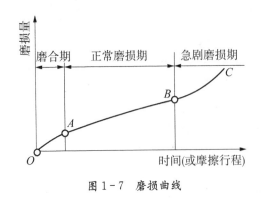

图 1-7　磨损曲线

运动副在运转过程中产生的磨损是有一定规律的。图 1-7 为一正常运转的运动副的运转时间与磨损量的关系曲线,即磨损曲线。

图中,纵坐标表示零件的磨损量,横坐标表示运动副的运转时间。其磨损过程可以用三个不同的工作阶段来表示。

1.1.7.1　磨合期

即曲线 *OA* 所对应的工作时间,是机器或运动副初次投入运行时,最初改变摩擦表面几何形状和表面层理化性能的阶段。由于新造零件工作表面的初始粗糙度使运动副配合表面的实际接触面积小、应力大,工作表面将很快磨损。同时由于运转初期摩擦表面间的油膜难以建立,即使形成油膜,也往往会被表面上的凸峰和摩擦热所破坏。所以磨合期的特点是时间短而磨损量较大,可使表面粗糙度减小 65%～70%。磨合期使摩擦表面的形貌和性质从初始状态过渡到正常使用状态,这个过程称为磨合或跑合。磨合期越短,机器或运动副越早进入正常运转期。所以磨合是机器或运动副能否进入正常运转阶段的前提。

1) 良好磨合的要求

(1) 消除摩擦表面的初始粗糙度,使接触面积大增,可达到 80%。

(2) 运动副工作表面形成彼此适应、服帖的形貌。

(3) 建立工作条件下耐久的润滑油膜,使运动副获得稳定的、有效的润滑。

2) 磨合良好的标志

(1) 磨合后的工作表面光滑、洁净和明亮,无加工痕迹和伤损、变色等。

(2) 短时间内完成初期有效的磨损。

(3) 工作表面的摩擦系数、磨损率和温度均在较低的水平。

磨合是一个非常复杂而又精细的摩擦表面再加工过程,是在诸多不同因素共同作用下进行的,这些因素在磨合过程中不仅难以控制,而且还在不断变化。为此,运动副磨合时采取促进良好磨合的措施实为必要。

3) 实现良好磨合的措施

(1) 运动副的材料和摩擦表面的初始粗糙度应有利于磨合。运动副的材料应具有良好耐磨性、抗咬合性,或采用摩擦表面的改性处理来提高耐磨性、抗咬合性,以利于运动副的磨合。如采用表面镀铬、喷钼、氮化等工艺。

摩擦表面应具有最佳初始粗糙度,以便在短时间内完成磨合。初始粗糙度过大,磨合时磨损速度大,产生过量磨损;初始粗糙度过小,磨合时磨损速度小,磨损量小,磨合时间长。所以摩擦表面合适的粗糙度,既可保证必要的磨损,又能在短时间内完成磨合。

(2) 保证良好的润滑。磨合时润滑油品质(如黏度、清净性等)优良和充分连续地供给,有利于油膜的建立与保持。

(3) 制订科学合理的磨合程序。磨合时运转时间和负荷分配要有利于磨合。长时间低负荷运转难以达到初期有效的磨损;短时间高负荷运转又易产生过度磨损,两者均难形成正常运转所需的表面形貌。因此,一般采用转速由低到高、负荷由小到大、合理分配运转时间的原则制订磨合程序,以保证顺利磨合。

1.1.7.2 正常磨损期

正常磨损期(Normal Run-in Period)是曲线 AB 所对应的工作时间,是机器或运动副磨合后进入正常运转的阶段。由于磨合期使摩擦表面形成适应运转工况的形貌,冷硬层也已形成,表面硬度提高,磨损显著下降,所以该阶段的特点是磨损速度降低,磨损量小而稳定。由图可知,AB 线段的斜率越小,磨损也越缓慢,正常运转期将越长。

1.1.7.3 急剧磨损期

曲线上 B 点以后的线段所对应的工作时间为急剧磨损期(Rapid Run-in Period)。运动副长期运转后,零件的磨损量和几何形状误差均较大,运动副的配合间隙也增大,配合性质变坏,导致运转中产生振动、冲击、温度升高、磨损加剧等,运动副进入急剧磨损期。此时,应立即停机检修,否则将可能导致事故发生。

1.1.8 减轻磨损的措施

根据前述有关磨损的机理,我们可以分别从设计、制造、安装和管理四个方面采取针对性的措施来减少磨损。

1.1.8.1 设计方面

选择配合件材料时,要注意材料的硬度和相溶性问题。如作用在零件上的载荷比较大时,应选用硬度较高的材料;在高温条件下工作的零件,应选用高温下硬性好的材料;尽量避免选用相同金属或互溶性大的材料。在实际摩擦过程中,由于磨损是不可避免的,因此,在设计时要使一个零件保持很低的磨损率,即选用较硬的材料,而与之相配的零件则采用可更换的零件,并使它具有较高的磨损率,即选用较软的材料。如柴油机中的曲轴和轴承(轴瓦)。此外,设计时,尽量改善摩擦副的润滑条件,防止高接触应力。

1.1.8.2 制造方面

尽可能减少零件材料的内部缺陷;做好零件表面的处理,如采用渗碳、渗氮、电镀、喷涂、滚压强化等方法,增强零件表面的强度,提高零件的耐磨性、耐疲劳性和耐腐蚀性。

1.1.8.3 安装方面

摩擦副之间的安装间隙要合适,并符合说明书或规范的要求。如柴油机中活塞和气缸的间隙,十字头滑块和导板之间的间隙,以及连杆大小端轴承之间的间隙等。摩擦副之间的相对位置要对中,以防止不正常磨损。

1.1.8.4 管理方面

注意载荷、相对运动速度、温度、润滑条件等因素对磨损的影响。载荷越大,相对运动速度越高,温度越高,磨损也就越大。如柴油机应防止超负荷和超转速运行。管理中,还要加强对冷却系统和润滑系统的检查。

摩擦与磨损
的认识

任务 1.2　活塞环与气缸套摩擦磨损的防止

1.2.1　活塞环与气缸套的摩擦形式

活塞环(Piston Ring)与气缸套(Cylinder Jacket)在工作中,受到高温、高压燃气的作用和冲刷,会产生很大的机械应力和热应力;工作表面受到腐蚀和严重的摩擦。活塞往复运动的速度变化很大,其中,在行程中点附近最大,在止点位置为零。所以,在工作条件恶劣和低运转速度的情况下,难以形成理想的液体动压润滑。一般情况下,活塞只有在行程中部其工作表面才易于实现液体动压润滑,而在上下止点附近工作表面则形成极薄的边界油膜,实现边界润滑。

1.2.2　气缸套的正常磨损

在正常工作条件下,气缸套的磨损是不可避免的。只要气缸套的磨损量在允许范围之内(最大允许磨损量为 0.4%~0.8%缸套内径),就认为柴油机气缸套处于正常工作状态。

在气缸套正常运转工况下,正常磨损的特征是最大磨损部位在气缸套上部,即活塞位于上止点时第1、第2道活塞环对应的缸壁处,并沿缸壁向下磨损量逐渐减小,使得气缸内孔呈喇叭状,且气缸套左右舷方向的磨损大于首尾方向的磨损。如图1-8(a)所示。

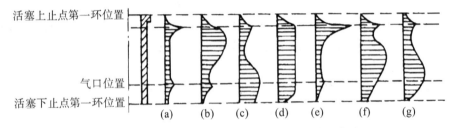

图1-8　气缸套磨损后纵截面形状及磨损量示意图

衡量气缸套是否正常磨损的标准如下。

(1)圆度误差、圆柱度误差、内径增量(缸径最大增量)小于说明书或有关标准的规定值。

(2)缸套磨损率:铸铁缸套<0.1 mm/kh,镀铬缸套<0.01 mm/kh。

(3)气缸套工作表面清洁光滑,无明显划痕、擦伤等磨损痕迹。

气缸套正常磨损的原因如下。

(1)过薄的油膜被工作表面个别凸峰刺破,或是由于温度高、速度低等原因,使油膜不能形成或油膜被破坏,造成边界润滑部位的局部金属直接接触,引起黏着磨损。

(2)进入气缸的新鲜空气携带进的灰尘,燃油、滑油燃烧生成的各种氧化物、炭粒和灰分,润滑油中的机械杂质及摩擦副的摩擦产物等,均会引起磨粒磨损,这种原因造成的磨损,以气缸上部最为严重。

（3）燃油中硫分的燃烧产物对气缸壁的酸腐蚀，其中因气缸上部燃气温度与压力对硫酸露点的影响，使上部凝结较多的酸，造成缸套上部严重的腐蚀磨损。活塞在上止点时第一道环对应缸壁处的含酸量约为缸套下部的 4 倍。

1.2.3 气缸套的异常磨损状况分析

图 1-8(b)～(g)为气缸套异常磨损后纵截面形状和磨损量的示意图。

图 1-8(b)、(c)为典型的异常磨粒磨损，所不同的是磨粒进入气缸套的方向不同，因此磨损最大区的位置不同。其中图 1-8(b)为气缸套上部因新鲜空气携带大量尘埃进入气缸和燃烧不良产生大量积炭引起的磨粒磨损；图 1-8(c)为润滑油中机械杂质过多，对筒形活塞式柴油机来说，气缸套润滑由下而上布油，故其下部杂质较多，又由于重力的作用，杂质不易上行，造成下部严重磨损；图 1-8(d)为上述两种因素并存时造成的严重磨损。

图 1-8(e)为气缸异常黏着磨损。其特点是活塞位于上止点时第一道活塞环对应的缸壁磨损异常增大，甚至出现大面积拉伤的拉缸现象。

图 1-8(f)、(g)是典型的腐蚀磨损。图 1-8(f)是燃油含硫量高或柴油机经常低温启动，使活塞位于上止点时第一道活塞环处所对应的气缸套磨损严重，磨损量为正常磨损的1～2倍。腐蚀产物脱落引发二次磨粒磨损，又使气缸套中部磨损严重，磨损量为正常磨损的4～6倍。图 1-8(g)为冷却水温度过低，在气缸套下部形成低温腐蚀，造成严重的腐蚀磨损。

以上所列各种情况很典型，原因也很单一，然而实际上，活塞环与气缸套的磨损情况是综合而复杂的，原因也是多方面的。因此，在分析异常磨损原因时应全面考虑，具体分析。在实际的管理工作中，应该着重加强对燃油和燃烧的质量、冷却水的温度以及滑油质量的管理，防止和减少气缸套的异常磨损。

1.2.4 活塞环与气缸套的磨合

新柴油机或新更换的运动副在投入正常运转之前必须进行磨合，绝对不可省略。活塞环与气缸套不经过磨合或磨合不良就投入正常运行，必然会产生严重的黏着磨损。新造柴油机出厂台架试验时须进行磨合运转，装船后开航前还需进行严格的磨合运转。

磨合运转是决定柴油机工作寿命的重要阶段。通过磨合，消除表面的初始粗糙度，形成适于工作条件下保持油膜的形貌。

1.2.4.1 活塞环-气缸套磨合良好的标志

活塞环-气缸套磨合运转后，通过盘车从观察孔观察或吊缸检查，良好磨合有以下特征。

（1）气缸壁表面湿润光亮，无油污和积炭，或油污不严重且易清除。

（2）工作表面无明显磨损、划痕等。

（3）活塞环在环槽中活动自如，表面有一圈发亮的磨合带。

1.2.4.2 影响活塞环-气缸套磨合的因素

影响磨合质量的关键是管理和工艺方面的因素。

1) 润滑

磨合是一个加速磨损的过程,要在尽量短的时间内完成初期有效的磨损。为了达到这一目的,磨合时所使用的润滑油品质和数量有严格要求。

磨合时,应选用纯矿物油或低碱值气缸油,任何条件下均不应使用高碱值气缸油。气缸油的总碱值(Total Base Number, TBN)应与燃油中的硫含量匹配,燃用重油时应选用低碱值气缸油,以加速磨损。如选用高碱值气缸油则易发生拉缸,碱值越高拉缸发生率越大。因为高碱值气缸油降低磨损,延长磨合期,当负荷大时摩擦表面金属黏着而发生拉缸。

磨合时应加大气缸油注油量,有利于油膜形成,改善活塞环与气缸套的密封性,清除摩擦表面上的积炭污物。磨合的前 20～24 h 内以最大极限供油量运转,以后逐渐减少注油量,最后恢复正常运转时的注油量。

2) 摩擦表面形貌

通常活塞环和气缸套均采用耐磨的铸铁材料,为了提高活塞环和气缸套磨合性能和抗拉缸性能,常采用表面改性处理和使气缸套表面具有适于磨合的初始粗糙度。

活塞环外圆表面采用镀锡、磷化、镀铜和氧化等工艺,来改善活塞环的磨合性能和抗拉缸性能;在环外表面喷钼,可以提高环的耐磨性和有效地防止拉缸。

气缸套内圆表面采用磷化处理,松孔镀铬等工艺,可提高磨合效果和抗拉缸性能。

气缸套内圆表面采用珩磨加工或波纹切削,使表面形成具有最佳初始粗糙度的特殊形貌。这些特殊形貌可以储油,减少拉缸,同时又加速活塞环与缸套的磨合。

3) 磨合程序

磨合运转必须合理地分配负荷、转速和时间。低负荷下长时间磨合会延误投入正常运转;高负荷短时间磨合,容易造成过度磨损,产生漏气甚至拉缸。磨合程序应依照转速由低到高、负荷由小到大、运转时间合理分配的原则制订。定距桨主机应按转速-时间分配、变距桨主机应按负荷或功率-时间分配进行磨合。表 1-1 是 Sulzer RTA 柴油机的磨合程序。

表 1-1　Sulzer RTA 柴油机磨合程序与供油率

定距桨主机		变距桨主机		气缸供油率	
额定转速/%	磨合时间/h	额定功率/%	磨合时间/h	约[g/(kW·h)]	约[g/(kW·h)]
～70	1	～30	1	3	2.2
～75	1	～40	1	3	2.2
～80	1	～50	1	3	2.2
～85	2	～60	2	2.5	1.8
～90	3	～75	3	2.5	1.8
～90	6	～86	6	2	1.5
～90	10	～86	10	1.5	1.1

1.2.5　减少气缸套磨损的措施

在柴油机运转期间,减少气缸套磨损的重要措施就是加强对柴油机的运转管理。主要可以从以下几方面进行。

1.2.5.1　加强燃油和燃烧质量的管理

燃油质量和燃烧质量对气缸套磨损的影响很大。如果燃油中含硫量高,容易引起腐蚀磨损,当燃油中含硫量超过 1.0% 时,磨损会急剧增加。船用低速柴油机燃用低质燃料油对缸套的磨损较燃用低硫柴油高 2~3 倍。因此必须相应地使用总碱值(TBN)高的气缸油来中和所产生的酸。如果燃油中灰分含量高,燃烧后生成金属氧化物或金属盐,它们在气缸中会造成磨粒磨损。

加强燃油品质的选择和净化处理,可有效地防止和减少腐蚀磨损和磨粒磨损。目前,船用柴油机广泛使用低质燃料油,应针对其黏度高、杂质多和硫分大的特点,采取相应的措施,尽量减少低质燃料油引起的各种磨损;保证燃油完全燃烧,以防止和减少由燃烧不良引起的缸套磨损。

1.2.5.2　保证良好的气缸润滑条件

加强气缸润滑的日常管理,对气缸润滑油品质的选择、润滑油的净化处理、定时定量供给及对供油设备的维护等,均应认真按规定处理。

1.2.5.3　注意气缸冷却水的温度

气缸冷却水的温度过高或过低均会加剧缸套的磨损。冷却水出口温度过低,使缸壁温度过低,低温腐蚀加重;冷却水出口温度过高,缸壁冷却不良,温度较高,使缸壁上油膜蒸发,滑油氧化,积炭严重,导致黏着磨损。同时,缸壁温度过高不仅热负荷增加,还影响活塞环的散热,使环的磨损加重。

加强冷却水的管理并定期进行水处理,保持水温在要求的范围内。一般柴油机出口温度控制在 85~95 ℃时缸套磨损量较小。

1.2.5.4　保证柴油机的安装质量

柴油机的安装质量对缸套磨损的影响很大,安装不正,活塞与缸套的配合间隙不合适,都会使缸套磨损加剧。定期吊缸检查调整活塞与气缸的配合间隙以及使它们具有良好的对中性,以免产生敲缸、拉缸等故障。据统计,在气缸套的磨损原因中,由柴油机安装质量不好引起的磨损约占 1/3。

任务 1.3　曲轴与轴承摩擦磨损的防止

1.3.1　曲轴与轴承的摩擦形式

柴油机的曲轴(Crankshaft)与轴承(Bearing)的摩擦包括两对运动副摩擦,即主轴颈与主轴承之间的摩擦和曲柄销颈与连杆大端轴承之间的摩擦。

曲轴主轴颈与主轴承之间可以形成楔形油膜,实现流体动压润滑,运动副处于流体摩擦

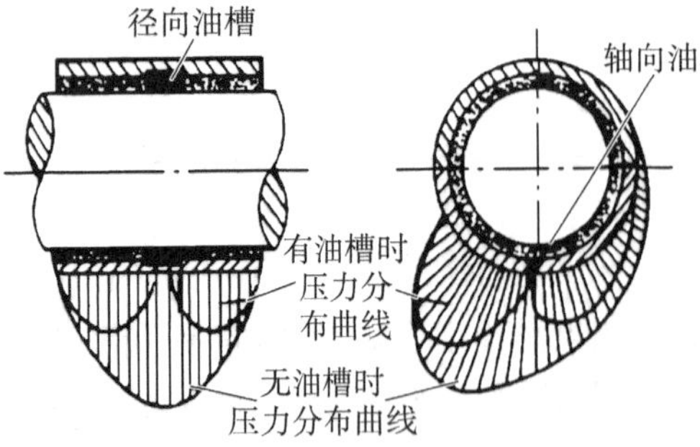

图 1-9 主轴承油膜承载力的分布图

状态。如图 1-9 所示,柴油机在正常运转状态(工作转速)时,楔形间隙内油膜压力的合力与外载荷平衡,轴颈在某一偏心平衡位置运转。轴颈的平衡位置会随工况而变化,油膜厚度也将随之变化。在最小油膜厚度区域内,局部压力很高,甚至是轴承平均比压的 6～10 倍,过高的负荷使油膜遭到破坏,轴与轴瓦发生金属直接接触而造成磨损。

一般曲轴转速越高,就越容易形成楔形油膜,但转速过高摩擦功也越大,轴承温度升高使润滑油黏度下降,油膜受损;而转速太低则油膜难以形成。在柴油机启动时,运动副处于半干摩擦状态,如果频繁启动、停车将使主轴承磨损加快。轴瓦上的油孔和油槽的部位、油槽的深度与宽度比、油孔和油槽上的过度圆角等,均对供油和油膜承载力分布有很大影响。如果在轴瓦上油膜对应部位开有油槽,则其承载能力下降。所以,一般不在主轴承下瓦、连杆大端轴承上瓦开油槽。

连杆大端轴承结构动画

连杆大端轴承随曲柄销做回转运动,同时曲柄销相对于连杆大端轴承转动。在大端轴承中,由于连杆孔径大于曲柄销轴颈,当大端轴承上瓦压在曲柄销上时,在曲柄销下方将出现月牙状间隙。随着曲轴转动,黏附于曲柄销上的润滑油被带入月牙间隙中形成楔形油膜,实现流体动压润滑。

1.3.2　曲轴与轴承的磨损

柴油机正常运转时,曲轴主轴颈与主轴承、曲柄销颈与连杆大端轴承虽然处于流体动压润滑的条件下,但是由柴油机工况等诸多变化和偶然因素的影响,使得运动副实际处于混合摩擦状态,产生不可避免的磨损。轴颈磨损后失圆,横截面出现圆度误差,纵截面出现圆柱度误差。轴承磨损后会使轴承间隙增大。在正常磨损情况下,轴颈的磨损较小,轴瓦的磨损较大。

曲轴轴颈磨损的特点如下。

(1) 同一台柴油机曲轴的各主轴颈和曲柄销颈的磨损量不同。

一般直列式柴油机的连杆轴承负荷较主轴承负荷大,所以曲柄销颈磨损较主轴颈磨损量大。而 V 型柴油机相反,主轴颈磨损量大一些。

(2) 曲轴轴颈在轴向和周向的磨损不均匀。

曲轴轴颈在轴向上的不均匀磨损产生圆柱度误差,一般以曲柄销颈最为严重。轴颈的轴向不均匀磨损可能是由于连杆安装不正、连杆或曲轴存在弯曲变形、缸套的轴向偏斜等,致使轴颈在轴向上受力不均。

曲轴轴颈在周向上的不均匀磨损产生圆度误差,是由于柴油机运转时,曲轴回转一周在轴颈上作用力的大小和方向均是变化的,轴颈受力大的部位也是理论磨损大的部位,但是还与机型及实际的润滑、间隙等因素有关。一般四冲程柴油机曲柄销颈内侧(曲柄销靠近主轴颈的一侧)磨损较大,而二冲程柴油机曲柄销颈的外侧磨损较大。

柴油机曲轴轴承的磨损主要是主轴承下瓦和连杆大端轴承上瓦会发生较大磨损。引起曲轴轴承过度磨损的原因很多，但主要还是由对轴承的维护管理不良所致，如滑油污染变质、滑油中断或油温过高、柴油机频繁启动停车等。

1.3.3　减少曲轴磨损的途径

（1）应避免柴油机频繁地启动停车或过载、超速。

（2）及时清洗滑油滤清器、更换滤芯，避免出现滑油低压或油温过高情况。

（3）轮机员应定期检查轴承间隙及轴颈的几何形状误差，发现超差及时维修。

（4）检修时要保证柴油机运动部件的装配质量。

经典案例分析
练习题

项目 2 船机零件腐蚀的防止

知识目标:了解金属腐蚀的过程及分类,掌握化学腐蚀、电化学腐蚀及穴蚀的机理,掌握影响船机零件腐蚀的因素及防止腐蚀的方法。

能力目标:能正确区分电化学腐蚀和化学腐蚀,能正确判别宏观电池和微观电池,能根据穴蚀部位分析零件穴蚀的原因,能在日常维护保养中采取各种防腐蚀的措施。

任务 2.1 金属腐蚀的认识

2.1.1 金属腐蚀的概述

金属与周围介质(通常是液体或气体)发生化学作用、电化学作用或物理溶解而产生的变质和破坏称为腐蚀(Corrosion)。金属的腐蚀一般都是在外部介质的作用下,发生在金属与介质的相界面上的破坏。因此,金属发生的腐蚀总是从零件的表面开始,然后向零件内部扩展,或同时向零件表面的四周蔓延。

从热力学和金属材料学的观点来看,绝大多数金属都具有与周围介质发生作用而使自身转变为氧化状态的趋向。随着非金属材料的迅速发展和广泛应用,非金属材料与周围介质作用产生破坏也日益增多,如材料的老化、龟裂和腐烂等,也属于腐蚀破坏。

腐蚀是现代工业中一个极为有害的破坏因素,它可以使一个零件、一台机器、一艘轮船遭到腐蚀破坏,乃至报废。即使机件发生的是断裂或磨损破坏,往往也夹杂着腐蚀破坏的因素。腐蚀破坏使得机器寿命大大缩短,同时造成大量金属材料的浪费和巨大的经济损失,全球每年因腐蚀而损失的钢铁约占世界钢铁年产量的 10%。

在船舶机械和设备中的腐蚀破坏也相当严重。在船上,处于不同介质中的船机零件会发生各种类型的腐蚀,例如:柴油机气缸套和气缸盖冷却水腔的电化学腐蚀、船体钢板和船舶管路的海水腐蚀、活塞头和排气阀阀面上的高温腐蚀、气缸套冷却水面和螺旋桨桨叶上的穴蚀等。腐蚀的后果,轻者使零件的尺寸、几何形状发生改变,表面遭到损坏,重者造成零件裂纹、穿孔甚至断裂报废,影响船舶性能和工作的可靠性。

作为一名轮机员,学习和了解金属腐蚀的意义和目的就在于增强防止金属腐蚀的观念,为延长船舶机器和设备的使用寿命和保持良好的工作状态,加强日常的维护保养工作,及时发现和处置,减小腐蚀破坏的不利影响。

2.1.2　金属腐蚀的过程

自然界中大多数金属通常是以金属化合物的形式存在于矿石之中,例如铁在自然界中主要以 Fe_2O_3 形式存在于赤铁矿中,而 Fe_2O_3 也是铁的腐蚀产物——铁锈的成分。冶炼金属是消耗能量使金属化合物转变成金属,因此金属比它的化合物具有更高的自由能。金属腐蚀是使金属恢复自然状态,金属释放出能量回到热力学上更稳定的自然存在形式——化合物状态,即金属从金属状态自发地变成离子状态,生成金属的氧化物、硫化物、碳酸盐等。所以腐蚀过程是金属释放能量使自身稳定的自发过程,也是冶金的逆过程。金属释放能量就是腐蚀的动力,而其他破坏形式,如磨损、裂纹等则需要外力作用。

2.1.2.1　腐蚀倾向

自然界中一切自发过程都是有方向性的,都有从高自由能的状态向低自由能的状态转变的趋势。因此,物质变化过程能否自发进行,在化学热力学中采用自由能变化量 ΔG 为依据进行判断。当 $\Delta G < 0$ 时,伴随着能量的减少,过程可自发进行;当 $\Delta G > 0$ 时,表示过程不能自发进行,处于热力学稳定状态。如在大气条件下,只有金、铂、钯、铱是热力学稳定的金属,其 $\Delta G > 0$,在自然界中以单质存在,称为贵金属;铜、汞、银在无氧的情况下,离子反应时 $\Delta G > 0$,在自然界中主要以硫化物形式存在,称为半贵金属;除上述金属外其他金属在离子反应时自由能变化量均为负值,即 $\Delta G < 0$,在自然界中以氧化物或盐类存在。

有些金属(如铝、镁、铬等)在热力学上不稳定,但在适当条件下能发生钝化而变得稳定,即耐腐蚀。它们在大气中的腐蚀倾向大于铁,但腐蚀开始时在表面上就已生成一层保护膜,使得金属腐蚀几乎停止。而铁表面生成腐蚀产物疏松,不具保护作用,腐蚀就比较快。由此看来,腐蚀过程不仅仅取决于腐蚀反应中自由能的变化量,还应考虑腐蚀介质的性质、腐蚀产物在该介质中的稳定性。ΔG 只能了解金属的腐蚀倾向,而不能判断腐蚀的速度。

2.1.2.2　金属的电极电位

金属与介质接触时,将发生自发腐蚀的倾向,也就是金属变成离子进入介质,所失去的电子留在金属的表面,使金属表面呈负电并吸引溶液中的正离子靠近金属表面,形成双电层,在界面上产生电位差。金属和溶液界面的电位差称为金属的电极电位。

金属的电极电位越低,表示金属越容易离子化,越不耐腐蚀;反之,金属耐蚀性较好。

2.1.3　金属腐蚀的分类

按金属腐蚀表面的特征可分为全面腐蚀、局部腐蚀。

按金属腐蚀过程的特点可分为化学腐蚀、电化学腐蚀。

全面腐蚀是腐蚀发生在零件的整个表面上,可能呈均匀性或不均匀性或选择性的腐蚀状态,全面而又均匀的腐蚀在船上一般较为少见,全面的不均匀腐蚀较常见,如船体钢板水下部分在使用四五年之后表面上就会发生这种腐蚀。选择性腐蚀是金属材料中仅某种金属成分被腐蚀,如螺旋桨的脱锌。全面腐蚀使零件或构件的形状和尺寸改变、表面被破坏、强度降低,不均匀腐蚀还可能引起局部应力集中。

局部腐蚀主要集中于船机零件金属表面的某一区域,而表面的其他部分则几乎不被破坏。局部腐蚀破坏的形式很多,有电偶腐蚀、小孔腐蚀、晶间腐蚀、应力腐蚀、缝隙腐蚀、浓差电池腐蚀和磨损腐蚀等。局部腐蚀较多且其危害性较全面的均匀腐蚀大得多,尤其是晶间腐蚀,往往是在没有腐蚀破坏迹象,而又在小于屈服极限的应力条件下发生突然破坏,以致酿成重大的恶性事故。

2.1.4　金属腐蚀速度的表示方法

金属零件受到腐蚀,其质量、尺寸、形状、金相组织及机械性能等都会发生变化,这些物理和力学性能的变化率都可以表明金属被腐蚀的程度。在均匀腐蚀情况下,通常采用质量、深度和电阻变化率等来表示腐蚀速度。

2.1.4.1　质量指标

质量指标是把金属零件因腐蚀造成的质量变化换算成相当于金属零件单位表面积在单位时间的质量变化值。此法仅适用于衡量密度相同的或同一种金属的腐蚀程度。

零件因腐蚀使其质量在腐蚀前后不等,其差值为腐蚀前与清除腐蚀产物后的质量之差,常称为失重。当腐蚀产物牢固地附着在零件金属表面上时,其差值仍为腐蚀前后的质量之差,常称为增重。

$$V^- = \frac{W_0 - W_1}{St} \tag{2-1}$$

$$V^+ = \frac{W_2 - W_0}{St} \tag{2-2}$$

式中:V^-、V^+——分别为失重腐蚀速度和增重腐蚀速度,$g/(m^2 \cdot h)$;

　　W_0——零件腐蚀前质量,g;

　　W_1——清除腐蚀产物后的零件质量,g;

　　W_2——带有腐蚀产物的零件质量,g;

　　S——腐蚀面积,m^2;

　　t——腐蚀时间,h。

2.1.4.2　深度指标

深度指标是把零件因腐蚀造成的厚度减少量以线量单位表示,并换算成相当于单位时间的数值。这种方法非常适用于衡量密度不同的各种金属的腐蚀程度,利用失重质量指标进行换算:

$$V_L = \frac{V^- \times 24 \times 365}{100^2 \rho} \times 10 = \frac{8.76 V^-}{\rho} \tag{2-3}$$

式中:V_L——腐蚀的深度指标,mm/a;

　　ρ——金属的密度,g/cm^3。

2.1.4.3　电阻性能指标

用零件腐蚀前后的电阻变化率表示腐蚀速度 V_R。此法特点是测量电阻时不需清除腐蚀产物,对零件金属无影响,适用于薄和细的零件。

$$V_R = \frac{R_1 - R_0}{R_0} \times 100\% \tag{2-4}$$

式中:R_0——腐蚀前的电阻;
　　R_1——腐蚀后的电阻。

金属腐蚀的
认识

任务 2.2　化学腐蚀的防止

2.2.1　化学腐蚀

金属与周围介质(非电解质)直接发生化学作用引起的破坏称为化学腐蚀(Chemical Corrosion)。在发生化学腐蚀过程中不产生电流,化学腐蚀过程中电子的传递是在金属与氧化剂之间直接进行的。

化学腐蚀可分为气体腐蚀和有机介质腐蚀。

2.2.1.1　气体腐蚀

气体腐蚀是指金属在干燥气体或高温气体中发生的腐蚀。例如柴油机排气阀、汽轮机叶片等在高温下与气体介质接触都会发生气体腐蚀。

金属与介质中的氧化剂直接作用而在金属表面形成一层氧化物薄膜(腐蚀产物)。膜的构造与基体的结合强度均对腐蚀的进程有很大的影响。碳钢零件在 560 ℃ 以下氧化后,在零件表面上生成一层由 Fe_2O_3 和 Fe_3O_4 组成的稳定的氧化膜。这两种氧化物晶格复杂,结构致密,原子在其中扩散速度很小,从而可阻止金属表面继续被氧化。若在 560 ℃ 以上氧化时,在零件金属表面生成的氧化层主要是 FeO。其晶格简单,空位较多,结构较为疏松,原子很容易穿过从而使金属表面继续被氧化,而且 FeO 容易剥落。

过去一直把金属的高温氧化引起的腐蚀视为化学腐蚀的典型实例,然而关于氧化膜的近代观点认为:在高温气体中,金属最初的氧化是属于化学反应,即形成化学腐蚀,但其后氧化膜的成长过程则是属于电化学机理,因为此时金属表面的介质已由气相改变为既能电子导电又能离子导电的半导体氧化膜。所以,金属的高温氧化不再是单纯的化学腐蚀。

2.2.1.2　有机介质腐蚀

有机介质腐蚀是指金属在不导电的有机介质中发生的腐蚀。例如,铝在四氯化碳、三氯甲烷或乙醇中,镁和钛在甲醇中,金属钠在氯化氢气体中等都属于化学腐蚀。这类腐蚀往往比较轻微。但是上述介质往往因含有少量的水分与无机盐而使金属的化学腐蚀变为电化学腐蚀,腐蚀程度会比较严重。实际上单纯的化学腐蚀例子是较少见到的。

2.2.2　柴油机零件的化学腐蚀

柴油机在运转时,燃烧室中的高温高压燃气直接与燃烧室的组成零件——气缸盖、气缸套、活塞组件和各种阀件接触,燃气中的某些低熔点的灰分附着在零件表面上,在高温下与金属发生化学作用,使零件表面受到破坏,这种化学腐蚀又称高温腐蚀或钒腐蚀。

柴油机燃用重油时,由于重油中含有钒、钠和硫的化合物,燃烧后生成这些元素的氧化物或硫酸盐,如 V_2O_5、V_2O_4、Na_2SO_4 等,能进一步转化形成更复杂的化合物。这些物质的熔点较低,如 V_2O_5 的熔点为 675 ℃,$Na_2O \cdot V_2O_5$、$5Na_2O \cdot V_2O_4 \cdot 11V_2O_5$ 和 60% $Na_2SO_4 + 40\%V_2O_5$ 的熔点分别为 640 ℃、535 ℃ 和 330 ℃。

高温下钢铁零件上附着熔化或软化的钒钠化合物后,由于 V_2O_5 是酸性氧化物,直接与金属接触使其表面上的氧化膜被溶解,裸露的基体金属不断被氧化而形成腐蚀麻点或凹坑。如排气阀盘面上的孔洞。零件金属温度越高,腐蚀速度就越快。

柴油机零部件的高温腐蚀除与燃用重油有关外,还必须具备以下条件。

(1) 零件冷却不良,温度在 550 ℃ 以上时,足以使钒、钠化合物处于熔化状态附着于零件表面。

(2) 灰分的成分影响腐蚀速度。当灰分中 $V_2O_5/Na_2O \approx 3$ 时,软化温度由 600 ℃ 降至 400 ℃,灰分极易熔,腐蚀速度急剧增加;而 $V_2O_5/Na_2O \approx 1$ 时,腐蚀速度最小,因为软化温度高于零件温度而不发生腐蚀。

2.2.3 防止化学腐蚀的措施

根据化学腐蚀的机理,可在零件表面上覆盖一层保护膜以防止零件表面被腐蚀。可采用电镀等方法在零件表面上镀以金属保护层,如镀锌、镀锡、发蓝处理等,或在高温零件表面涂覆一层抗高温腐蚀性好的合金。

对于排气阀等燃烧室零件的高温腐蚀,除应注意控制燃油中的钒、钠和硫的成分外,还应加强冷却,降低零件表面的温度使其在 550 ℃ 以下工作,以减轻低熔点灰分所造成的腐蚀。

同时,还应注意零件材料的选择,对易遭受腐蚀的零件选用耐腐蚀性较强的材料。如为了改善合金的抗高温腐蚀性能,应降低 W、Mo 的含量,增加 Cr 的含量。

任务 2.3 电化腐蚀的防止

金属表面与离子导电的电解质发生电化学作用而产生的破坏称为电化学腐蚀。电化学腐蚀过程中有电流产生。这种腐蚀是自然界中最普遍、最常见的腐蚀之一,也是船机零件主要损坏形式之一。

2.3.1 电化学腐蚀的实质

电池作用原理可以充分说明金属在电解质溶液中的腐蚀过程。将铁板和铜板放在装有电解质溶液(一般取稀硫酸溶液)的容器中,用导线连接铁板和铜板,这时导线中就会有电流流过而成为简单的电池,如图 2-1 所示。

任何一种按电化学腐蚀(Electrochemical Corrosion)机理发生的腐蚀过程至少包含一个阳极反应和一个阴极反应,并且由流过金属内部的电子流和电解质溶液中的离子联系在一起。阳极反应是金属离子从阳极金属转移到电解质溶液中并放出电子的过程,即阳极氧化过程。阴极反应是电解质溶液中氧化剂离子吸收来自阳极电子的过程,即阴极还原过程。

在 Fe-Cu 电池中,铜板为阴极(正极),铁板为阳极(负极),阳极铁被氧化为离子 Fe^{2+}。电池作用导致阳极铁板不断遭到腐蚀。

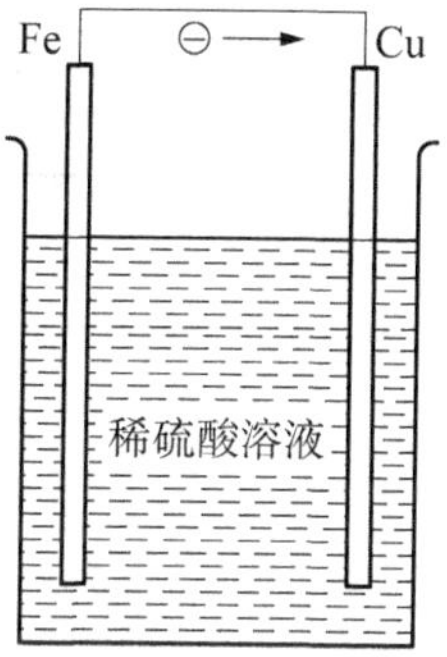

在电化学腐蚀中,由于腐蚀条件不同,形成的腐蚀电池也不同,所以发生的腐蚀情况也不一样。腐蚀电池可分为下列几种。

图 2-1　Fe-Cu 电池示意图

2.3.1.1　宏观腐蚀电池

宏观腐蚀电池是指发生电化学腐蚀时能够形成肉眼可见电极构成宏观大电池。

1)异金属接触电池

两种具有不同电位的金属或合金相互接触(或用导线连接),并处于同一电解质溶液中,便会使较低电位的金属不断遭到腐蚀,而较高电位的金属不受任何影响,这种电池称为异金属接触电池或称腐蚀电偶。如螺旋桨与艉轴、冷凝器中碳钢壳体与黄铜管子等。

2)浓差电池

同一金属的不同部位与浓度(含氧量或含盐量)或温度不同的介质接触形成的腐蚀电池。最常见的有盐浓差电池、氧浓差电池和温差电池,其中氧浓差电池是造成金属局部腐蚀的重要原因之一。

金属与含氧量不同的介质接触,在氧浓度低处金属的电位较低,为阳极;氧浓度较高处金属的电位较高,为阴极。例如铁棒埋于土壤中,因土壤深度不同含氧量不同,氧的浓度不同,则氧的分压不同,浓度越高分压越大,铁棒的电位越高;否则电位越低。于是构成氧浓差电池,使深埋于土壤中的铁棒端腐蚀最严重。

一根铜棒两端分别插入浓硫酸铜、稀硫酸铜溶液中,铜棒两端电位不同,稀硫酸铜溶液中的棒端电位低为阳极,另一端电位高为阴极,从而构成盐浓差电池。

当浸于电解质溶液中的金属,不同部位的温度不同时会构成温差电池。低温端电位高为阴极,高温端电位低为阳极。例如,换热器的高温端比低温端腐蚀严重。

2.3.1.2　微观腐蚀电池

微观电池是指金属表面由于电化学不均匀性构成无数微小电极的电池,又称微电池。零件金属表面电化学不均匀性是由金属表面的微观不均匀性引起的,主要有以下几种。

1)化学成分不均匀性

工业用的金属材料不同程度含有杂质、非金属夹杂物,或有偏析,使金属表面化学成分不均匀。金属、杂质、非金属夹杂物的电极电位不同,当有电解质溶液时就会构成无数微小电池,如图 2-2 所示。

2)金属组织不均匀性

零件金属材料中不同的金相组织和晶体缺陷具有不同的电极电位,在有电解质溶液的情况下就构成微电池,如图 2-3 所示。

1—杂质或夹杂物；2—基体金属。

图2-2 金属化学成分不均匀性
造成的微观腐蚀电池

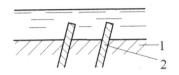

1—铁素体；2—渗碳体。

图2-3 金属组织不均匀性造
成的微观腐蚀电池

3）物理性质或状态的不均匀性

金属材料冷、热加工后材料各部分的受力和变形不同或物理性质不均匀，在有电解质溶液的情况下构成微电池，如图2-4所示。

4）金属表面膜不完整

金属表面都有一层氧化膜，当膜破裂、有孔等不完整时，破裂处和有孔处电位较低，易构成微电池的阳极，如图2-5所示。

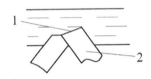

1—钢板弯曲处；2—钢板未变形处。

图2-4 金属物理性质或状态不
均造成的微观腐蚀电池

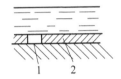

1—无膜表面；2—有膜表面。

图2-5 金属表面膜不完整造
成的微观腐蚀电池

2.3.2 极化作用

金属在介质中发生电化学腐蚀时，阳极金属发生氧化反应而被腐蚀，其腐蚀速度可用阳极电流密度来表示。在对腐蚀电路的观察中发现，当原电池外电路接通后瞬间有一个很大的起始电流，几分钟后迅速减小，约为起始电流的 $1/30$。

2.3.2.1 极化作用

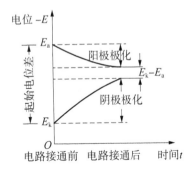

图2-6 电极极化的电位-时间曲线

原电池中电流强度的减小不是因为电阻的变化，是由电池中两极电位差变化所致。这种电流通过时腐蚀电池两极间的电位差减小，引起工作电流强度降低的现象，称为原电池的极化作用（Polarization）。电流通过时阳极电位向正的方向变化，称为阳极极化；电流通过时阴极电位向负的方向变化，称为阴极极化。图2-6所示为电池电路接通后，两极电位变化的情况。

极化作用是电池中电子迁移速度（即阳极极化时电子离开阳极的速度或阴极极化时电子流入阴极的速度）比电

极反应速度(即电解液中物质转移速度)快的结果。

2.3.2.2 去极化作用

增大回路中的电流以消除或减弱电极极化的作用称为去极化作用。阳极去极化作用就是消除或减弱阳极极化作用。例如,向溶液中加入络合剂或沉淀剂,使与金属离子形成难离解的络合物或沉淀物,不仅大大降低金属阳极表面的离子浓度,而且还加快金属离子进入溶液,即加速阳极金属的溶解,以进一步形成络合物或沉淀物。所以,阳极极化可以减弱金属腐蚀速度,而阳极去极化则加速腐蚀速度。

凡是能够吸收电子使自身还原的物质称为去极化剂。如果溶液中含有使金属氧化的氧化剂,可迫使阳极金属进行阳极反应以索取其产生的电子使自身还原,因此,氧化剂是去极化剂。

2.3.2.3 极化作用的意义

腐蚀电池形成后,极化作用立即产生,因而使金属腐蚀速度大大降低。如果没有极化作用,不仅腐蚀速度将比实际快几十倍,而且腐蚀也会不断地进行下去,其后果必然是迅速造成零件的失效。

极化作用很大程度上取决于电极材料和溶液成分、pH 值等,而与初始电位差关系不大。为了有效防止腐蚀,应利用各种极化因素使稳定电位差和腐蚀电流尽可能小。

2.3.3 船上常见的电化学腐蚀

2.3.3.1 电偶腐蚀(或接触腐蚀)

船上发生这种腐蚀的零部件很多,只要能够形成异金属接触电池(腐蚀电偶)的零部件就会发生电偶腐蚀(Contact Corrosion)。如冷凝器在使用中发生碳钢壳体的腐蚀、艉轴和水泵轴的腐蚀等。

2.3.3.2 氧浓差腐蚀

工程上连接件的缝隙处,由于缝隙深处充气不足便容易形成氧浓差电池,使连接件缝隙处发生腐蚀。柴油机气缸套外圆表面的下部橡胶密封圈处,冷却水流停滞、氧的溶解度小,氧浓差电池作用使气缸套外圆表面的下部被腐蚀,严重时会造成冷却水漏入曲柄箱的事故。

2.3.3.3 石墨化腐蚀

灰口铸铁零件表面的铁被腐蚀,只剩下石墨片,这种选择性的腐蚀称为铸铁的石墨化腐蚀(Graphitic Corrosion)。灰口铸铁零件在弱电解质溶液中,因合金中的各相电位不同而构成微电池,即石墨相电位高,为阴极;铁素体相电位低,为阳极。腐蚀后零件金属表面为石墨骨架与铁锈组成的海绵状物质,使铸铁的机械性能大为降低。这种腐蚀进展较为缓慢。如柴油机气缸套外圆表面上部,因冷却水温度较高容易形成这种微电池而使缸套上部腐蚀。

2.3.3.4 应力腐蚀

金属零件在一定的拉应力和特定的腐蚀介质的共同作用下所引起的破裂称为应力腐蚀(Stress Corrosion)。工程上常用的不锈钢、黄铜、碳钢和高强度钢等材料都可能发生这种腐蚀,而且很快进一步发展产生破裂。如黄铜管在潮湿空气、氨及海水等介质中的自动开裂(黄铜的季裂),奥氏体不锈钢在氯化物溶液及固定的拉应力下亦容易发生应力腐蚀。

2.3.3.5　晶间腐蚀

晶间腐蚀(Intercrystalline Corrosion)是一种常见的局部腐蚀,发生于零件金属内部的晶界上,并沿晶界发展,使晶粒间的结合力大大削弱,严重时使金属的机械强度完全丧失。晶间腐蚀是由金属组织结构的不均匀性,即晶粒内部与晶界之间存在一定的电位差而构成的微观电池所致。通常,发生过这种腐蚀的零件表面仍然光亮,但若轻轻敲击便立即破碎。因其不易检查,设备容易突然破坏,故其危害性较大。不锈钢、镍基合金、铝合金、镁合金等都易发生晶间腐蚀。

2.3.3.6　海水腐蚀

海水是唯一含盐浓度较高的电解质溶液,是腐蚀性最强的天然腐蚀剂之一。海水中的盐分总量为 $3.5\%\sim3.7\%$,pH 值约为 8,呈弱碱性。海水中的盐类物质主要是氯化物($NaCl$、$MgCl_2$),其次是硫酸盐($MgSO_4$、$CaSO_4$)。由于海水能分解盐类,所以海水是一种导电性很强的电解质溶液。海水中大量的氯离子能使零件金属表面的氧化膜遭到破坏,因而海水对大多数金属有很强的腐蚀作用。腐蚀可能是微观电池作用,也可能是宏观电池作用。钢铁在海水中的腐蚀速度约为 0.13 mm/a。海水流速增加、海水温度升高等,也会加速海水腐蚀。

甲板腐蚀

此外,海水中的含氧量、pH 值、海洋生物等物理、化学因素都会影响海水对金属的腐蚀速度。

船舶常年航行在海上,船体、甲板机械与海水接触的零部件等受到严重的海水腐蚀。如船体钢板、螺旋桨、艉轴、舵及甲板机械——起货机、起锚机、绞缆机等,此外,柴油机的空冷器、冷却器、冷凝器、空压机的机体、各种海水管等都与海水接触,均受到海水腐蚀。

2.3.4　防止电化学腐蚀的措施

防止电化学腐蚀的最基本的原则就是破坏产生电化学腐蚀的条件。根据电化学腐蚀原理可知,只要破坏产生电化学腐蚀的条件之一,就能有效地阻止电化学腐蚀的进行。由于电化学腐蚀破坏的形式很多,而每一种腐蚀破坏都有其产生的具体原因和影响因素,防止金属电化学腐蚀的措施主要有以下几类。

2.3.4.1　合理选材

为了保证船舶机器和设备的长期使用和安全运转,在设计时应根据使用条件和工作介质合理选用材料。如对腐蚀介质中工作的零件应选择耐腐蚀材料,对有可能形成电偶腐蚀的零件,应选择电极电位相近的材料。

2.3.4.2　阴极保护

利用电化学腐蚀原理使被保护零件成为阴极可防止腐蚀。一种是牺牲阳极的阴极保护法,即在被保护零件上安装电位更低的金属使之成为阳极,被保护零件成为阴极而不被腐蚀。如在船体钢板上或气缸套外表面上安装锌块防止腐蚀。另一种是外加直流电源阴极保护法(Impressed Current Cathodic Protection, ICCP),将被保护零件与外加直流电源的负极直接相连,用外加阴极电流使阴极电位向负的方向变化(即发生阴极极化作用),阻止腐蚀过程的进行。例如船轴接地装置(Shaft Earthing Device)可以对船轴、螺旋桨和轴瓦在防止静电和电化学腐蚀方面起到较好的保护作用。

2.3.4.3　阳极保护

将被保护零件与外加直流电源的正极相连,用外加电流使阳极电位向正的方向变化,即实施阳极极化使零件金属腐蚀速度迅速降低并保持一定稳定的低电位,使阳极钝化以降低腐蚀。

2.3.4.4　介质处理

除去介质中促进腐蚀的有害成分或者在介质中添加阻止和减少腐蚀的物质。前者如锅炉给水的除氧处理、调节 pH 值和改变介质的湿度。后者如在柴油机冷却水中添加铬酸盐、亚硝酸盐等无机缓蚀剂,使零件金属表面形成钝化膜,降低腐蚀速度。

2.3.4.5　在零件金属表面覆盖保护层

在零件金属表面覆盖耐腐蚀性较强的金属或非金属,使零件金属表面与腐蚀性介质隔开以达到防止腐蚀的目的。根据覆盖材料的不同可分为金属覆盖层和非金属覆盖层。金属覆盖层可采用电镀、喷涂、刷镀、磷化和氧化等方法在阳极或阴极表面上覆盖金属层。非金属覆盖层可采用油漆、塑料、玻璃钢等材料。

2.3.4.6　加强管理和维护

轮机员在日常维护管理工作中,应加强对容易发生腐蚀的零件和部位的管理,避免和减少腐蚀。船舶动力装置中凡是与海水、淡水接触的零件、构件和管系均有发生电化学腐蚀的可能,如柴油机气缸盖、气缸套、气缸体与冷却水接触部位,增压器壳体、冷却器与冷凝器以及海、淡水管系等设备。此外,润滑油的变质也会引起轴瓦的腐蚀。故应采取如下措施。

(1)在柴油机冷却系统中加入缓蚀剂或乳化防锈油等,抑制腐蚀作用,防止零件的腐蚀。

(2)在船体钢板上、气缸套冷却水腔壁上安装防腐锌块,实现阴极保护。定期检查冷却器中的防腐锌块,发现剩余尺寸不足原尺寸的 1/3 时应更换。

(3)选用含硫量较低的燃油。若燃油含硫量较高,则应采用与之匹配的碱性气缸油,以减少气缸套的低温腐蚀。通常燃油硫分和气缸油总碱值的对应关系如表 2-1 所示。

表 2-1　硫分与总碱值的对应关系

燃油硫分/%	$S \leqslant 1$	$1 < S \leqslant 2.0$	$2.0 < S \leqslant 3.5$	$3.5 < S \leqslant 5$	$S > 5$
气缸油总碱值(TBN)	10	30~40	70	85	100

(4)加强润滑油的检验,控制酸值以防止轴承(尤其是铜铅合金轴承)的腐蚀。

(5)机件碱洗后,一定要用清水彻底清洗,并涂油保护。

(6)严格日常定期检查项目,如柴油机曲柄箱油和艉轴润滑油的定期检验,以免疏忽。

电化腐蚀的
防止

任务 2.4 穴蚀的防止

穴蚀（Cavitations）又称空泡腐蚀，或气蚀，是水力机械或液体与机件做高速相对运动时，在机件表面上产生的一种破坏。穴蚀是一种局部腐蚀，特征是机件表面上呈聚集的小孔群，如蜂窝状，或呈分散的孔穴。孔穴表面清洁无腐蚀产物覆盖，其直径一般在 1 mm 以上。如柴油机气缸套外圆表面上穴蚀小孔的直径为 1～5 mm，最大可达 30 mm，孔深可达 2～3 mm，严重时可使缸壁穿透。

船机零件发生穴蚀损坏的有螺旋桨（Propeller）桨叶、柴油机气缸套外圆表面、轴瓦工作表面、喷油泵柱塞螺旋槽以及离心泵叶轮等。

2.4.1 柴油机气缸套的穴蚀

气缸套穴蚀会严重影响柴油机工作可靠性和气缸套的使用寿命。在船用中、高速柴油机中，特别是高速轻型大功率筒状活塞式柴油机中，105～300 mm 缸径的气缸套穴蚀较为普遍和严重，如 12V180、6150 等高速柴油机，6300、8NVD48A‑2U 等中速柴油机。有的柴油机仅运行几十小时就在气缸套外圆表面产生穴蚀孔穴，严重的在柴油机运转不到 1 000 h 时，缸套就因为穴蚀而穿孔报废，此时缸套内表面尚未磨损。而二冲程十字头低速柴油机气缸套基本不发生穴蚀破坏。

2.4.1.1 气缸套的穴蚀部位

图 2-7 气缸套穴蚀实例

气缸套穴蚀发生在湿式气缸套的外圆表面上，一般集中在柴油机左、右两侧方向上，尤其是集中在承受侧推力一侧（即排气侧）的缸套外圆表面偏上方，呈连续孔穴的蜂窝状，或呈分散的孔穴；在冷却水进口或水流转向处及缸套支承面和密封凸肩缝隙处均呈分散的孔穴，如图 2-7 所示。

2.4.1.2 气缸套穴蚀的机理

迄今为止关于穴蚀的机理论述较多，其中较为普遍的一种理论认为：机件发生穴蚀的先决条件是机件浸于某种液态介质中，机件与液体之间有某种形式的相对运动，或者机件在液体中受到某种能量（如声能）的传递作用时，会形成局部的瞬时高压或瞬时高真空。在瞬时高真空时，该局部地区的液体会汽化，形成充满蒸汽并从水中分离出来的空泡；在瞬时高压时，空泡被压缩，泡内蒸汽迅速液化而使空泡破灭，空泡周围的液体迅速冲向空隙，产生极强的冲击波作用在机件金属表面上使之受到损伤，频繁作用的结果使机件表面金属逐渐剥落。与此同时，机件金属表面还会产生微观电化学腐蚀，两种腐蚀交替作用致使机件腐蚀破坏。

柴油机气缸套外圆表面与气缸体构成冷却水空间，在狭小的环形通道中流动着海水或淡水。柴油机在运转时，由于缸套与活塞之间存在着配合间隙和活塞侧推力周期性地变换作用方向,使活塞横向摆动时撞击缸套,从而引起缸套的高频振动。缸套的高频振动和缸壁的弹性变形使冷却水空间的容积发生交替增大或减小的变化,冷却水不断发生交替膨胀与压缩的变化,从而使缸套外壁局部水域产生瞬时高压与高真空,以致由于瞬时高真空时产生的空泡在瞬时高压时爆破而使缸套外圆表面受到破坏。

2.4.1.3　影响气缸套穴蚀的因素

实践中,并非所有的筒状活塞式柴油机气缸套都会发生穴蚀破坏,即使是发生穴蚀也有轻重之分。缸套穴蚀与柴油机的机型、结构、爆发压力、冷却水腔和冷却介质、柴油机的工艺参数等有关。其中影响穴蚀的最根本原因是缸套的高频振动,而影响缸套振动的因素主要是缸套与活塞的配合间隙、缸套的刚度及侧推力。缸套和活塞的配合间隙越大,活塞横摆加速度越大,冲击缸壁的能量就越大,振动增强;缸套的刚度与缸套材料、壁厚和纵向支承跨距有关,壁厚增加、支承跨距缩短,缸套刚度增大,受活塞冲击时缸套变形小,振动小,可有效防止穴蚀。

此外,冷却水腔结构、冷却水的温度与压力、缸套材料、金相组织、加工质量等也不可忽视。冷却水腔通道太窄,水流速度增高容易产生空泡;冷却水温度过高或过低均是不利的,水温在50~60℃时穴蚀严重,一般以80~90℃为宜;冷却水压力高可以抑制空泡的形成,减少穴蚀的发生。

2.4.1.4　防止气缸套穴蚀的措施

1) 减小缸套振动

(1) 减小缸套与活塞的配合间隙是降低活塞在横向摆动时对缸套的冲击能量的有效方法。活塞冲击缸壁的能量取决于活塞横摆的速度和它的质量,而该速度则随活塞与缸套的间隙增大而增大。柴油机的负荷和转速对间隙值也有一定的影响,因为负荷与转速增加时使缸套与活塞温度升高,配合间隙变小。

(2) 提高缸套的刚度。缸套的刚度主要取决于缸套的壁厚和缸套的支承跨距。增加缸套壁厚和缩短缸套支承跨距将会降低缸套的振动,缩短支承跨距虽有利于减小振动,但会影响冷却水空间的高度,因此,常采用中间支承和增加密封环数等措施来提高缸套的刚度。同时,缸套与气缸体的配合间隙对缸套的刚度也有影响,缸套与气缸体铸成一体或采用过盈配合有利于提高缸套的刚度。

(3) 冷却水腔结构。柴油机设计时要求冷却水腔内水流速度应小于 $2\,\mathrm{m/s}$,水腔宽度 t 为 $14\%D$(D 为缸套直径)或不小于 $10\,\mathrm{mm}$,各处均匀一致,水流畅通不形成死水区和涡流区,有利于降低缸套穴蚀。

2) 提高缸套抗穴蚀能力

(1) 选用抗穴蚀能力强的缸套材料。锻钢的抗穴蚀能力优于铸钢,球墨铸铁和可锻铸铁的抗穴蚀能力优于普通铸铁。

(2) 缸套外表面的粗糙度对穴蚀的发生也有着重要的影响。缸套外表面越粗糙越容易发生穴蚀,因其利于空泡的形成。

(3) 缸套外表面涂以保护层可减少穴蚀。在缸套外表面镀铬、渗氮、喷陶瓷、涂树脂等覆盖层将会提高缸套的抗穴蚀能力。

(4) 在冷却水腔内安装锌块实施阴极保护防止电化学腐蚀。

（5）在缸套冷却水中加入添加剂，如抗蚀剂、乳化油等在缸套外圆表面形成保护膜，从而减小空泡爆破时对缸套表面的冲击作用，达到减轻穴蚀的目的。

2.4.2　燃油系统零件的穴蚀

燃油系统中的油泵柱塞、出油阀、喷油器针阀及高压油管均有穴蚀破坏发生。燃油系统中因喷油的需要存在瞬时高压和瞬时低压的燃油。喷油终了时，系统内油压骤然降低，低于该处温度所对应的燃油蒸发压力，使燃油汽化形成气泡，周围的燃油压力高或者遇到一个高的燃油压力波，气泡受压迅速破裂产生很大的冲击波，从而使系统中的零件受到破坏。此外，随着柴油机强化程度不断提高，燃油系统的喷射压力和喷油率也相应增加。高的喷射压力又容易引起二次喷射使柴油机性能下降，并造成系统的穴蚀。燃油系统中的穴蚀有两种。

2.4.2.1　波动穴蚀

在燃油系统中有高压燃油流动时，会产生并传播压力波，特别是在喷油器喷射终了时会使某些地区的压力发生很大的变化，甚至产生负压力波。压力波动可能导致气泡的产生与破裂而发生穴蚀，这种穴蚀称为波动穴蚀（Undulate Cavitations）。波动穴蚀主要发生在高压油管上，并且在低负荷时比较严重。

2.4.2.2　流动穴蚀

在燃油系统中，由于高压燃油流经通道截面突然变化处，产生强烈节流，压力下降并形成气泡，随后的压力升高又使气泡破裂而发生穴蚀，这种穴蚀称为流动穴蚀（Flowingly Cavitations）。高压油泵柱塞螺旋槽和喷油器针阀上的截面突变处的穴蚀即属此类穴蚀，在高负荷时因节流作用的加剧而更加严重。

燃油系统中不适当的压力波动是产生穴蚀的主要原因，而压力波动又是因卸载不当引起的。故常采用缓冲型出油阀、等压出油阀、控制节流、阶梯形螺旋槽柱塞和双锥形针阀等措施来减少穴蚀的发生。

2.4.3　轴瓦的穴蚀

近年来，在高速大功率柴油机的铜铅合金薄壁瓦轴承上频繁出现穴蚀破坏，铜铅合金的主轴瓦和曲柄销轴瓦上均产生穴蚀。穴蚀通常发生在油槽和油孔周围，呈条状或枝叶状的小孔群。

轴瓦发生穴蚀的原因是由特定条件下流动的润滑油形成气泡和气泡的破裂。在液体动压润滑下，在轴颈与轴瓦最近点处，油膜中压力下降，这些气泡又会进入高压区而溶于润滑油中。但在承受交变载荷的轴承里，特别是有冲击载荷时，气泡将被吸引到轴瓦合金表面上并迅速破裂，致使轴瓦表面遭到破坏。轴瓦上开有油槽或油孔，如果开在压力区，会使得油压突降而产生气泡，故在油槽或油孔周围易发生穴蚀。

防止轴瓦穴蚀的措施，主要从选择抗穴蚀材料和注意轴瓦上的油槽、油孔位置以及保证润滑油品质等方面着手。

2.4.4 螺旋桨的穴蚀

螺旋桨穴蚀破坏是一种较为严重的损坏形式,穴蚀的部位主要在螺旋桨桨叶的叶背边缘 $0.9R$(R 为螺旋桨半径)至叶梢处,有时在调距桨的叶根处也会出现,呈蜂窝状孔穴,成片分布,严重时会使桨叶烂穿。螺旋桨穴蚀实例如图 2-8 所示。

图 2-8 螺旋桨穴蚀实例

螺旋桨穴蚀虽然也是由于空泡作用的结果,但空泡的成因与其他船机零件的情况不同。螺旋桨在水中旋转时,水流从叶背周围流过,叶背的水流速度增加而压力降低,在叶面处的水流速度则减小而压力增加。螺旋桨转速越高,叶背处的压力降就越大。当压力降到某一值时,该处的水汽化形成气泡,随后气泡移动到压力高处而破裂。气泡破裂时水压冲击叶背使桨叶遭到破坏。

在螺旋桨桨叶表面上涂环氧树脂对于防腐蚀效果较好,但环氧树脂涂层在螺旋桨转速高时容易脱落,故在大型低速柴油机船舶上使用较多。同时,改进桨叶叶型、降低螺旋桨的设计转速等均可防止或减轻螺旋桨穴蚀的发生。

经典案例分析
练习题

项目 3　船机零件疲劳破坏的防止

知识目标：了解交变应力、疲劳破坏的基本概念，掌握疲劳破坏的断口特征及断裂过程，熟悉影响疲劳破坏的主要因素及防止疲劳破坏的途径，掌握气缸盖和曲轴疲劳破坏的机理。

能力目标：能区分简单应力条件下的断裂和交变应力条件下的断裂，能根据疲劳断口的形貌判断零件损坏的原因，能在日常操作和管理中采取合理措施防止零件疲劳断裂。

船机零件常有裂纹和断裂的事故发生。例如柴油机的气缸盖、气缸套和活塞组件的裂纹，曲轴、中间轴或艉轴的裂纹和折断等，尤其是主柴油机和轴系零件的裂纹和断裂影响极大，不仅直接危及船舶安全航行，甚至会酿成严重事故。

船机零件的裂纹和断裂是由于零件长时间在交变载荷作用下而产生的破坏，称疲劳破坏。据统计，生产中因疲劳而断裂的零件占断裂零件总数的 80% 以上。因此，轮机员应重视零件产生疲劳破坏的原因，掌握防止或减少此种破坏的相关知识。

任务 3.1　疲劳破坏的认识

零件材料长时间在交变载荷作用下而产生裂纹和断裂现象称为疲劳破坏（Fatigue Fracture）。零件长期在交变的机械应力或热应力下工作，即使最大工作应力小于静载荷下的屈服极限 σ_s，但在长期工作后也会产生裂纹或断裂，即产生疲劳破坏。

零件发生疲劳断裂时具有如下特征。

（1）零件是在交变载荷作用下经过较长时间的使用。

（2）断裂应力小于材料的抗拉强度 σ_b，甚至小于屈服强度 σ_s。

（3）断裂是突然的，无任何征兆。

（4）端口形状特殊，有明显的不同区域。

（5）零件的几何形状、尺寸、表面质量和表面受力状态等均直接影响零件的疲劳断裂。

3.1.1　疲劳破坏的种类

由于产生疲劳断裂的条件不同，可将其分为以下几种。

1）高周疲劳破坏

低应力、高寿命的疲劳破坏，即工作应力低于屈服极限，甚至低于弹性极限，应力循环周次一般大于 10^7。这是一种最常见的疲劳破坏。例如弹簧、曲轴等零件的断裂。

2）低周疲劳破坏

高应力、低寿命、低频加载的疲劳破坏，即工作应力接近或等于屈服极限，应力循环周次一般小于 10^4。例如压力容器、飞机起落架的裂纹和断裂等。

3）热疲劳破坏

由温度变化引起热应力的反复作用造成的疲劳破坏。例如柴油机气缸盖等零件的疲劳破坏。

4）腐蚀疲劳破坏

零件在交变载荷和腐蚀介质的共同作用下产生的疲劳破坏。

5）接触疲劳破坏

接触疲劳破坏是指零件接触表面在接触应力反复作用下产生麻点和金属剥落，或表层被压碎而剥落，致使零件失效。例如轴承、齿轮等零件的表面破坏。

3.1.2 疲劳抗力指标

表征零件材料抗疲劳性能的力学参数，主要有疲劳极限、过载抗力、疲劳缺口敏感度等。

3.1.2.1 疲劳极限

在交变载荷作用下材料承受的最大交变应力与断裂前循环周数之间的关系如图 3-1 所示。由 $\sigma_{max} - \lg N$ 坐标中的疲劳曲线可知，材料所承受的最大交变应力 σ_{max} 越大，循环的周数 N 越少，即寿命越短。反之，N 越大，寿命越长。当应力低于某一值时，循环无限次也不会发生疲劳断裂，该应力称为材料的疲劳极限（或疲劳强度）。所以，材料的疲劳极限是材料经无限次应力循环作用而不破坏的最大应力，用 σ_r 表示。注脚 r 为循环特征，指一个应力循环中最小应力与最大应力的比值。对称循环的 $r=-1$，故对称循环应力下的疲劳极限用 σ_{-1} 表示。一般来说，r 值越大，其疲劳极限越高。

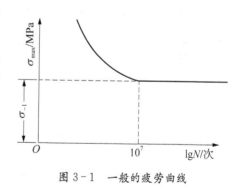

图 3-1 一般的疲劳曲线

材料的疲劳极限由试验测定。如常温下的碳钢、合金结构钢和铸铁，在 N 达 10^7 后曲线出现水平阶段，所以这类材料是以 $N=10^7$ 时不发生断裂的最大应力作为疲劳极限。有色金属 $N=10^8$。

3.1.2.2 过载抗力

机器在运转过程中，常常会出现短时间的过载，相应的零件处于短时间高于其材料的疲劳极限的工作应力状态。例如，柴油机紧急刹车、启动或超负荷运转等。为了保证安全运转对偶然短时间过载，应考虑其对材料的疲劳抗力的影响。

一般说来，适当过载对材料的疲劳性能没有什么影响，因其未能引发材料内部微裂纹的显著扩展。而不适当过载（包括过载的大小和过载循环次数的多少）将会造成过载损伤，降低材料的疲劳极限,导致零件的疲劳破坏。这是由于过载引发了材料内部的微裂纹扩展达到了一定尺寸,在过载后的正常运转中不断扩展导致疲劳断裂。

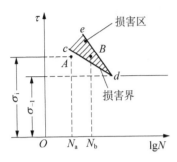

图 3-2   材料的过载损害区
和损害界

采用过载抗力来衡量过载对零件材料疲劳抗力的影响。过载抗力一般是用通过试验建立的过载损害区和损害界来表示,如图 3-2 所示。图中 cde 为过载损害区,cd 为过载损害界。当零件在过载负荷 σ_i、循环周次 N_a 下工作,即工作点 A 在过载损害区以外时,过载对材料的疲劳极限 σ_{-1} 无影响。短时间过载后恢复正常运转,零件也不会发生疲劳破坏。当零件在过载负荷 σ_i、循环周次 N_b 下工作,即工作点 B 进入过载损害区时,过载就会使材料的 σ_{-1} 降低,在恢复正常运转后零件将会发生过早的疲劳破坏,缩短零件的疲劳寿命。

由图 3-2 可以看出,材料的过载损害区越狭窄,或过载持久线 ed 越陡直,则过载抗力越高。过载持久值 ed 表示在超过疲劳极限的应力下直到断裂所能经受的最大应力循环周数。由于零件短时间过载不可避免,所以零件选材时宜选用过载损害区狭窄而又较陡直的材料。

与过载损伤相反的情况是,零件在低于或近于 σ_{-1} 下运行一段时间后,其疲劳极限会有所提高。这种现象称为次负荷锻炼。

3.1.2.3   疲劳缺口敏感度

零件上开有键槽、油孔、台阶、螺纹等各种几何形状的缺口时,在使用中就会在缺口的根部产生应力集中,使材料的疲劳强度降低。采用缺口敏感度来表示疲劳强度降低的程度。缺口敏感度 q 表达式为

$$q = \frac{K_f - 1}{K_t - 1} \tag{3-1}$$

式中:K_f——疲劳应力集中系数,$K_f = \dfrac{\sigma_{-1}}{\sigma_{-1H}}$;

K_t——静力理论应力集中系数,$K_t = \dfrac{\sigma_{max}}{\sigma}$。

K_f 是光滑试件的疲劳极限 σ_{-1} 与缺口疲劳极限 σ_{-1H} 之比,其与缺口的形状、尺寸和材料性能有关。在中等强度范围内,材料强度越高,K_f 值越大。

K_t 是试件缺口根部处的最大应力 σ_{max} 与光滑试件横截面上均匀应力 σ 之比,与缺口的几何形状、尺寸及缺口曲率半径有关,与材料性能无关。K_t 值可从机械工程手册中查得。

一般 $K_f \leqslant K_t$。当 $K_f = K_t$ 时,$q = 1$,表示此时疲劳应力集中最严重,缺口最敏感;当 $K_f = 1$ 时,$\sigma_{-1} = \sigma_{-1H}$,则 $q = 0$,表明零件虽有缺口但不影响材料的疲劳极限 σ_{-1},缺口最不敏感。

材料的缺口敏感度 q 为 $0 \sim 1$。q 值越小,缺口越不敏感。铸铁对缺口极不敏感,$q < 0.1$;一般结构钢对缺口较为敏感,q 为 $0.55 \sim 0.80$。

3.1.3   疲劳断裂的断口特征

零件或构件断裂后,其断口形貌展现了从产生裂纹到裂纹扩展,直至断裂的全过程,可

根据断口形貌特征分析零件断裂原因。

疲劳断口形貌可分三个区域,如图 3 - 3 所示。

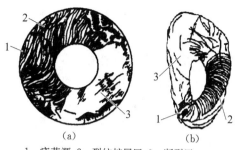

1—疲劳源;2—裂纹扩展区;3—断裂区。

图 3 - 3 疲劳断裂的断口形貌

(a)弯曲疲劳断口;(b)扭转疲劳断口

3.1.3.1 疲劳源

在断口上可用肉眼或者低倍放大镜找到一个或多个疲劳裂纹的起点,称为疲劳源。一般集中在零件的表面或者近表面处。

3.1.3.2 疲劳裂纹扩展区

疲劳裂纹扩展区呈光滑状或贝纹状(波纹状),颜色较暗,一般占有较大面积。光滑状是由两个断面长时间相互研磨所致,波纹是载荷变化时,裂纹前沿线扩展留下的痕迹。波纹从疲劳源开始,向四周推进并与裂纹扩展方向垂直。裂纹扩展区越光滑,说明零件在断裂前经历的载荷循环次数越多;接近脆断区的波纹线越密,说明载荷值越小。

3.1.3.3 疲劳裂纹断裂区

断裂区又称脆断区,由于瞬间突然断裂,金属晶粒较粗大,有时断口呈银白色,与发暗的裂纹扩展区有明显的不同。对于脆性材料,此区为结晶状的断口;对塑性材料,则为纤维状的韧性断口。

疲劳破坏的认识

3.1.4 疲劳断裂的过程

零件的疲劳断裂是一种在较长时间内逐渐发展成的破坏形式。在交变载荷作用下零件表面缺陷处首先产生微裂纹,并且裂纹时而扩展,时而停滞,最终断裂形成断口。

3.1.4.1 疲劳裂纹的形成

疲劳裂纹的裂纹源位于零件表面应力最大处,即有应力集中的部位或零件近表面的材料内部,也就是材料内部有严重的冶金缺陷或组织缺陷处。

零件表面的裂纹源多是表面上有油孔、过渡圆角、台阶、粗大刀痕等应力集中处,在交变应力作用下形成微裂纹;零件近表面材料内部由于冶炼和冷热加工的缺陷,晶体滑移和晶界缺陷等在交变应力作用下产生的微裂纹。

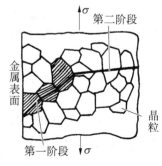

图 3 - 4 疲劳裂纹的扩展

3.1.4.2 疲劳裂纹的扩展

零件一旦产生疲劳裂纹,就会在交变应力作用下进一步扩展。扩展可分为两个阶段,第一阶段是疲劳裂纹沿着与正应力成 45°角的最大切向应力的方向向金属内部扩展,扩展的深度较浅,大约只有几个晶粒厚度,扩展的速度也很小;第二阶段,裂纹在按第一阶段扩展到一定距离后,将改变方向,沿着与正应力成 90°角的方向扩展,此时,正应力对裂纹的扩展起着重要作用,使裂纹扩展的深度和速度都远远超过第一阶段。疲劳裂纹的扩展如图 3 - 4 所示。

在交变的正应力作用下,裂纹时而扩展,时而停滞。由零件裂开的两部分时而闭合,时而分开,以致在断口上形成贝纹状。靠近初始裂纹处,因断裂速度较慢和断裂面间的摩擦、研磨的时间较长,贝纹稀疏且断面光滑;远离初始裂纹处,因断裂速度较快和相互作用时间短使得贝纹细密且断面粗糙。当零件材料有足够的断裂韧性时,能够很好地阻碍裂纹的迅速扩展。

3.1.4.3　断裂

疲劳裂纹迅速扩展后,实际承载的截面减小,以致剩余面积承受不了所受载荷的作用而发生突然断裂,出现最终断裂区。

零件疲劳断口的状况与受到的载荷、应力状态、零件材料和加工质量等有关。图3-5所示为各种交变载荷作用下,轴类零件疲劳断裂后的断口形貌示意图。根据零件断口形貌可定性分析零件断裂前的负荷情况、材料性能和寿命等。

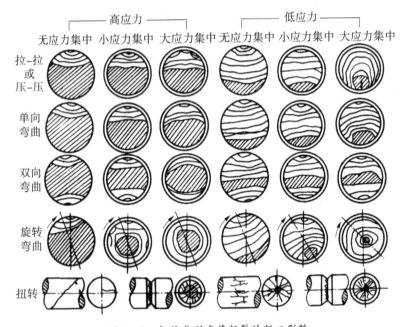

图3-5　各种类型疲劳断裂的断口形貌

从图3-5中可以看出如下几点。

(1)疲劳源大多分布在零件表面,一般有1~2个。

(2)疲劳裂纹扩展呈贝纹状时,贝纹细密、间距小,表示材料抗疲劳性能好,疲劳强度高。若疲劳源区与裂纹扩展区断面粗糙、疲劳源数较多和贝纹线间距较大时,可能是应力集中较严重或有较大的过载。

(3)最后断裂区所占面积越大,甚至超过断口面积一半,说明零件过载越严重。最后断裂区所占面积小于断口面积之半,则表示零件无过载或过载很轻。

在相同条件下,高应力状态零件的最后断裂区面积大于低应力状态零件;承受单向弯曲的零件仅有1个疲劳源,而双向弯曲的有2个疲劳源;承受旋转弯曲疲劳零件的疲劳源与最后断裂区的相对位置发生偏转,最后断裂面积很小且与零件断面呈同心。

3.1.5 影响疲劳强度的因素

影响零件材料疲劳强度的因素有外部因素和内部因素。外部因素主要是零件的形状、尺寸、表面粗糙度和使用条件等；内部因素主要是材料的成分、组织、夹杂物和表面应力状态等。疲劳强度是零件设计、选材和制订加工工艺的重要参数，直接关系到零件的使用寿命。

3.1.5.1 应力集中

应力集中是导致零件疲劳破坏的最主要因素。机械零件其外表因使用和工艺的需要都不可避免地存在台阶、键槽、油孔或螺纹等截面变化部分，零件内部不可避免地存在冶炼、毛坯加工过程中带来的缺陷，如杂质、缩孔等，这些部位均会引起应力集中。

当应力最大值超过材料的许用应力时就会形成疲劳源，导致疲劳破坏。零件缺口引起应力集中，大大降低疲劳极限，缺口越尖锐，危害越严重。

3.1.5.2 表面状态和尺寸因素

零件加工表面状态主要是指表面粗糙度、表面成分和性能变化、表面残余应力等。表面粗糙度等级越低，表面越粗糙，疲劳极限越低。表面强化处理使零件表面化学成分和组织发生变化，从而使表面的机械性能变化。渗碳、渗氮等表面化学热处理不仅提高表面硬度和耐磨性，还可提高疲劳极限。表面变形强化处理（如喷丸、滚压）可在表层形成残余压应力，提高材料的疲劳极限，增强表面塑性变形抗力。

材料的疲劳极限随零件尺寸的增加而降低，材料强度越高疲劳强度极限下降就越快。这种现象称为疲劳强度的尺寸效应。主要是由于疲劳破坏源于零件表面，零件尺寸增加，表面积增加，相应增大表面疲劳破坏的概率。

3.1.5.3 使用条件

运转过程中，载荷状况、工作温度和环境介质等均对零件的疲劳强度有很大影响。过载将降低材料的疲劳极限；当外加载荷交变频率超过每分钟 10^4 次时，频率增加，材料的疲劳极限增加。使用温度升高，材料的疲劳极限降低，温度降低则使疲劳极限增加。零件在腐蚀性介质中工作时，表面被腐蚀形成缺口，产生应力集中而使零件材料的疲劳极限下降。

3.1.5.4 材料的成分、组织和夹杂物

材料的疲劳强度与其强度之间有着一定的关系，因此一定条件下能使材料的强度提高的因素，一般来说都可以使其疲劳强度提高。同一成分的材料，热处理工艺不同，所获得的金相组织也不同，疲劳强度则有很大的不同。零件材料的夹杂物越少则其疲劳强度越高。例如：钢中含碳量增加，疲劳极限随之增加；钢中的夹杂物越少其疲劳极限越高。

3.1.6 高温疲劳和热疲劳

3.1.6.1 高温疲劳

高温疲劳是指零件在高于材料的 $0.5T_m$（T_m 为用绝对温度表示的熔点）或高于再结晶温度时受到交变应力作用所引起的疲劳破坏；低于 $0.5T_m$ 高于室温时发生的疲劳破坏称中温疲劳。生产中有许多机械零件是在高温和交变载荷下工作的，如柴油机排气阀、燃气轮机的叶轮和叶片等。

高温疲劳具有以下特点。

（1）高温疲劳的疲劳曲线无水平部分，疲劳强度随循环周次 N 增加不断降低。因此，高温下的材料疲劳强度用规定循环周次下的疲劳强度（即条件疲劳极限）表示，一般取 5×10^7 或 10^8 次。

（2）高温疲劳总伴随蠕变发生。蠕变是金属材料在持续应力作用下（即使在远低于弹性极限的情况下）会发生缓慢的塑性变形现象。常用蠕变强度 σ_t^δ/T 及持久强度 σ_δ^T 表示材料抵抗因外力作用导致蠕变变形或蠕变断裂的能力。温度越高蠕变所占比例越大，疲劳和蠕变交互作用就越强烈。不同材料显著发生蠕变的温度不同，一般当材料温度超过 $0.3T_m$ 时蠕变显著发生，使材料的疲劳强度急剧降低。

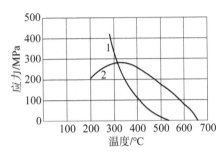

1—蠕变极限曲线；2—疲劳极限曲线。

图 3-6 含碳量为 0.15% 碳钢的蠕变极限与疲劳极限的关系

（3）材料的高温疲劳强度与高温强度（蠕变极限和疲劳极限）的关系如图 3-6 所示。材料的蠕变极限随温度变化曲线 1 与疲劳极限随温度变化曲线 2 相交于一点，说明当材料温度低于此点对应温度时，材料以疲劳破坏为主；高于此点对应温度以蠕变破坏为主。

3.1.6.2　热疲劳

1）热应力

零件各部分受热不同，温度不同，产生的变形也不同。同时，零件材料产生变形的金属与变形小的金属或未产生变形的金属相互约束和牵制而产生由温差引起的应力，即热应力。零件内外表面温差、同一截面上中心与边缘的温差均会产生热应力，高温面（或处）产生压应力，低温面（或处）产生拉应力。例如，柴油机气缸盖底面（触火面）温度高达 $400 \sim 500$ ℃，而冷却面温度为 $60 \sim 80$ ℃。底面金属受热膨胀时，受冷却面未变形金属约束产生压应力，冷却面金属受高温底面变形金属的牵制产生拉应力。底面中心和边缘也会由于温差在中心处产生压应力，在边缘处产生拉应力。温差越大，热应力也越大。

根据热应力与时间的关系分为定常热应力和不定常热应力。

（1）定常热应力。

定常热应力是指不随时间变化的热应力。例如稳定运转的柴油机燃烧室零件的温度可视为不变化，所产生的热应力为定常热应力。

（2）不定常热应力。

不定常热应力是指随时间变化的热应力。根据热应力变化的频率分为高频热应力和低频热应力。

柴油机运转时，周期变化的高温燃气作用引起燃烧室零件触火面高温也是周期变化的，频率高，故产生高频热应力。

柴油机启动、停车或变工况运转时，燃烧室零件产生不定常热应力，其变化周期与启动、停车或工况变化的周期相同，频率低，故为低频热应力。低频热应力的大小与负荷变化的速度有关，负荷突变将会引起过大的低频热应力，导致零件热疲劳破坏。

2）热疲劳

热疲劳是零件在循环热应力反复作用下产生的疲劳破坏。

在热疲劳过程中由于高温引起材料内部组织结构变化,降低了材料的热疲劳抗力;高温促使表面和裂纹尖端氧化,甚至局部熔化,加速热疲劳破坏;零件截面上存在温度梯度,特别是厚壁零件温度梯度更大,在温度梯度最大处造成塑性应变集中,促进热疲劳破坏的发生。

热疲劳裂纹是在受热表面热应变最大区域形成,一般有几个疲劳裂纹源,裂纹沿表面垂直受热方向扩展,并向表面内纵深方向发展。所以,零件热疲劳破坏是以受热表面上产生特有的龟裂裂纹为特征。热疲劳裂纹与循环温差、零件表面缺口状态和材料有关。循环温差越大、表面缺口越尖锐,就越容易发生热疲劳。

金属材料的热疲劳抗力不但与材料的导热性、比热等热力学性质有关,还与弹性模量、屈服极限等力学性能有关。提高材料热疲劳抗力的主要途径如下。

（1）提高材料的高温强度。

（2）提高材料的塑性。

（3）降低材料的热膨胀系数。

（4）尽可能地减少甚至消除零件上的应力集中和应变集中。

任务 3.2　气缸盖疲劳破坏的防止

气缸盖疲劳破坏的主要形式是由交变的热负荷和机械负荷引起的触火面裂纹和冷却面裂纹。下面将分别介绍。

3.2.1　气缸盖触火面的裂纹

柴油机气缸盖触火面容易产生裂纹,原因是触火面上的孔与冷却面筋的根部存在应力集中,以及气缸盖铸造、加工和安装过程中的缺陷等引起的较大附加应力。在柴油机运转中,燃气的温度、压力变化对裂纹的形成和扩展起着促进作用。

气缸盖触火面裂纹是由热负荷过高所致。此外,气缸盖的工作温度超过其材料的再结晶温度和温度变化亦有影响。

柴油机运转时,一般气缸盖外壁温度为 $60\sim80\ ℃$,而触火面高温区的温度为 $400\sim480\ ℃$。冷却面温度较低,由触火面传来的热量,均由冷却水带走,冷却水的温度为 $70\ ℃$ 左右。因此,触火面金属受热膨胀和低温冷却面的限制,在触火面内会产生压缩应力,且周向的应力大于径向的应力。由于气缸盖纵壁刚性差,在温差作用下,触火面和冷却面均向下弯曲,如图 3-7 中 AB 和 CD 虚线所示。在触火面径向的应力往往小于周向的应力,周向应力可能超过材料的弹性极限而产生一般的弹性和塑性变形,从而使压应力降低。触火面温度超过 $350\ ℃$,材料的抗蠕变性能下降,因蠕变产生塑性变形,使材料的压

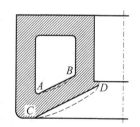

图 3-7　气缸盖底板弯曲示意图

缩应力进一步降低。

当柴油机停车后,触火面温度逐渐降低,尚未达到环境温度时,材料所受到的压缩应力已完全消失。当温度继续下降,触火面和冷却面的温度趋于均匀时,触火面产生残余拉应力。局部温度超过允许值越大、触火面与冷却面温差越大、柴油机运转的时间越长,残余拉应力也越大。如果柴油机启动后立即达到较高温度,那么气缸盖触火面在第一次"加温、冷却"循环后就有可能立即产生裂纹。

3.2.2　气缸盖冷却面的裂纹

气缸盖冷却面的裂纹是由柴油机最大爆发压力产生周期性脉动应力引起的。因为最大爆发压力作用在气缸盖触火面上,使触火面和冷却面产生弯曲变形,这时,最大拉应力在冷却面上。当冷却面筋的根部存在应力集中,或者存在原始的铸造缺陷,就有可能产生裂纹或使铸造裂纹扩展。所以,在爆发压力的周期性脉动应力作用下,裂纹由冷却水侧逐渐向触火面扩展,以致裂穿而漏水。

由于冷却水腔内局部冷却水处于沸腾状态,产生 SO_4^{2-} 和 Cl^- 等酸离子,使电位不同的晶粒间产生电化学腐蚀。此外,水中还会溶解一定量的氧,遇金属会产生氧化物,水温越高腐蚀越严重。由于冷却面材料滑移带受到腐蚀,材料的疲劳强度显著下降,在周期性脉动载荷作用下产生腐蚀疲劳破坏。

3.2.3　防止或减少气缸盖疲劳破坏的措施

综上所述,交变的热应力、机械应力和电化学腐蚀是导致气缸盖裂纹的主要原因,但就船舶而言,轮机员日常的操作管理和维护保养尤为重要。

在日常操作管理工作中,切忌高温时的急冷和冷态下的急剧加热和过热,这些都会使气缸盖产生过大的热应力而导致裂纹的产生和扩展。例如柴油机启动前暖机不充分,启动后又立即增加负荷;停车时过早地中断冷却水循环,以致机件散热不良,局部过热;柴油机长期超负荷运转;气缸盖冷却水腔结垢(铁锈、水垢、油垢等)太厚等,均可导致裂纹的产生。在气缸盖拆装时,各缸头螺栓拧紧程度不均匀、预紧过度、紧固顺序不当等都会造成附加应力导致缸盖裂纹。

任务 3.3　曲轴疲劳破坏的防止

柴油机在运转中发生曲轴裂纹和断裂事故屡见不鲜,尤其是发电柴油机曲轴疲劳破坏较多。曲轴在回转中受到各缸交变的气体力、往复惯性力和离心力,以及由其引起的弯矩、扭矩的作用。这些力不仅随曲柄转角变化,也随负荷变化。因此曲轴在这些力的作用下发生弯曲和扭转变形,产生复杂的交变应力和引起曲轴的弯曲振动、扭转振动,从而又产生很大的附加应力。曲轴的形状复杂,截面变化较多,刚性较差,存在严重的应力集中,容易产生疲劳破坏。

曲轴裂纹和断裂是属于高周低应力疲劳破坏,其断裂应力甚至仅为 1/3 屈服极限,循环周次高于 10^7。依曲轴产生裂纹的交变应力的性质不同,主要有三种疲劳裂纹:弯曲疲劳裂纹、扭转疲劳裂纹和弯曲-扭转疲劳裂纹。

3.3.1 曲轴的疲劳破坏

3.3.1.1 弯曲疲劳裂纹

曲轴的弯曲疲劳裂纹(Bending Fatigue Crack)一般发生在主轴颈或曲柄销颈与曲柄臂连接的过渡圆角处,或逐渐扩展成横断曲柄臂的裂纹,或形成垂直轴线的裂纹,如图 3-8 所示。

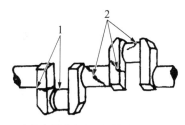

1—弯曲疲劳裂纹;2—扭转疲劳裂纹。

图 3-8 曲轴的疲劳断裂

弯曲疲劳试验表明,过渡圆角处的最大应力出现在曲柄臂中心对称线下方,应力沿曲轴长度方向的分布,在中间或两端的曲柄有较大的弯曲应力峰值。因此,曲轴弯曲疲劳常发生在曲轴的中间或两端的曲柄上。

曲轴弯曲疲劳破坏通常是在柴油机经过较长时间运转之后发生,因为长时间运转后柴油机的各道主轴承磨损不均匀,使曲轴轴线弯曲变形,曲轴回转时产生过大的附加交变应力。此外,曲轴的曲柄臂、曲柄箱或轴承支座等的刚性不足,柴油机短时间运行后,也会使曲轴产生弯曲疲劳破坏。典型的弯曲疲劳断口如图 3-3(a)所示。

3.3.1.2 扭转疲劳裂纹

曲轴在扭转力矩作用下产生交变的扭转应力,存在扭振时还会产生附加交变扭转应力,严重时会引起曲轴的扭转疲劳破坏。

扭转疲劳裂纹(Torsion Fatigue Crack)一般发生在曲轴上应力集中严重的油孔或过渡圆角处,并在轴颈上沿着与轴线成 45°角的两个方向扩展。这是因为轴颈的抗扭截面模数较曲柄臂小,所以扭转疲劳裂纹多自过渡圆角向轴颈扩展。但若同时存在较强的弯曲应力,则裂纹也可自圆角向曲柄臂扩展,造成曲柄臂弯曲断裂,如图 3-8 所示。

通常扭转疲劳裂纹发生在曲轴扭振节点附近的曲柄上,发生的时间一般是在柴油机运转初期和曲轴的工作转速位于临界转速范围内。扭转疲劳断裂的断口如图 3-3(b)所示,断面与轴线相交成 45°,断面上的裂纹线近似螺旋线。

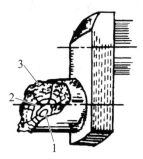

1—裂纹源;2—裂纹扩区;
3—最后断裂区。

图 3-9 曲轴的弯曲-扭转疲劳断裂

3.3.1.3 弯曲-扭转混合疲劳裂纹

曲轴的疲劳破坏还可能是由弯曲与扭转共同作用造成的。弯曲-扭转混合疲劳裂纹(Compound Fatigue Crack)常常由主轴承不均匀磨损造成曲轴上产生弯曲疲劳裂纹,继而在弯曲与扭转的共同作用下使裂纹扩展、断裂,最后断裂面与轴线成 45°角。断口形貌如图 3-9 所示。断面上自疲劳源起约 2/3 的面积为贝纹区,呈暗褐色;剩余 1/3 的面积为最后断裂区,断面凹凸不平,晶粒明亮。圆形波纹状纹理是弯曲疲劳造成的,放射状纹理是扭转疲劳造成的。

弯曲-扭转疲劳裂纹有时也呈以弯曲疲劳为主或以扭转疲劳为主的破坏形式。因此,在具体情况下,应根据断面上的纹理、裂纹方向和最后断裂区进行分析判断。

生产中,曲轴的弯曲疲劳破坏远远多于扭转疲劳破坏。其主要原因是曲轴弯曲应力集中系数大于扭转应力集中系数,曲轴的弯曲应力难以精确计算和控制。柴油机运转中,曲轴的各道轴承磨损是很难掌握和计算的,由它引起的曲轴弯曲变形和附加弯曲应力也难以计算和控制了。相反,曲轴的扭转应力可以通过计算准确掌握,并可采取有效的减振措施予以平衡,只要避免柴油机在临界转速运转和扭转应力过载,曲轴的扭转疲劳破坏就会得以控制。

3.3.2 曲轴疲劳破坏的原因

曲轴的疲劳破坏主要是由曲轴的材料、设计、制造和运转等方面的问题引起应力集中或产生附加应力所致。

(1)设计时,由于过渡圆弧处的圆角半径太小、油孔的边缘太尖,或者是加工粗糙在曲轴表面留有刀痕,从而使这些部位应力集中过大,产生裂纹。

(2)曲轴材料的缺陷,如气孔、缩孔、夹渣等,不仅这些缺陷本身引起应力集中,而且当这些缺陷位于应力集中部位,则更加危险。曲轴毛坯锻造加工不当引起的缺陷在交变载荷作用下也会产生裂纹。

(3)柴油机运转时,曲轴承受各种力和力矩的作用。由于曲轴横截面沿轴线方向急剧变化和曲轴沿轴线方向受力不均,使得曲轴内部的应力分布极为不均匀。在曲柄臂与轴颈相接的过渡圆角处及润滑油孔周围会产生高度的应力集中。

曲轴运转时承受外加载荷引起曲轴内部的应力,而应力集中的存在使曲轴应力急剧增加,从而引起曲轴的裂纹。因此,应力集中是曲轴破坏的主要因素。曲轴疲劳源绝大部分产生在应力集中最严重的过渡圆角处和油孔处。

(4)曲轴工作时,除了承受各种力和力矩作用外,还同时承受由这些力和力矩引起的附加振动应力的作用。当曲轴的自振频率较低时,在发动机工作转速范围内就可能出现共振,从而使振幅大大增加,产生很大的振动应力,引起曲轴的破坏。所以曲轴运转中产生扭振时,不可忽视由振动引起的附加应力。最大扭转应力出现在过渡圆角处和与轴线呈 $45°$ 角的两个方向上。

在气缸数较多的柴油机或大型低速柴油机中,因曲轴较长、刚性较差,在柴油机运转中不仅会产生扭振而且会伴随产生纵振,振动附加应力使曲轴应力集中处的情况更加严重,以致造成曲轴的疲劳破坏。

(5)曲轴回转时各道主轴承的不均匀磨损、机座变形等,使曲轴轴线发生弯曲变形,因而在曲轴内产生附加弯曲应力。

3.3.3 防止或减少疲劳破坏的措施

防止或减少船机零件的疲劳破坏,从根本上就是消除或降低零件上的应力集中和附加应力,即消除或减少疲劳裂纹源和降低交变应力。具体措施要从零件的结构设计和制造方面着手。对于轮机员来说要从轮机管理方面来减少船机零件的疲劳破坏。

3.3.3.1　结构设计方面

1）设计合理

对于零件上截面变化处，如孔、槽、过渡圆角、螺纹等处要注意截面变化不可突然，孔的边缘、过渡圆角处应圆滑，表面要光洁。例如曲柄过渡圆角半径不小于曲柄销直径的 5%，否则就会产生严重的弯曲应力集中。

2）改进不合理设计

设计不合理会引起附加应力，导致零件的疲劳破坏。例如 62VT2BF 型柴油机气缸套外表面上部凸缘根部产生裂纹，原因是结构设计不合理。改进后缸套不再出现裂纹，如图 3-10 所示。

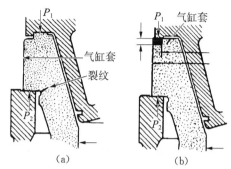

P_1—紧固力；P_2—支反力。

图 3-10　气缸套外部凸缘根部裂纹
(a)原设计结构；(b)改进后的设计结构

3.3.3.2　制造方面

（1）毛坯制造缺陷（如锻、铸和焊接件中的气孔、缩孔、夹渣和微裂纹）引起的应力集中，尤其是截面变化处缺陷更危险，容易形成疲劳源。所以在制造中就要提高零件毛坯质量。

（2）零件加工表面粗糙度等级低，太粗糙，应力集中严重，易导致裂纹。应提高表面粗糙度要求，降低应力集中程度。如要求曲轴表面的粗糙度为 $Ra1.6 \sim 0.4 \mu m$，非工作表面为 $Ra12.5 \mu m$。

（3）强化表面，提高材料的疲劳强度。在零件工作表面层内形成压应力状态可有效地提高零件表面的疲劳强度。采用渗碳、渗氮、碳氮共渗等表面化学热处理可有效提高零件的表面疲劳强度，采用喷丸、滚压等表面强化工艺也可显著提高零件表面的疲劳强度。例如对钢制曲轴和球墨铸铁曲轴圆角经滚压处理，可使其表面的疲劳强度分别提高 20%～70% 和 50%～90%；对球墨铸铁曲轴渗氮处理可使其弯曲疲劳强度提高 20% 以上。但零件表面镀铬后，由于铬层表面微裂纹的存在，会使零件疲劳强度降低。

3.3.3.3　轮机管理方面

加强对柴油机的管理，尤其要加强曲轴的维护保养，对减少曲轴的疲劳破坏，延长曲轴的使用寿命和柴油机的正常运转十分重要。

（1）定期检测曲柄臂距差，监控曲轴轴线状态和监控主轴承下瓦的磨损情况，防止曲轴的弯曲疲劳破坏。

（2）加强主轴承润滑，定期检测主轴颈与主轴承的配合间隙，防止轴承下瓦过度磨损。

（3）柴油机运转时，要快速越过临界转速区，避免在转速禁区持续运转。

（4）加强扭振减震器的维护管理，保证其在运转中处于良好的工作状态。

（5）控制爆发压力，避免柴油机超负荷运转。

经典案例分析
练习题

项目 4　船机零件的缺陷检验

知识目标：掌握观察法、听响法、触摸法、测量法和液压试验法的特点、材料的适用性和应用场合，掌握渗透探伤、磁粉探伤、涡流探伤、超声波探伤和射线探伤的特点及适用场合。

能力目标：能运用观察法、听响法、测量法和液压试验法等一般检验方法实施对零件缺陷的检验；会使用渗透探伤、磁粉探伤方法对零件表面进行无损探伤；能根据检测部位、检测质量及经济性，合理选择各种无损探伤方法对零件进行无损探伤。

零件的缺陷(Defect)是指零件在制造和使用过程中所产生的缺陷和损伤。例如零件毛坯或材料在冶炼、制造、锻造、焊接、热处理和机械加工中，容易产生气孔、缩孔、疏松、夹渣、微裂纹等缺陷，这些缺陷属于在制造过程中零件材料表面和内部的缺陷，而磨损、腐蚀、疲劳损伤等属于使用过程中所产生的外部损伤。零件表面和内部的这些缺陷和损伤是导致零件失效和引起事故的根源。

为了保证船舶动力装置的运转可靠性和船舶航行的安全性，船舶机械在制造和安装过程中均要进行严格的检验。如对于新建造的船舶，为了取得船级证书，在建造过程中必须经过验船师的严格检验；已经取得船级证书正在海上营运的船舶，为了保持船级，还要进行各种定期检验，以保证船舶有良好的技术状态。此外，轮机管理人员平时也要进行大量的检查测量，以便及早发现问题，保证船舶的安全航行和正常营运。

在船舶航行条件下，轮机管理人员可对缺陷零件进行一般的检验：用普通的量具测量零件的尺寸和配合件的间隙来检查零件的磨损情况，用观察法、听响法、触摸法、液压试验法等来检查零件的表面裂纹和内部缺陷。船舶进厂修理时，对一些重要的零件可采用磁粉探伤、超声波探伤及射线探伤等无损探伤方法，来检验零件上更细小的表面裂纹和内部缺陷。

任务 4.1　一般检验的应用

船上常用的探伤方法是一般的、传统的简易方法，如观察法、听响法等，具有方法简单、精度较高的特点。

4.1.1　观察法

观察法(Visual Testing，VT)是指直接用眼睛或借助低倍放大镜等辅助工具来观察和判断零件表面有无裂纹和其他缺陷的方法。此法只适宜检查零件表面上的一些细微缺陷。检测的准确度取决于检查人员的细心程度和工作经验。

4.1.2　听响法

听响法(Sounding)是根据敲击零件时发出的声音来判断零件的内部和表面有无缺陷的方法。如果声音清脆,表明零件完好或零件表面的覆盖层与金属基体结合良好,无脱壳现象;如果声音沙哑,则表明零件内部或表面有缺陷,或零件表面的覆盖层与金属基体结合不良、局部脱壳等,如轴瓦的瓦壳与其上的瓦衬(耐磨合金层)相脱。这种探伤方法需要依靠经验,且只能定性地判断零件有无缺陷,不能定量地确定缺陷的种类、大小和部位,只适用于小零件。但是此法具有简便、灵活、迅速的特点,能随时进行探伤检验。

4.1.3　触摸法

触摸法(Touching)是凭手的感觉判断设备的表面温度、粗糙度、振动及间隙的变化等情况。如通过触摸可以判断轴承发热程度;通过手作相对晃动检查滚动轴承的径向与轴向间隙等。应用此法时应注意防止高温灼伤、低温冻伤、触电及运转设备所带来的伤害。

4.1.4　测量法

测量法(Measurement)是利用普通或专用量具来测量磨损零件的尺寸和配合件的间隙,以判定零件磨损及腐蚀的情况。一般使用的普通量具有内外径千分尺、百分表、内径百分表、塞尺等,一般使用的专用量具有样板、专用千分尺、长塞尺和桥规等。

测量法的检测精度较高,使用方便灵活。但检测的精度主要取决于测量工具的精度和测量人员的检测水平。测量法是轮机员在船上进行检修和船舶进厂修船时广泛使用的重要手段。

4.1.5　液压试验法

对船机零件在工作时要求有较高的密封性能,以保证不漏气、水或油等。因此通常对这样的船机零件进行液压或气压试验(Hydraulic Testing)。

试验时,预先将待检零件上所有的孔洞全部堵塞,注满液体或气体后用专用夹具进行密封,然后按规定的要求加压至试验压力并保持一段时间,观察零件外表面上有无渗漏液体或气体现象,从而判定零件的使用性能。

试验常用液体(油或水),也可以用气体,具体情况依有关要求而定。试验的压力是根据零件的工作条件或规范来制定。例如,气缸套上部(1/3气缸全长)是燃烧室组成部分,试验压力为 $1.5p_z$(气缸最大爆发压力)。图 4-1 所示为筒形活塞式柴油机气缸套冷却水腔的液压试验示意图。其试验压力为 $0.7\,\mathrm{MPa}$,保持 $5\,\mathrm{min}$,检查气缸套外

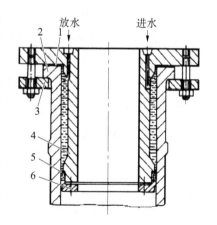

1—密封垫套;2—气缸套;3—压盖;4—试验夹具本体;5—密封套;6—压板。

图 4-1　柴油机气缸套液压试验

表面有无渗漏现象。

液压试验法实际上是模拟零件的使用条件对零件材料内部有无缺陷进行检测,检测结果准确可靠,适用于有密封要求的零件。我国的《钢制海船入级与建造规范》《船用柴油机修理技术标准》及柴油机说明书中均对各种零件的试验压力有明确规定,检验时必须严格参照。表4-1为柴油机部分承压零部件压力试验要求。

表4-1　船机零部件液压试验

序号	项目	试验压力
1	气缸盖(cylinder cover)冷却腔	0.7 MPa
2	气缸套(cylinder jacket)(冷却腔全长)	0.7 MPa
3	气缸体(cylinder body)冷却腔	1.5p,但不小于0.4 MPa
4	排气阀(exhaust valve)冷却腔	1.5p,但不小于0.4 MPa
5	活塞顶(piston crown)冷却腔(装配活塞杆组成密闭空间后试验)	0.7 MPa
6	高压燃油喷射系统(injection system): 高压油泵体的受压面 喷油器(injector) 高压油管(high-pressure oil pipe)	1.5p 或 p+30 MPa,取其小者 1.5p 或 p+30 MPa,取其小者 1.5p 或 p+30 MPa,取其小者
7	涡轮增压器(turboblower)冷却腔	1.5p,但不小于0.4 MPa,取其小者

注:p 为被试验部件最大工作压力。

任务 4.2　无损检验的应用

无损探伤法是在不破坏或基本不破坏零件的形状、尺寸精度、表面质量和使用性能等前提下,借助于物质的各种效应(如电磁、电压效应等),检测出零件表面或内部的缺陷(如裂纹、夹渣和气孔等)位置、形状、大小和性质等的方法。

无损探伤法在船舶建造和修理中广泛应用,如对船体钢板、船体焊缝、压力零件焊缝及船机零件缺陷的探伤。常用的探伤方法如下。

4.2.1　渗透探伤

渗透探伤(Penetrant Testing, PT)的原理是利用液体良好的流动性和渗透性,借助毛细作用来显示零件表面上的开口性缺陷。

渗透探伤的原理简单,操作方便、灵活,适应性强,可用于检查各种材料和各种形状、尺寸的零件,对表面裂纹有很高的检测灵敏度。缺点是不能检测零件表面的非开口性缺陷和内部缺陷。另外,由于渗透剂会导致环境污染,所以此法目前已较少使用。

根据所使用的渗透剂的不同,渗透探伤可分为以下几种。

4.2.1.1　煤油白粉法

煤油白粉法是一种很简便的渗透探伤方法。煤油白粉法探伤是以煤油为渗透剂,以石灰粉或白垩粉为显像剂。

检验时,首先将洗净的零件浸入煤油中或把煤油涂于待检零件的表面(依零件的尺寸大小来选用),15～30 min 后,煤油已经充分渗入零件表面的缺陷中,取出并擦干零件,在待检零件表面涂上一层白粉,干燥后适当敲击零件,使渗入缺陷中的煤油复渗于白粉上,白粉便呈现黑色痕迹,将零件表面上的缺陷大小、部位或覆盖层脱壳情况显示出来。

煤油白粉法简便、实用、经济,但灵敏度差,较细小的裂纹不易显现出来,只能做较粗略的检验。

4.2.1.2　着色探伤法

着色探伤的渗透液含有红色颜料、溶剂和渗透剂等成分。具有渗透力强,渗透速度快,显像清晰醒目,洗涤性好,化学稳定性好和无腐蚀、无毒或低毒等特点。显像剂常由氧化锌、氧化镁或二氧化钛等白色粉末和有机溶剂组成。显像剂具有悬浮力好,与渗透液有明显的衬度对比,所显示的缺陷清晰,易于辨别,无腐蚀性等特点。

在着色探伤操作中有浸液法、刷涂法和喷涂法三种。其中,由于内压式喷罐法(喷涂法)具有操作简单,携带方便的特点,而被广泛应用。一组内压式喷罐的各罐中,分别装有清洗剂、渗透剂和显像剂。检验时,先用清洗剂清洁待检零件的表面,然后向零件表面喷涂一层渗透剂。依零件材料的不同,需要不同的渗透时间。如常温下铝、镁合金铸件的渗透时间约为 15 min,锻件和钢铸件不少于 30 min,钢锻件和焊缝有的达60 min,塑料、玻璃、陶瓷等非金属材料渗透时间范围为 5～30 min。渗透剂的渗透时间对检验灵敏度影响很大,必须确保渗透时间在零件材料要求的渗透时间范围内。如果渗透时间短,则小缺陷难以显现,大缺陷显示不全;如果渗透时间长,则难以清洗和检验效率低。在清洗掉零件表面渗透剂后再喷涂显像剂,最后就可在白色衬底上显示出红色的缺陷痕迹。

4.2.1.3　荧光探伤

荧光探伤是利用紫外线照射残留在零件缺陷内的荧光渗透液,并使荧光渗透液发出荧光来显示零件的缺陷。

荧光渗透液主要由荧光物质、溶剂和渗透剂组成。荧光探伤具有荧光亮度高、渗透性好、检测灵敏度高、化学稳定性好、易于清洗和无毒、无味、无腐蚀性等特点。荧光物质是在紫外线的照射下,能够通过分子能级跃迁而产生荧光的物质。通常采用在紫外线照射下能发出黄绿色荧光的渗透液,这种颜色在暗处衬度高,人的视觉对其最敏锐。

显像剂常采用经过干燥处理的白色氧化镁粉,它具有高灵敏度和高显示亮度。

在荧光探伤操作中,渗透方法主要是浸液法,渗透时间一般为 15～20 min。零件经过渗透后,取出并擦净,再涂上显像剂,显像剂能将渗入缺陷里的荧光液吸附出来。此时将零件放在紫外线下照射,便能使吸附出来的荧光物质发光,缺陷就被发现。常用的紫外线灯又称黑光灯,是一种高压水银灯,能产生紫外光和可见光。如图 4-2 所示为荧光探伤法示意图。

荧光探伤具有灵敏度高(超过磁粉探伤)、简便灵活的优点,但需要在暗室中观察,并且长期受到紫外线照射,会影响人体的健康。

4.2.1.4 渗透检漏探伤

渗透检漏探伤主要用于探测容器或焊缝上有无穿透性缺陷，可用来检验金属或非金属容器。最常见和最简单的是煤油渗透检漏。

采用煤油渗透检漏时，在焊缝易于观察的一面，涂上白垩粉液，干燥后在另一面涂上煤油，观察白垩粉上有无煤油的痕迹。若采用着色渗透检漏和荧光渗透检漏，则具有更高的灵敏度。

4.2.2 磁粉探伤

4.2.2.1 磁粉探伤的原理

磁粉探伤（Magnetic Particle Testing，MT）又称磁力探伤，是基于铁磁性材料导磁率高的特性来检验缺陷的。因为铁磁性材料（如铁、碳素钢和某些合金钢）的导磁率比其他材料的导磁率大，如果铁磁材料的零件存有裂纹、气孔和夹渣等缺陷，当零件被磁化后，由于缺陷处的导磁率小即磁阻大，会使磁力线产生弯曲

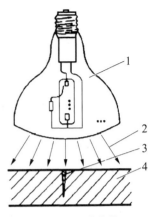

1—黑光灯；2—紫外线；3—缺陷；4—零件。

图 4-2 荧光灯探伤和黑光灯结构示意图

和密集现象。当缺陷在零件表面或近表面时，则磁力线不但会在零件中发生弯曲，而且一部分磁力线还会绕过缺陷暴露在空气中，产生漏磁现象。这种漏磁就在零件表面上形成一对N、S极的局部磁场，如图 4-3 所示。如果撒上磁铁粉或浇上磁悬液，局部磁场便吸附磁铁粉，产生用肉眼能直接观察的明显磁痕。因此，可借助于该磁痕来显示铁磁材料及其制品缺陷的形状、大小和位置等情况。

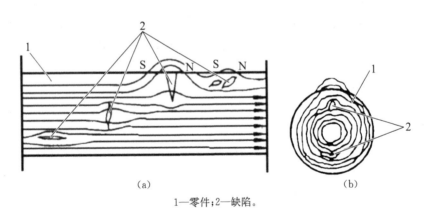

(a)   (b)

1—零件；2—缺陷。

图 4-3 磁粉探伤原理示意图

磁力探伤中对缺陷的显示方法有多种，有用磁粉显示的，也有不用磁粉显示的。用磁粉显示的称为磁粉探伤，因它显示直观、操作简单、人们乐于使用，故它是最常用的方法之一。不用磁粉显示的，习惯上称为漏磁探伤，它常借助于感应线圈、磁敏管、霍尔元件等来反映缺陷，它比磁粉探伤更卫生，但不如前者直观。目前磁力探伤主要用磁粉来显示缺陷。

零件内缺陷的大小和方位影响磁力线的弯曲程度和漏磁场的强度。当表面缺陷较大并与磁力线垂直时，漏磁场最强，最易探伤。随着缺陷与磁力线的夹角变小，最终与磁力线平

行时,漏磁场强度也由最强变为零。当缺陷与磁力线的夹角大于 45°时,仍保持一定的漏磁场强度和检验灵敏度。若缺陷在零件内部,距表面较远,甚至不能形成漏磁场,则不能显示零件的缺陷。

4.2.2.2　磁粉探伤的特点

磁粉探伤设备简单、操作容易、检验迅速、具有较高的探伤灵敏度,可用来发现铁磁材料镍、钴及其合金、碳素钢及某些合金钢的表面或近表面的缺陷;它适用于薄壁件或焊缝表面裂纹的检验,也能显露出一定深度和大小的未焊透缺陷,对裂纹、发纹、折叠、夹层和未焊透等缺陷极为敏感;但难以发现气孔、夹渣及隐藏在焊缝深处的缺陷。若采用交流电磁化,可探测零件表面以下 2 mm 以内的缺陷;若采用直流电磁化,可探测零件表面以下 6 mm 以内的缺陷。

磁粉探伤的设备有固定式、移动式和手提式三种,显示介质为较细的纯铁磁粉(Fe_3O_4)。若直接使用干粉,探伤的灵敏度虽然高,但操作不方便;若把磁粉和煤油混合成湿粉,使用起来较方便。一般,干粉法检验对近表面缺陷的检出能力高,特别适于大面积或野外探伤;湿粉法检验对表面细小缺陷检出能力高,特别适于不规则形状的小型零件的批量探伤。

4.2.2.3　磁粉探伤方法

磁粉探伤方法按分类方法的不同有:按磁化电流的性质,分为交流电磁化法和直流电磁化法;按磁场方向分为纵向磁化、周向磁化和复合磁化;按显示介质的状态和性质分为干粉法、湿粉法和荧光磁粉法等;按磁化方法分为直接通电法、局部磁化支杆法、心轴法、线圈法和铁轭法等。下面介绍按磁场方向分类的磁化方法。

1) 纵向磁化

纵向磁化是指零件磁化后所产生的磁力线方向与零件轴线方向平行的磁化方法。纵向磁化法适用于检查与零件轴线垂直或成一定角度的零件缺陷。采用直流电或交流电通过线圈或铁轭方式来实现,如图 4-4 所示。

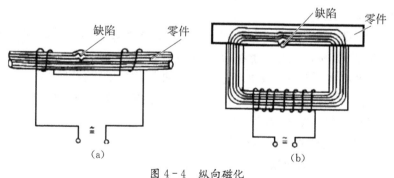

图 4-4　纵向磁化
(a)线圈法;(b)铁轭法

2) 周向磁化

周向磁化与纵向磁化相反,它是指零件磁化后的磁力线方向是周向的,即垂直于零件轴线方向的磁化方法。周向磁化适用于检查平行或近似平行零件轴线的缺陷,如图 4-5 所示,常采用零件直接通电或使穿过零件的心轴通电。

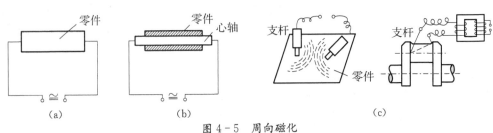

图 4-5 周向磁化

(a)直接通电法;(b)心轴法;(c)支杆法和曲轴探伤

3) 复合磁化

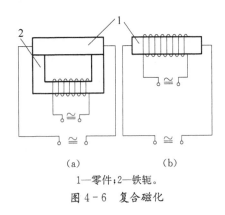

1—零件;2—铁轭。

图 4-6 复合磁化

如果在零件上同时产生纵向和周向磁力线,可以探测零件上任意方向上的缺陷,如图 4-6 所示。复合磁化效率高,适用于大批量检测零件的缺陷。

4.2.2.4 磁化电流

磁粉探伤中使用的磁化电流有交流电和直流电两种。为了获得强力的磁场和确保安全,应采用低压大电流。一般电压在 12 V 以下,电流则根据零件的大小按经验公式求得。

交流电应用较广,因为交流电电源的获得很方便,设备很简单。但它有集肤效应,所产生的磁力线都集中在零件的表面,不易查出零件表面下较深处的缺陷。一般可探测到零件表面以下 2 mm 深度的缺陷,且探测灵敏度高,易于退磁。

直流电磁化产生的磁场强度大,磁力线在零件的截面上分布均匀,不仅可以探测到零件的表面缺陷,而且还可探测到零件表面以下 6 mm 深度的缺陷。但缺点是直流电电源复杂、使用不便且退磁困难。现在在实际工作中已较少使用。

4.2.2.5 磁粉

磁痕显示缺陷的程度不仅与缺陷性质、磁化程度、磁粉施用方法及工件表面状态有关,还与磁粉本身的性质如磁性、粒度、形状、密度活动性、识别度有关;对于干法用的干式磁粉,一般采用粒度范围为 10~60 μm 效果较好;对于湿法用的黑磁粉和红磁粉,采用粒度范围为 1~10 μm 效果较好,灵敏度随着粒度的减小而提高。磁粉分为以下几种。

(1) 非荧光磁粉:包括黑色、红色、灰色、蓝色和白色等。由四氧化三铁或三氧化二铁粉末,用染色或其他方法处理成不同的颜色。

(2) 荧光磁粉:以磁性氧化铁粉、工业纯铁粉、羰基铁粉为核心,在外面包裹一层荧光物质而成。在紫外光的照射下能发出鲜明的黄绿色荧光,与工件表面的颜色形成很高的对比度。荧光磁粉发现微小缺陷的能力强,探伤灵敏度高。一般只用于湿法检验。

(3) 特种磁粉:如高温磁粉等,它能长期附着在工件上,一般都使用干粉。

湿法是利用磁粉和分散剂按一定比例混合而成的磁悬液,喷洒到磁化工件的表面来检测工件的缺陷。按分散剂分:有水和油悬液;按磁粉分:有荧光和非荧光磁悬液。非荧光油磁悬液分散剂,一般采用煤油或无味煤油与变压器油或 10♯ 机油混合配制;非荧光水磁悬液的配制一般用肥皂、亚硝酸钠和水(50～60 ℃)混合配制;荧光磁粉油悬液配制时,应当采用无味煤油作分散剂,而不能采用其他本身可发荧光的煤油,因为这些煤油一方面会使工件表面产生荧光,干扰缺陷的显示,另一方面会降低荧光磁粉的发光强度。

4.2.2.6　退磁

由于铁磁性材料的顽磁性,磁粉探伤后零件上会有剩磁。剩磁会使回转零件吸附铁屑而加剧磨损,会影响仪表的正常动作和造成对精密仪器正常工作的干扰。因此必须对零件进行退磁处理。退磁方法可分为交流退磁和直流退磁两种:交流退磁法由于电流不断反向,因此只需逐步减小电流或使工件从线圈中通过,即可达到减弱磁场的目的;直流退磁法一般采用改换电流方向来得到反转磁场,反转磁场的频率通常是每秒 1 次,同时通过调压器自动降压,逐步减小电流强度。若探伤后还要经 700 ℃以上的热处理,则可不退磁。零件退磁后可用袖珍式磁强计测定剩磁。一般要求剩磁不超过 0.3 mT(mT 为表示磁场强度的单位)。也可以观察零件能否吸附铁磁粉来加以判断。

不同退磁方法的适用性如表 4-2 所列。

表 4-2　不同退磁方法的适用性

方法	工件大小			金属硬度			退磁效率		
	大	中	小	软	中	硬	低	中	高
从 50Hz 交流线圈通过	A	A	N	A	A	N	A	A	A
直流线圈不断换向降压	N	A	A	A	A	A	A	N	N
交流线圈换向降压	N	A	A	A	A	A	A	N	N
交流磁轭	A	—	N	A	A	A	A	N	N
换向直流磁轭	A	—	N	A	A	A	A	N	N

注:A—适用;N—不适用。

4.2.2.7　磁粉探伤的安全操作要求

(1) 当工件直接通电磁化时,要注意夹头间的接触不良或用了太大的磁化电流引起打弧闪光,应戴防护眼镜,同时不应在有可燃气体的场合使用。

(2) 在连续使用湿法磁悬液时,皮肤上可涂防护膏。

(3) 如用水磁悬液,设备须接地良好,以防触电。

(4) 在用荧光磁粉时,所用紫外线必须经滤光器,以保护眼睛和皮肤。

船机零件的
缺陷检验

4.2.3　涡流探伤(Eddy Current Testing, ET)

涡流探伤是利用电磁感应原理进行探伤的,常用来检验管材、棒材和线材等铁磁性和非铁磁性材料的缺陷(如裂缝、气孔、疏松和非金属夹杂物)、物理性能和结构尺寸等。

4.2.3.1　涡流探伤原理

涡流探伤时,把零件接近或置于线圈内,在线圈交变磁场 Ha 的作用下,零件表面感应出涡流并产生次级磁场 Hs,它与原磁场 Ha 相互作用致使原磁场发生变化,改变了线圈内的磁通,从而使线圈阻抗变化。零件内部存在的缺陷、物理性能等所有的变化,都会改变涡流的密度和分布,即改变磁场 Hs 和 Ha,从而改变线圈的阻抗,于是通过测量线圈阻抗的变化就能确定零件内部的缺陷和材料的物理性能,如电导率、导磁率、尺寸、合金成分、硬度等。图 4-7 所示为涡流探伤的原理。

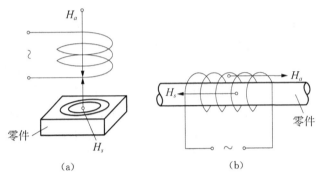

图 4-7　涡流探伤的原理
(a)零件靠近线圈;(b)零件穿过线圈

4.2.3.2　涡流探伤的特点

涡流探伤可探测到零件表面下 0.11～0.20 mm 深度的缺陷。涡流探伤的灵敏度较高,检测速度快,探测时可不与缺陷零件接触而进行间接探测,易于实现高速、自动化检测,并能实现对零件的缺陷、物理性能、尺寸等多项目检测,是一种多用途检测方法。

涡流探伤对导电材料就能起作用,而不一定是铁磁材料,但对铁磁材料的效果较差。其次,待探工件表面的粗糙度、平整度、边界等对涡流探伤都有较大影响,因此常将涡流探伤用于形状较规则、表面较光洁的铜管等非铁磁性工件探伤。

但是,涡流探伤对缺陷的显示也不直观。同时零件的物理性能影响涡流的变化,从而影响探测的可靠性。

三种表面探伤方法的特点比较见表 4-3。

表 4-3　表面缺陷探伤方法的比较

比较内容	磁粉探伤	渗透探伤	涡流探伤
方法原理	磁力作用	毛细作用	电磁感应作用
能检测缺陷	表面及近表面缺陷	表面开口缺陷	表面及表层缺陷
缺陷的表现形式	磁粉附着	渗透液的渗出	检测线圈电压和相位的变化
显示材料	磁粉	渗透液和显像液	记录仪、电压表、示波器
适用材质	铁磁性材料	任何非多孔材料	导电材料
主要检测对象	锻件、压延件、铸件、焊缝、管材、棒材、型材和机加工件	铸件、焊缝、锻件、压延件	管材、线材、使用中的零件
主要检测缺陷	裂纹、发纹、白点、折叠、夹杂物	裂纹、疏松针孔、夹杂物	裂纹、材质变化、厚度测量

（续表）

比较内容	磁粉探伤	渗透探伤	涡流探伤
缺陷显示	直观	直观	不直观
检测速度	快	较慢	最快
应用	探伤	探伤	探伤、材质分选、测厚
污染	轻	较重	最轻
灵敏度	高	高	较低

4.2.4　超声波探伤

超声波是一种机械振动波，是超声振动在介质中的传播，实质是机械振动以波的形式在弹性介质中的传播。声波的频率在 16 Hz～20 kHz 为人的听觉所能感受的频率范围。频率小于 16 Hz 的声波为次声波；频率超过 20 kHz 的声波为超声波。超声波具有频率高、波长短、传播能量大、穿透力强、指向性好等特点。超声波在均匀介质中沿直线传播，一旦遇到界面时，会发生反射和折射，并且可在任何弹性介质（固体、液体和气体）中传播。在工业超声波探伤（Ultrasonic Testing，UT）中，传播介质主要是固体，液体（如机油）仅作为耦合剂，以减少能量损失，气体则常常包含在缺陷中（如气孔、缩孔、裂纹等）。

4.2.4.1　超声波探伤的原理

超声波探伤的原理是利用超声波通过两种介质的接触界面时，发生折射和反射的现象来发现零件内部的缺陷。超声波探伤的方法按波的传播方式来分类，可分为脉冲反射波法和透射波法；按耦合方式来分类，可分为接触法和水浸法；按波型分类可分为纵波法、横波法和表面波法。

脉冲反射法是由脉冲发生器发出的电脉冲激励探头晶体，产生超声脉冲波。超声脉冲波以一定的速度向零件的内部传播，当遇到缺陷时，一部分波反射，其余的继续传播至零件底面后反射，发射波、缺陷反射波、底波由探头接收放大后显示在屏幕上。如果没有缺陷，则只有发射波和底波，而没有缺陷反射波，如图 4-8 所示为超声波脉冲反射法探伤原理图。超声波探头也称换能器，主要由压电晶片构成，是产生和接收超声波的装置。

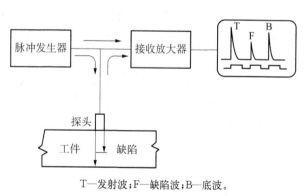

T—发射波；F—缺陷波；B—底波。

图 4-8　超声波脉冲反射法探伤原理

超声波探伤常用工作频率范围为 0.4～5 MHz。较低频率用于检测粗晶材料和衰减较大的材料；较高频率用于检测细晶体材料和要求高灵敏度处。特殊要求的检测频率可达 10 MHz。

4.2.4.2　超声波探伤的特点

超声波探伤速度快、穿透能力强、灵敏度高、效果好。超声波能探测到 5～3 000 mm 厚的构件，可以立即判断出缺陷的深度、位置、范围和形状，并能进行零件的物理性能检测，如测零件厚度、硬度、淬硬层深度、残余应力等。超声波探伤具有设备轻巧、操作方便、成本低、对人体无害等优点。

为了使超声波尽可能地传入零件内部，超声波探伤对零件表面粗糙度有一定要求。一般要求零件的粗糙度等级在 Ra 6.3 μm 以上，且零件表面清洁光滑，以确保零件表面与探头接触良好。

在临近探伤表面的一段距离内如果有缺陷，则反射波和缺陷波无法分辨出来，因而，缺陷难以探测出来，故此距离被称为盲区。盲区大小是由探伤仪器的设计参数决定的，一般为 5～7 mm。超声波探伤针对缺陷种类和性质的识别较为困难，需借助一定的方法和技术。

4.2.4.3　缺陷性质的分析判断

1）根据缺陷反射波型式判断

由于零件内部的各种缺陷其形成原因、性质、形状及大小的不同，超声波反射的波幅高度、波的形状、波的分布及反射波的次数等情况也不同。在超声波探伤过程中，常碰到如图 4-9 所示的各种情况。

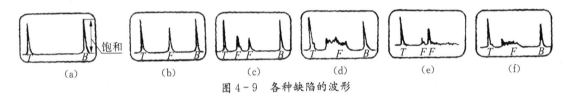

图 4-9　各种缺陷的波形

（1）无缺陷时的正常波。底波反射信号与初始波反射信号一样高。如图中（a）所示。

（2）裂纹波。在裂纹内一般存在空气，对超声波反射较强，通常有较大的反射面积，反射波形状一般尖锐角多，稍移动探头，波形不马上消失，而是慢慢降低，有明显的方向性。如图中（b）所示。

（3）气孔波。因气孔形状较规则，并充满气体，对超声波反射强，在荧光屏上出现一个小而独立尖锐的波，并因其体积小，稍移动探头，反射波即会消失，并从不同方向皆可探测。如图中（c）所示。

（4）夹渣缺陷波。缺陷形状不规则，反射波呈多角较宽，波形较裂纹波迟钝和矮小。如图中（d）所示。

（5）疏松缺陷波。因很多细小和显微性缩孔密集所造成，对声能吸收大，严重时甚至无缺陷波也无底波。如图中（e）所示。

（6）白点缺陷波。白点亦属钢中的一种微细的内部裂纹，系在热加工后冷却较快，由于氢的扩散而形成。一般是多个在一起的，属于内部小裂纹群，分布较均匀，彼此独立，缺陷波反射数目较多，比较尖锐。如图中（f）所示。

2）根据被探零件材料的性质及加工工艺判断

零件内所产生的缺陷与其材料本身密切相关，即材料不同，所产生的缺陷性质亦不同；

加工工艺不同,所产生的缺陷也不同。如铸件气孔、砂眼等缺陷多;锻件气孔、砂眼等缺陷少;焊接件常出现未焊透缺陷等。

3）根据缺陷存在的位置进行判断

缺陷存在的位置不同,缺陷的性质也不同。如裂纹大部分发生在零件的表面和应力较集中的位置;白点一般都靠近零件的中心;疏松、缩孔多在铸件的浇口处等。

对缺陷性质的判断,只有综合以上几方面的情况才能得出正确的结果。各种缺陷,反映在荧光屏上的波型区别不是太明显的,如果单从荧光屏上的波型来判断缺陷性质,是很不全面的,甚至还会导致错误的判断,必须综合判断,从而得出准确的结果。

4.2.5 射线探伤

4.2.5.1 射线探伤的原理

射线探伤(Radiographic Testing，RT)是利用 X 射线、γ 射线和中子射线易于穿透物体及穿透物体时被吸收和散射而衰减的程度不同的特点,使胶片感光程度不同来探测物体内部的缺陷。X 射线和 γ 射线都是电磁波,两者都具有波长短、频率高、穿透能力强的特点;都能产生光化学作用,使胶片感光;都能产生生物效应,对生命细胞有杀伤作用。

目前,生产中常用射线照相法来探测零件内部的缺陷。当射线穿过密度大的物质,如金属或非金属材料时,射线被吸收得多,自身衰减的程度大,使底片感光轻,显影后得到的黑度就小。当射线穿过密度小的缺陷(空气)时,则被吸收得少,衰减小,底片感光重,显影后得到的黑度就大。利用射线衰减的程度不同,使胶片感光不同,因而可判断零件的缺陷,图 4-10 所示为射线探伤原理图。射线探伤能够直接观察零件内部缺陷的影像,便于对缺陷定性、定量和定位,且适用于检查金属和非金属等所有材料;探测厚度范围广,从钢片到 500 mm 厚的钢板均能探测,但探测的零件的厚度不能超过 500 mm,并且对薄片的表面缺陷(如疲劳裂纹、分层缺陷)较难探测;所使用的设备昂贵,且射线对人体健康有害而需加强防护。

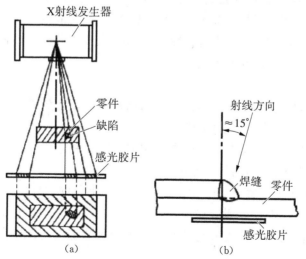

图 4-10 射线探伤原理图及实例

(a)射线探伤原理示意图;(b)搭接焊缝探伤

4.2.5.2　常见缺陷影像的分析与判断

1）气孔

焊接时,焊接熔池中的气体未逸出而残留下来所形成的空穴。气孔的形状呈球状、椭球状、针状或条虫状,不管怎样,气孔边缘的轮廓一般都比较光滑。其在焊缝中的分布状态可呈单个、分散、链状、密集气孔或条虫状,条虫状气孔在二氧化碳气体保护焊中较为常见。

2）夹渣

焊接时由于焊接规范选择不对、操作不当、清渣不彻底等,形成非金属夹渣。有时由于操作不当也会形成铜、钨等金属夹渣。夹渣一般呈点状、块状或条状等,其轮廓边缘一般呈不规则形状。在氩弧焊中的钨夹渣,一般呈块状,黑度较小,甚至比焊缝上的飞溅黑度还要小。

3）未焊透

焊接时由于焊接规范选择不当、熔深不够、或清根不净等,致使母材金属坡口间的钝边之间未熔合而形成未焊透。未焊透一般呈直线状,如果钝边间有一定的间隙,则未焊透呈现一定宽度的直线带。在管道单面焊两面成型的焊缝中比较多见。

4）未熔合

由于焊接规范选择、焊工操作不当等造成母材金属和焊缝金属未熔合,称为坡口未熔合。典型的坡口未熔合在其宽度方向的两边,靠母材侧是直线,近焊缝中心侧是不规则的曲线。在单面焊双面成型焊的根部的单侧,如果未熔化,就称为根部未熔合。如果在焊缝金属之间未熔合,称为层间未熔合,这在厚板焊缝的多层多道焊中多见,层间未熔合在底片的影像上与夹渣有些类似,有时较难区分,这时要根据焊接工艺、焊接对象(例如是否是厚板焊接)、焊工的习惯操作方法等信息进行判断。

5）裂纹

不同的裂纹有其各自产生的原因,裂纹的分类方法也很多,按产生的条件和时间可分为热裂纹、冷裂纹和再热裂纹;按裂纹处于焊缝中的方向可分为纵向裂纹、横向裂纹和辐射状裂纹;按裂纹发生部位可分为焊缝金属中裂纹、热影响区裂纹或熔合线裂纹、根部裂纹、焊趾裂纹、焊道下裂纹和弧坑裂纹等。不管哪种裂纹,其在底片上的基本形态一般是呈锯齿状或较平直状的条状,其一端或两端有尖端。

6）夹钨

采用钨极气体保护焊时,钨极爆裂或熔化的钨粒进入焊缝金属的现象。缺陷在底片上呈现圆形或不规则的亮斑点,且轮廓清晰。

总之,对底片上缺陷影像的判断可依据影像的黑度及其分布规律、影像的形态和周界、影像所处的部位这三个方面进行综合分析。

影像的黑度及其分布规律:气孔的黑度随其尺寸大小和被透照物的厚度有所不同,但对同一个气孔其变化不大,其中心黑度略为大一点。而夹渣由于其会出现极不规则的块状和条状,因此,对同一个夹渣,其黑度可能变化较大,重金属夹渣物的黑度会小于其附近焊缝处的黑度。

影像的形态和周界:气孔多为球状或椭球状,也有条虫状,周界光滑规则。夹渣呈点状和条状,周界不规则。未焊透一般黑度比较均匀,周界呈直线状,长度方向的两端极多见是钝边,但由于某种原因造成开裂、端部也有尖端。坡口未熔合和根部未熔合一般一边呈直线,另一边是不规则曲线的条状;层间未熔合相似于条状夹渣。未焊透、未熔合的长度方向一般都沿着焊缝的轴线。裂缝一般呈锯齿形的条状,有时也呈较平直状,其一端或两端应有尖端,裂纹的长度方向是随机的,它可以沿着焊缝轴线,也可以垂直于焊缝轴线,甚至呈现与焊缝轴线成各种角度的斜向。

影像所处的部位:气孔、夹渣在焊缝中发生的部位极为随机,它们可能发生于除焊缝热影响区的所有部位(如果在焊缝的热影响区显示气孔,应该是表面气孔)。未焊透一般出现在焊缝中心线附近(有时由于焊接时焊偏,也会出现在较远离焊缝中心线)。坡口未熔合一般出现在焊缝中心线两侧,有时接近表面的未熔合,也靠近焊缝的边缘。裂纹可出现在焊缝的所有部位,包括焊缝的热影响区。

4.2.6　声发射探伤

声发射无损检验技术是 20 世纪 60 年代发展起来的一种动态无损检验方法。目前,声发射检测技术已广泛应用于石油化工工业、电力工业、材料及力学方面的研究、汽车工业、船舶工业、民用工程、航空航天、金属加工、焊接质量检测与监控等领域。

声发射是指材料局部因能量的快速释放而发出瞬态弹性波的现象。声发射是一种常见的物理现象,与材料中的局部不稳定状态有关,它是材料中局部能量再分布的结果。大多数材料变形和断裂时有声发射波发生,声发射波的频率范围很宽,从次声频、声频直到超声频,可包括几赫兹到几百万赫兹;其幅度可以是微观的位错转动,也可以是大规模的宏观断裂。如果释放的应变能量足够大,就会产生可以听得见的声音。许多材料的声发射信号强度很弱,人耳不能直接听见,需要借助灵敏的电子仪器才能检测出来。

由于这种声发射弹性波能反映出材料的一些性质,蕴含着大量的结构或材料的缺陷信息,故采用仪器检测、分析声发射信号可以识别结构或材料中缺陷的部位和性质。这种利用加载条件下零件内部缺陷活动发射出声波信号来探测缺陷的技术称为声发射探伤。

声发射探伤的特点如下。

(1)声发射检测的信号来自缺陷本身,需要外界施加激励才能产生这种信号,是一种动态的无损检测方法。

(2)除极少数材料外,金属和非金属材料在一定条件下均有声发射现象,所以声发射检测不受材料限制。

(3)不仅可以探测缺陷,而且可依声发射波的特点和诱发条件了解缺陷形成和预测其发展;可以利用时差等办法找到声发射源,即缺陷定位。

(4)可提供缺陷随载荷、时间、温度等外变量而变化的实时或连续信息,因而适用于工业过程在线监控及早期或临近破坏预报。

(5)可以应用在复杂的检测环境中,如高低温、核辐射、易燃、易爆及有毒等环境。由于与被检构件附近的媒介条件要求不高,相对于其他难以或不能接近环境的方法检测具有更多的优势。

(6)操作简便,可大面积探测和监视缺陷活动情况。

(7)声发射特性对材料比较敏感,噪声也容易对其产生一定的干扰,因而,要有丰富的数据库和现场检测经验才能对信号做出正确解释。

4.2.7　综合探伤

综合探伤(Comprehensive Defect)是在充分了解各种无损探伤方法的前提下,根据零件的检测部位、检测质量的要求和检测的经济性进行全面分析,合理地选择探伤方法,达到相互配合、准确、可靠和经济地对零件质量进行全面的检查。通常采用磁粉或荧光探伤等方法,来检测零件的表面缺陷;用超声波探伤,对零件做内部质量的检查,判断出需要进一步检查的部位;最后用射线探伤对疑点进行透视检查,做出定性分析判断。

知识拓展
练习题

项目 5 船机零件的故障诊断

　　知识目标:掌握故障、故障先兆、故障模式和故障规律的基本概念;了解现代预防维修的方式、全寿命维修、可靠性与可维修性的概念;熟悉船舶维修工作的内容和船舶修理的类别;掌握各种故障诊断技术的机理和特征。

　　能力目标:能根据故障先兆判断机器故障的部位、程度和原因;能根据故障模式和故障规律做好日常的维护和保养工作;会利用性能参数分析法、光谱分析、铁谱分析和理化性能检测等方法初步实施对柴油机动力装置监测和故障分析。

任务 5.1 故障的识别

　　故障(Fault)是指船舶系统、设备、机械或其零部件原有功能的丧失。它是一个广义的丧失功能或功能障碍的状态。

5.1.1 故障的分类

　　船机故障复杂多样,研究时可从不同角度将其分类(Classification of Fault)。

5.1.1.1 按故障对船舶营运的影响分类

　　(1)局部故障:因局部故障导致船机设备的功能部分丧失,但船舶不需要停航仍可以继续航行,故障可在航行中进行处理。例如主机喷油设备、阀壳式气阀的严重损坏或发电柴油机拉缸等。

　　(2)重大故障:由于严重的故障使船机设备的功能丧失,必须停航,争取短时间内通过船员自修或采用更换备件等措施排除故障。例如主机某缸发生严重的拉缸、断环等故障,可通过短时间停机检修或实施封缸措施,修后可继续航行。这类故障停航时间规定一般是货船不超过 6 h,客船不超过 2 h。

　　(3)全局性故障:异常严重的故障导致船机设备的功能丧失,造成船舶丧失航行能力,需要进厂进行长时间的修理。例如主机曲轴折断、艉轴或中间轴折断、螺旋桨损坏和船舶搁浅、船体破损等,船舶需长时间停航检修。

5.1.1.2 按故障发生和演变过程的特点分类

　　(1)渐进性故障(Gradual Failure):船机设备长时间运转,配合件的损耗(如磨损、腐蚀、疲劳和材料老化等)累积使其性能逐渐变坏而发生的故障。这类故障发展较缓慢,可以通过连续的状态监测有效地防止故障发生。柴油机活塞环-气缸套的磨损和曲轴-轴承的磨损以及管子腐蚀穿孔等均属此类故障。

（2）突发性故障（Sudden Failure）：因外界随机因素或材料内部的潜在缺陷引起的故障，事先无法预知，没有明显的征兆，往往会导致整机功能丧失，甚至危及人身、设备安全。例如，主机突然自动停车、螺旋桨桨叶折断等。

（3）波及性故障：或称二次故障，是由船机的某种故障引发的故障，无法预测和防止。例如，发电柴油机连杆螺栓脱落或断裂引起连杆、活塞、气缸套和气缸盖甚至机体的破坏，俗称连杆伸腿。

（4）断续性故障：设备在某一时间呈故障状态，而在另一时间功能又自行恢复的故障，即故障反复发生。

5.1.1.3　按故障的原因分类

（1）结构性故障：船机设备因结构设计上的缺陷、计算上的错误或选材不当等导致的故障。如柴油机气缸套上部凸缘根部因设计上受力不当和制造工艺不良引起的凸缘根部多发性裂纹，甚至缸套断裂。

（2）工艺性故障：由制造、安装质量不佳或质量检验不严等引发的故障。例如，轴系校中安装质量不良引起的轴系振动、轴承发热或过度磨损等。

（3）磨损性故障：在正常工作条件下长期运转产生的故障。由于长期运转，船机零件磨损使其性能参数逐渐达到极限值，船机性能变坏而发生故障。例如，由于过度磨损，活塞-气缸间隙过大而产生敲缸、窜气等故障。

（4）管理性故障：由维护保养不良或违章操作等造成的故障。例如，滑油长期不化验、不更换，变质滑油引起轴瓦合金熔化的故障。

5.1.1.4　按故障的性质分类

（1）人为故障：由操作人员管理不良或行为过失引起的故障。这是不容忽视的故障，目前在船上它已占80％以上，成为故障的主要原因。

（2）自然故障：由船舶机械工作环境变坏、使用条件恶劣、结构和材料缺陷、制造和安装不良等造成的故障。例如，上述各类故障。

除此之外，还可按故障的后果进行分类有安全性故障、任务性故障、经济性故障；按故障表现的性质进行分类有明显故障和隐蔽故障；按船舶机械在使用过程中故障发生的时间分为早期故障、使用期故障（随机故障）和晚期故障（老化期故障）。

5.1.2　故障先兆

除突发故障外，任何一种故障在发生前均会有不同形式的信息显示，即故障先兆（Failure Symptom），它是故障初期的表现形式。在机舱的管理工作中，轮机员注意观察并及时采取措施可以防止故障的发生。故障先兆主要有下列表现：

5.1.2.1　船机性能方面

（1）功能异常：表现为启动困难、功率不足、转速不稳、自动停车、剧烈振动等。

（2）温度异常：表现为油、水温度过高或过低，排烟温度过高，轴承发热等。

（3）压力异常：表现为燃油、滑油、冷却水压力失常，扫气压力、压缩压力和爆发压力不正常等。

（4）示功图异常：柴油机做功不正常，测试出的示功图图形异常，计算出的气缸功率不符合要求。

5.1.2.2 船机外观显示方面

（1）外观反常：船机运转中油、水、气等有跑、冒、滴、漏等现象。排烟异常，如冒黑烟、蓝烟或白烟等。

（2）消耗反常：运转中燃油、滑油和冷却水的消耗量过多，或不但不消耗反而增加。例如曲柄箱油位增高。

（3）气味反常：在机舱内嗅到橡胶、绝缘材料的"烧焦味"，变质滑油的刺激性气味等。

（4）声音异常：在机舱听到异常的敲击声。如柴油机的敲缸声、拉缸声，增压器喘振声。此外还有螺旋桨鸣音及各种工作不正常的声音等。

以上各种故障先兆是提供给轮机人员的故障信息，帮助轮机人员及早发现事故苗子，以防患于未然。

5.1.3 故障模式

故障模式（Failure Mode）是故障的表现形式，或故障结果的显现形态。它是指妨碍产品完成规定任务的某种可能方式，即产品的故障或失效的表现形式。例如，船舶机械的故障模式有磨损、腐蚀、疲劳破坏等；电器的故障模式有短路、漏电、电路不通等。

产品的故障模式可能是单一的，也可能是综合的。此外，产品的故障模式也并非固定不变，它随工作环境、使用条件、运转时间以及产品的内在因素等变化而异，并与产品的设计、材料、制造等因素有关。

在实际生产中，通过对产品的故障模式的调查、统计和计算分析，便可评价和鉴定产品的可靠性。在维修管理工作中，可根据产品的各种故障模式发生的时间来确定早期故障和故障率的变化规律，从而可以采取相应的预防措施，减少或防止故障的发生。

5.1.4 故障规律

产品可能由各种原因而导致故障，故障的出现往往是随机的。不过随机故障的出现又总是服从一定的规律（Fault Rules）。大量产品的故障率随时间的变化规律如图 5-1 所示。

此曲线称故障率曲线。图中纵坐标为故障率 $\lambda(t)$，横坐标为时间 t，它是以产品制造完成的时间作为坐标的零点。由于此曲线的形状像个浴盆，也称为浴盆曲线。

由图可见，根据 $\lambda(t)$ 随时间变化的

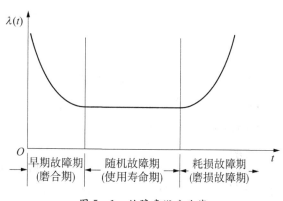

图 5-1 故障率浴盆曲线

特点,可将产品从投入运行至耗损老化而报废的整个寿命期分为早期故障期(又称磨合期)、随机故障期(又称使用寿命期)和耗损故障期(又称晚期故障期)。因此把故障分为早期故障、随机故障和耗损故障。

　　早期故障是指在使用开始后的早期内,因设计、制造上的缺陷或者由使用中磨合不合适而产生的故障。偶然故障是在通过早期故障期后,到达耗损故障期前的时间内偶然发生的故障,而耗损故障是由疲劳、磨损和老化现象等原因,故障率明显增高的时期内发生的故障。

　　在早期故障期内故障率比较高,但它随时间的推移而减少。在随机故障期内,故障率高低基本上不变化,故障率比较稳定。故障是否发生也无法预测。故障产生多是由工作环境和使用管理中的偶然因素造成的。此时期持续一定时间后,故障率则开始急剧增加,于是进入耗损故障期。

　　很多产品故障率曲线的形状是类似的,但不同产品的故障率数值和各时期的长短却有一定差异,它取决于设计、制造的质量和维修制度。早期故障期可通过制造时的质量控制和使用初期的良好磨合而缩短,但每艘船舶的磨合时期长短不一,一般为半年左右,在制造技术和维护管理技术落后于船舶设备的技术发展时,甚至能延长一至两年。随机故障期是产品的最佳状态期,可通过合理的维修,更换易发生故障的零部件而延长,从而使产品的有效寿命(也称使用寿命)增加。磨损故障期是产品使用到晚期时,随时间延长,故障率急剧增大,必须进行适时维修。

　　统计分析表明,并非所有的机械、设备等产品的故障规律都呈浴盆曲线关系,有些产品呈如图 5-2 所示的六种故障率曲线。

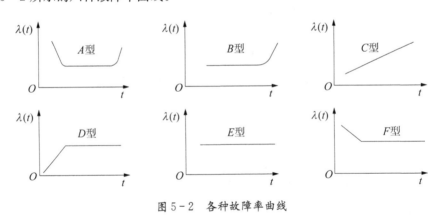

图 5-2　各种故障率曲线

　　曲线 A、B 有明显的磨损故障期,通常显示机械设备发生磨损、疲劳和材料老化等故障,可采用定时维修方式延长使用寿命期。往复式发动机的气缸、轴承,船体和飞机机体等大量单体部件具有此种故障规律。

　　曲线 C 无明显的磨损故障期,故障率随时间延长缓慢增加。航空涡轮发动机等机械设备具有此种故障规律,可依设备的技术状态确定检修时间。

　　曲线 D、E、F 显示产品在整个寿命期中故障率为常数,无需进行定时维修。复杂的电子设备等具有这类故障率规律。

故障的识别

5.1.5 故障的人为因素

船舶是典型的人机系统,船舶的综合可靠度取决于两方面:船体、船舶机械本身的固有可靠度和人的工作可靠度。

5.1.5.1 船机的故障情况

在世界四大柴油机制造公司统计资料中,动力装置中各种机械发生故障的比例如表 5-1 所示。表 5-2 给出了主机发生故障的各种原因的比例。这些数据表明,在柴油机船上,主机故障占总故障数 7521 次的 38%,即 2858 次。主机是动力装置中最重要的,但也是可靠性最薄弱的环节。在主机发生故障的原因中,材料质量不良和机件污染约占全部原因的一半,前者是制造阶段的原因,后者是使用阶段的原因。

表 5-1 各种机械发生故障的比例

机械种类	主机	柴油发电机	机舱辅机	甲板辅机	各管路阀	电动机	其他	说明
(人×时)/%	36.6	19.3	17.9	12.3	5.1	2.5	6.3	故障总次数为 7521
故障次数/%	38	15.7	10.9	13.7	8.1	3.9	9.7	

表 5-2 按主机故障原因分类的发生故障的比例/%

设计问题	材料问题	安装问题	操作问题	自然磨损	腐蚀	污损	振动	管理问题
1.9	24.3	7.4	9.5	10.5	10.4	24.7	10.0	1.3

表 5-3 给出了柴油机部件发生故障的统计数据。由这些统计资料可以看出:在低速柴油机中发生故障最多的部件是活塞、气缸套、增压器和十字头轴承。在中速机(包括柴油发电机)中曲轴及其轴承的故障比较突出。这些部件应作为可靠性技术中的重点问题给予研究。

表 5-3 柴油机部件发生故障的比例/%

故障部位	劳氏船级社		中国远洋运输总公司	
	低速	中速	主机	柴油发电机
气缸盖	14.6	4.9	13.7	13.15
气缸套	6.1	4.8	1.92	1.31
活塞	11.8	10.4	19.2	6.57
气缸体	4.3	1.9		
气阀	2.6	8.5	3.84	2.63
十字头轴承	18.7	0.2	7.69	
连杆大端轴承	8.1	11.1		11.84
曲轴、主轴承	3.8	13.4	11.52	34.2

（续表）

故障部位	劳氏船级社		中国远洋运输总公司	
	低速	中速	主机	柴油发电机
燃油泵	1.1	2.3	7.69	3.94
泵传动装置	0	0.7		
传动齿轮	2.3	5.7	7.69	6.57
增压器	12.6	11.7	5.76	3.94
凸轮轴	1.8	4.4	1.92	
机座	0.2	7.4		
曲轴箱	0.1	0.9	5.76	
机架	2.1	0.9		1.31
调速器	0.2	2.1		3.94
基座	1.2	1.8		
扫气通道	1.0	0.2		
贯穿螺栓			3.84	
操纵系统			1.92	
连杆螺栓				6.57
其他	7.4	6.7	7.55	4.03

5.1.5.2　故障原因分析

大量的海上事故分析表明，由设计、选材、制造质量、装配质量等内部因素造成的故障，所占比重逐渐降低；而与轮机员的检查、管理、合理维修及正确使用维修等人为因素有关的原因占 80% 以上。

因此，国际海事组织 IMO（International Maritime Organization）把海上事故中人为因素的作用列为重要审议的问题，制订出《国际船舶安全营运和防污染管理规则》ISM Code（International Safety Management Code）、修订了 STCW 公约（International Convention on Standards of Training，Certification and Watching），并以公约的形式强制实施，以减少和防止海上事故的发生。

任务 5.2　船机故障诊断技术应用

对船舶机械进行动态监测和故障诊断，是实现船舶现代预防维修的最佳方式——视情维修的先决条件，是现代轮机管理的重要内容。

对船舶机械而言,其故障的诊断是在应用一般机械诊断技术的同时,针对船舶机械的特点,研制专门用于船上的故障诊断装置或监控系统。因此,船机故障诊断技术就是在船舶机械运转状态下,利用其显示出的一切外部信息(机械信息、电磁信息、化学信息等)来判断、识别零件的内部技术状态。例如船舶柴油机运转状态下的性能参数,如温度、压力、转速、零件尺寸变化、振动和噪声,润滑油中的磨损产物等均是故障诊断监测和监控的外部信息。对这些外部信息进行分析和处理,就可获得用于识别柴油机运行状态的特征参数,进而对故障的部位、原因和后果等做出正确的诊断。

故障诊断技术广泛应用于各类机械、工程结构和机械产品、零部件的故障诊断中,其中,以旋转机械应用的居多。故障诊断技术尤其适用于重大关键设备、不能直接检查和不能解体的重要设备、维修困难和维修费用高的设备、无备件或价格昂贵的设备等。船舶机械中主要是大型往复式和旋转式机械,虽也采用故障诊断技术,但由于船舶长期航行在海上和独特的工作条件,在开展故障诊断技术的应用上,尚不够广泛。目前,主要采用性能监控、油液检测和振动分析等故障诊断技术。

5.2.1　性能参数分析法

性能参数分析法(Performance Control)又称性能监控,是船机故障诊断的核心技术。它是利用传感器或仪器、仪表测定船机设备的各项性能参数(如温度、压力、转速等),经数据处理、比较和分析后判断船机设备的运转状态和趋势。

性能参数分析法诊断故障,早在船舶蒸汽机时代就已经作为发现故障的监测手段。轮机管理人员采用"听、摸、看、嗅"等方法了解主机、辅机的运转情况,并通过人的感官和大脑的快速思维来分析和判断机器的运转状况和可能产生各种问题的趋势。现在,这种方法仍然被用在现代船舶柴油机的运转管理中。例如,管理人员用手触摸柴油机的高压油管,根据手所感觉到的高压油管的脉动情况,来判断高压油泵的工作状况。

用性能参数分析法,进行监控的范围广,可监控船上的零件、部件、机器、系统等。根据监控手段和数据处理的方法不同,有以下三种分析方法。

(1)图示法。此方法是利用简单的测量工具或柴油机上的仪表,人工定时、定位测取性能参数,并且要求每次测取的数据都是在相同的工况条件下进行,以便进行对比分析。将所测数据绘制成图,再依图进行机器运转趋向的分析和判断。通常,测取三至四个参数并绘制在同一坐标图中,这种图的图形清晰,便于分析和判断。而如果测取的参数太多,图形将复杂、混乱而不易发现机器运转中的问题。

例如,柴油机气缸内的燃烧状态,可通过测取燃油消耗量、扫气压力和排烟温度等性能参数,作图显示气缸内各性能参数的变化情况,分析并诊断燃烧存在的问题及预测发展趋势。

用图示法进行性能监控,可以有效地诊断故障及预测故障发展的趋势,对减少维修费用,延长零部件及机器的使用寿命和提高轮机管理人员的技术素质十分有益。但是,这种方法是根据人工采集的参数并加以分析、比较,来诊断故障,因此工作繁重、麻烦,而且需要轮机管理人员有一定的技术水平。

(2)利用安装在机器上不同部位的传感器,扫描各监测点的性能参数(例如温度、压力、速度等),通过计算机的记录、处理和显示,进而可以分析判断故障或机器的运转趋势。

如图 5-3 所示为 New Sulzer 公司研制的活塞环磨损监测装置 SIPWA-TP(Stulizer Integrated Piston ring Wear-detecting Arrangement with Trend Processing),是利用安装在气缸扫气口处的传感器,检测特制的顶环(第一道活塞环)外圆面上镶嵌的一圈非磁性材料的楔形环带的宽度变化,来实现活塞环磨损监测的。该监测系统可在主机运行状态下,连续监测主机活塞环的运行工况,当顶环通过扫气口时,传感器测量楔形环带的宽度变化,并将测得的数据储存在电子单元里,可以在显示器屏幕上显示出活塞环的磨损模型,并能以曲线或图表的方式给出活塞环的磨损趋势,给轮机管理人员管理及检修主机提供了科学的依据。

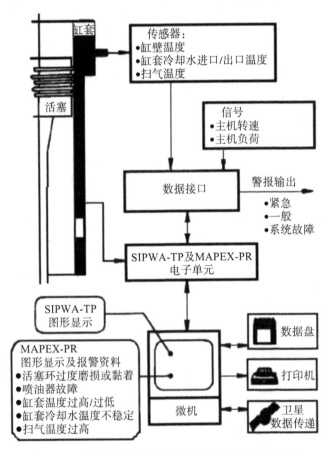

图 5-3　MAPEX-PR 系统及 SIPWA-TP 系统框图

近年来 New Sulzer 公司在 SIPWA-TP 监测及趋势分析系统的基础上,开发出一种能连续监测大缸径二冲程柴油机活塞环的运行工况监测系统 MAPEX-PR(Monitoring and maintenance performance enhancement with expert knowledge piston running reliability indicator)。它是利用安装在气缸套上部的温度传感器,连续监测主机缸壁温度、缸套冷却水进、出口温度和扫气温度信号,监测活塞环的运行工况,通过微机可以随时显示 MAPEX-PR 系统的缸壁温度画面及有关警报资料,显示活塞环、喷油器及高压油泵的工作性能。柴油机在运行过程中,当活塞环产生干摩擦或活塞环密封不良而引起缸壁温度过高时将及时记录并发出报警。轮机管理人员通过微机屏幕,借助于 MAPEX - PR 系统提供的有关曲线图表,可以准确地判断和分析故障的类型、所处部位及必须采取的相应措施。

例如,利用 MAPEX - PR 可以监测主机喷油器的工作性能,柴油机在运行过程中,MAPEX - PR 系统连续监测主机各缸前后缸壁温度。有一次,原来柴油机正常运转,检查确认主机各项运行参数均正常,运转一段时间后,MAPEX - PR 系统出现报警,同时,主机第 8 缸出现排温过高的报警,经检查该缸排温高于其他各缸平均排温 50 ℃,在 MAPEX - PR 系统主机缸壁温度记录画面上显示,第 8 缸缸壁后侧温度逐渐上升并达到报警极限,而前侧温度正常。由于该主机缸头上布置有两只油头,前后对称安装。当油头工况不好,雾化不良时,部分燃油油滴必将喷射在该油头相对称的缸壁上,在缸壁上产生不完全燃烧,破坏缸壁上的气缸油所形成的油膜,并使缸壁温度升高。由于是主机第 8 缸缸套后侧温度过高产生偏差报警,则应为该缸前侧油头故障。根据这一分析结果,确诊为该缸前侧油头故障。主机停车后,将该缸前、后侧的油头同时换新。经仔细检查,发现该缸前侧油头喷油嘴产生纵向裂纹。主机工作时,大量燃油从喷嘴裂纹处喷出,产生雾化困难,最终出现该缸排温报警、缸壁温度过高现象。将该缸油头换新后,重新启动主机,该缸工况恢复正常。

(3) 利用计算机系统自动采集数据并自动监测和诊断故障。

5.2.2　油液监测

在柴油机运转过程中,即使各运动副处于良好的液体润滑状态,也会不可避免地发生摩擦和磨损。摩擦产生的热量使润滑油的温度升高,并使润滑油的理化性能逐步下降;磨损产生大量的磨损产物——金属颗粒和其他污染微粒。润滑油中金属磨粒成分,颗粒大小和多少,都与运动副的工作情况密切相关。因此,润滑油中的金属磨粒是运动副技术状态的外部信息。

油液监测技术(Oil Level Monitor)就是通过采集船机设备润滑油的油样,利用各种检测手段,检测油样的性能和油样所携带的反映运动副技术状态的磨损微粒,获得油样性能参数值和磨粒的成分、尺寸、形貌和数量等信息,以便定性和定量地分析判断船机设备的磨损状态及预测船机设备发展趋势。

因此,润滑油监测技术包括润滑油理化性能检测和磨损微粒分析。根据润滑油理化性能的变化,分析船机设备的润滑状态和因此引起的故障;根据磨粒参数分析,判断磨损的部位和磨损达到的程度,诊断出磨损故障。

油液监测技术的监测过程包括取油样、理化性能检测和磨粒分析,取得检测数据,分析并诊断出结果等步骤。油液监测技术采用的方法有如下几种。

1) 油样理化性能检测分析

(1) 经验法。经验法是一种简易的定性检测方法。轮机管理人员在日常的工作中,经常通过观察润滑油的颜色、闻气味、用手捻搓等方法,了解润滑油的黏度、金属屑、污染物及乳化变质等情况,粗略地判断润滑油的质量和运动副的磨损程度。新的润滑油在室外阳光下观察,油的表面有一层略带有蓝色的反光,即荧光反应。而用过的旧油,其荧光反应消失。质量良好的油,从玻璃试管中凭肉眼观察,应当是澄清的,轻质油则应是透明或半透明的,不应当有混浊现象;油中更不得有悬浮颗粒,在玻璃瓶的底部不应有沉淀的杂质。另外,润滑油气味变得辛辣而刺鼻,即可判断此润滑油已变质。

(2) 滤纸法。滤纸斑点试验法是测定油样理化性能时经常采用的简易定性分析法。滤纸法的操作过程是:取油样滴于滤纸上,待其充分扩散后,观察滤纸上的油滴斑痕图像,并与新油试样图像进行比较。油渍越黑,表明油越脏;中心黑点较小、颜色较浅,四周黄色油渍面积较大,表明滑油尚可使用;中心黑点中有较多的硬沥青质和炭粒,则表明过滤不良,通过加强过滤后润滑油可继续使用;黑点较大,呈黑褐色、均匀无颗粒,表明润滑油已变质,应换油。

这种试验应定期进行,并把化验结果按次序保存起来,以便查看润滑油污染的发展过程。为了便于比较各次滴油试验的结果,应采用相同质量的滤纸。

(3) 常规化验法。常规化验法是船机润滑油普遍采用的一种定期定量指标检测方法。对船用柴油机润滑系统每隔三至四个月取样一次,进行定量分析。所取油样应能代表系统滑油的真实情况,一般应在船舶即将进港前在分油机前取出。取样时,应把放油塞抹干净,放掉约两倍于留在旋塞管路中的滑油,以清除管路和旋塞中的杂质。油样约取 500 ml,所用容器应清洁、干燥,取完油样后立即封好(容器盖不能用橡胶制品和布),填好标签。标签中应填写油样名称、船公司、船名、取样部位、取样日期、油样牌号、所用燃油牌号和化验项目等内容。主要检验的项目有:黏度、闪点、酸值、总碱值、水分和机械杂质等。根据化验指标的变化情况,综合分析润滑油的质量,并对运动副状态进行粗略的判断。

2) 油样磨粒分析

通过监测油样中磨粒的成分、含量、尺寸、形貌等参数来定性、定量地评价被监测的船舶机械和设备的磨损状态、诊断故障的类型、部位、程度和原因,并预测故障的发展趋势。其中光谱分析技术最为成熟、可靠。

(1) 颗粒计数法(Particle Counting)。颗粒计数法是评定油液内固体颗粒(包括金属磨损微粒)污染程度的一项重要技术。它的原理是对油样内的颗粒进行粒度测量,并按预选的粒度范围进行计数,从而得到有关颗粒粒度分布方面的重要信息。目前,污染度检测使用最广泛的颗粒计数法主要有两种,即遮光型颗粒计数法和阻塞型颗粒计数法。

颗粒计数法的特点在于它不仅能记录油液中固体微粒的数量,而且能给出每个微粒的尺寸大小,因此该技术在判断油液的污染程度方面是很有效的。但是,该技术不能分辨记录的微粒种类,分不清这些微粒是磨屑还是外部侵入的固体污染颗粒,所以该技术在反映机器的磨损工况方面还存在局限。

(2) 磁塞法(Magnetic Detector)。磁塞是一种带有磁性探头的检测器。将磁塞安装到润滑油管路中的适当部位,磁塞将吸附润滑油中的磨损产物、脱落的腐蚀产物和疲劳破坏的金属鳞片等。定期取下磁头,将磁头捕捉到的铁质颗粒取下,在光学或电子显微镜下观察金属颗粒的形貌和尺寸,分析并诊断故障的部位和故障达到的程度。如图 5-4 所示。磁塞分为普通磁塞和电磁塞,其中电磁塞

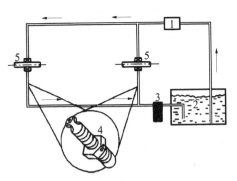

1—油泵;2—油箱;3—滤器;4—磁塞;5—轴承。

图 5-4 润滑系统中的磁塞安装位置

当吸附量达到规定值时可自动报警。磁塞法适用于铁磁性材料,磨粒尺寸约为 $25\sim400\,\mu m$。磁塞应安装在润滑油管路中便于捕捉磨粒的合适部位,例如将磁塞装在管路中管子转弯处的外侧。磁塞法油液监测具有设备简单、成本低、使用方便等优点。

(3) 光谱分析法(Spectrum Analysis)。光谱分析是利用原子和分子发射或吸收光谱来进行物质化学成分及含量分析的物理方法。由于各种物质的原子和分子都具有自身特定波长的谱线,所以利用光谱的特性进行物质构成的分析是光谱分析的基本原理。油液的光谱分析就是通过分析润滑油中金属磨粒和污染物微粒的光谱来确定它们的成分和含量,以评价船机设备和零件的磨损程度及剩余寿命。

光谱分析法又可分为原子发射光谱分析法和原子吸收光谱分析法。

原子发射光谱(Emission Spectrometric Analysis)是利用物质内部的原子和分子受到外界能量激发作用产生能量变化而获得的。原子在正常情况下都是处于能量最低的稳定状态,称为基态。当原子受到外界能量(如热能、电能或高速粒子能量)作用时,核外电子被激发而跃迁到较高能级轨道,处于不稳定状态,称为激发态。激发态原子仅存在约 10^{-8} s 的时间就能从高能级的激发态迁回低能级的基态,同时把多余的能量以光的形式释放。使光通过棱镜或光栅后就可获得按一定波长顺序排列的图谱,即光谱。根据光谱谱线的长度,可以鉴别元素的成分;根据光谱谱线的强度,可反映元素的含量。因此,利用特征谱线就可以测定油液中磨粒的成分、含量,从而确定运动副的技术状态。

发射光谱仪由激发光源(交、直流电弧或高压电火花)、色散装置(棱镜或光栅)和记录检测装置(照相测量装置、光电计数装置、数据处理及打印装置)三部分组成。国际上应用较广泛的光谱仪有美国 BAIRD 公司生产的 MOA 型油料分析光谱仪,MOA 型油料分析光谱仪可分析油液中的所有金属元素。原子发射光谱分析仪具有分析速度快、自动化程度高、操作简单、易于掌握等特点,但由于分析过程中难以控制的因素较多,误差较大,且仪器价格较贵。

原子吸收光谱法(Atomic Absorption Spectrometry)是利用热能或电能将待测元素物质的试样在高温下变为原子蒸气,再用特殊光源(空心阴极灯)发射出包含该元素特征谱线的光波(具有一定波长)穿过原子蒸气,其中部分被蒸气中待测元素的基态原子吸收,使特征光波的强度减弱,透过光经单色器分离掉其他波长的谱线,检测减弱后的特征辐射线的光强度,以测定待测元素的种类和含量。

(4) 铁谱分析法(Ironic Spectrum Analysis)。铁谱分析法是利用高梯度强磁场将磨损产物的微粒和污染物微粒从润滑油中分离出来,并按微粒的几何尺寸大小依次沉积排列于透明的玻璃谱片上,再借助光学或电子显微镜对磨粒和污染物微粒的形貌、成分、尺寸和分布进行定性、定量分析和研究的技术。铁谱分析具有以下特点:

① 检测范围宽,可检测 $0.1\sim1\,000\,\mu m$ 的磨粒。如果检测出的磨粒尺寸大于 $5\,\mu m$ 时,表明机器有严重磨损。

② 可以同时获得磨粒的多种信息,既可以观察磨粒的形貌、测定磨粒的尺寸、鉴定磨粒的成分,又可以确定磨粒的数量,从而实现磨粒的定量和定性分析。磨粒的数量(浓度、大小)反映了磨损的程度;磨粒的尺寸、形状反映了磨损的类型,如:细长的磨粒——磨粒磨损;细小而非常多的磨粒——腐蚀磨损;球形磨粒——滚动疲劳磨损;表面粗糙、有拉毛、擦伤痕

迹的磨粒——严重黏着磨损等。磨粒的成分反映了磨粒的来源。

③ 定量分析结果不准确,数据离散性较大。

④ 对润滑油中非铁磁性微粒的检测能力较低,例如,在对含有多种材质摩擦副的机械,如柴油机进行检测诊断时,往往感到力不从心。

⑤ 对磨粒识别至今仍较多依赖操作人员的经验。

⑥ 由于铁谱片制备和人工识别磨粒耗时多、速度慢,所以不能理想地适应大规模设备群的故障诊断。

铁谱分析仪有分析式、直读式和旋转式三种。各类铁谱仪分别有各自的特点和相应的使用范围。在这三种铁谱分析仪中,直读式铁谱仪具有操作简单、迅速,可以较快地获得分析结果的特点,适于在现场作出简单的诊断时使用。

如图 5-5 所示为分析式铁谱仪的工作原理图,由铁磁装置、低稳排量的微量泵(或称蠕动泵,排量为 $0.25\,\mathrm{cm^3/min}$)、输油导管和玻璃基片组成。抽取一定量的润滑油油样,进行浓度和黏度的稀释处理后,通过微量泵将其输送到铁磁装置的高梯度磁场上方玻璃基片上。油样沿倾斜玻璃基片向下流动,油样中的磨粒在磁力、重力和液体黏性阻力的作用下,按磨粒尺寸大小依次沉积在基片上。再用四氯乙烯溶剂清洗基片,并用固定液处理,使磨粒固定而成铁谱片。最后用铁谱显微镜观察铁谱片上的磨粒形貌、大小、成分等,分析出船机设备的磨损形式、原因和程度等。

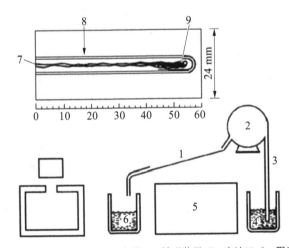

1—玻璃基片;2—微量泵;3—导管;4、6—容器;5—铁磁装置;7—出油口;8—限油档;9—进油口。

图 5-5 分析式铁谱仪的工作原理

对于使用润滑油脂的运动副,也可以进行铁谱分析。只要将润滑油脂的油样经过处理,使处理后的试样达到一定的浓度和黏度即可。

目前铁谱分析作为油液监测技术应用于航天、石化、冶金和交通、军工等行业,在船机设备上也已进行研究和应用,监测的对象有柴油机、艉轴承、齿轮箱及燃气轮机等。

5.2.3 振动检测

振动是一切做回转或往复运动的机械设备最普遍的现象,是故障诊断的重要信息,振动信号的变化反映着机器内部状态的变化。振动检测(Vibration Detect)即利用采集到的振动信号进行信号处理、状态识别和趋势分析诊断故障。

机器运转中,所有的零部件均以它们各自特有的频率振动。利用振动传感器(对应低、中、高频振动信号分别选用位移、速度、加速度传感器)监测被检机器上的振动信息——振动的混合波形。它表现为振幅(位移、速度、加速度)随时间变化的曲线。然后将此振动混合波形直接或通过遥测系统送到处理信息、数据或波形的仪表和分析器,如振动分析器、信频分析器进行处理。根据振动频谱图上振动频率超过规定的情况来分析和判断故障的部位和原因,或者用实测频谱与各种故障频谱进行比较,从而找出故障。

自 20 世纪 70 年代起,振动分析就已经应用于船舶机械上,如目前用于舰船动力装置振动分析和船用柴油机拉缸、曲柄销轴承过速磨损、增压器压气机滑动轴承咬死等振动分析。通过这些故障的振动频谱图与正常图谱的分析、比较,进行故障诊断和原因分析等。

5.2.4　噪声监测

船舶机械噪声是机器运转时各种声音的汇合,包括气流声,如柴油机排气声、燃烧噪声,增压器中的吸、排气声等;金属敲击声,如活塞敲缸声、气阀落座声等;结构件振动声,如各种罩壳、箱盖等的振动噪声;摩擦副相对运动声,如齿轮、轴承等摩擦副发出的声响,等等。船舶机械的噪声是其运转状态的外部表现形式,反映出船机设计、制造、安装和修理的质量及其维护管理的质量。噪声监测(Noise Monitoring)即利用采集噪声信号进行信号处理、状态识别,实现船机故障诊断和预测。

噪声听诊器是简易噪声检测仪,它通过测量噪声变化来检查机器状态。目前常采用高保真磁带录音机和信号分析仪采集噪声信号和进行信号的分析处理。此外用于振动测试的仪器和分析方法也可用于噪声监测。

5.2.5　红外监测

船机设备在运转过程中,温度是最基本的工作性能参数之一,零部件的温度变化直接与其工况和故障有关,所以进行温度监测可及时判断船机设备工况,以保证其安全可靠运转。温度监测方法分为采用温度计的接触式测量和通过接收热辐射能量的非接触式测量。

红外监测(Infra-Red Monitoring)就是温度监测中的非接触式测温技术之一。太阳光是由红、橙、黄、绿、青、蓝、紫七种可见光组成,波长为 0.3~0.76 μm。在红光和紫光以外有不可见红外光和紫外光。可见光与不可见光均是电磁波,红外光是介于可见光与微波之间的电磁波,波长范围为 0.76~1 000 μm。

研究物质结构可知,构成物质的原子、分子都在热运动,并且不时地改变其能量状态。当能量状态由高级向低级跃迁时会辐射出电磁波,电磁波以光子形式将能量带走。

物体表面温度与其辐射功率的关系由斯特潘-玻尔兹曼定律给出,即物体辐射强度与其热力学温度的 4 次方成正比,所以物体辐射强度随温度升高而显著增加。自然界中,任何高于绝对零度(-273 ℃)的物体都是红外辐射源,通过探测物体的红外辐射强度了解物体表面温度,进而诊断故障。因此,红外检测技术就是利用物体的红外辐射能量与其表面温度的关系实现非接触检测温度的技术,并通过温度变化测定物体内部的缺陷。

红外测温仪是最轻便、最直观、最快速和最价廉的表面测温仪器,分为红外点温仪和红外线温仪,可用指针或数字显示。目前国内产品测温范围有 0～500 ℃和 800～1 500 ℃。美国远程红外测温仪可测量 100 m 内物体的温度,其范围为 −20～200 ℃。

红外热成像系统是利用红外传感器、光学成像物镜和光扫描系统,非接触接收被测物体红外辐射信号,转变成电信号后放大、处理进行显示。将人眼看不见的与被测物体表面热分布对应的实时热像图转变成可见的电视图像或照片。使用时要调整好焦距,设置正确的测温范围,了解最小测量距离,测量过程中保持仪器平稳,注意拍摄环境对成像的影响。国产便携式红外热像仪测温范围为 0～150 ℃,美国照相扫描温度计能扫描、比较、测定并拍摄实景和温度分布曲线,测温范围达 1 000 ℃。红外检测技术具有以下优点。

(1) 非接触测温,减少影响测温精度的因素和用于因距离、动态、高温、不安全等难以接触物体表面的测温。

(2) 测温速度快,显示直观,携带轻便,价格低廉。

(3) 测温灵敏度高,能区别微小温度(0.01～0.1 ℃)。

(4) 测温范围广(−50～2 000 ℃)。

除上述主要故障诊断技术外,在故障诊断中还常常采用逻辑诊断法和故障树诊断法。随着计算机技术的高速发展与普及计算机应用于各种故障诊断技术中,对采集的信息进行分析处理、比较、诊断和报警、存储和显示等,从而促进了故障诊断技术的发展,出现了各类计算机监测和诊断系统,如振动监测系统、油液监测系统等。

知识拓展
练习题

项目 6　零件修复工艺的应用

知识目标：熟悉船机零件修复的目的和要求；掌握修复工艺选择的基本原则；掌握钳工修配、机械加工修复、焊补、黏接、研磨、金属扣合修复法、镀铬、镀铁、热喷涂等修复工艺的特点、要求和适用性。

能力目标：能根据零件结构和尺寸、材料特性、修补层厚度等要求合理选择修理工艺；会使用钳工修配方法对零件实施修复；会使用黏接技术对裂纹、腐蚀等损坏零件实施修复；会使用研磨技术对磨损零件实施修复。

船机零件发生磨损、腐蚀和裂纹等损坏而失效时，针对零件的具体损坏情况选用合适的修复工艺进行有效修复，不仅可以使已损坏或将报废的零件恢复使用功能、延长使用寿命，尤其在缺少备件的情况下能解决应急之需。通过对损坏零件的修复，节约了经费和时间，提高了营运效益，促进了修复工艺和技术的提高。

轮机员在选用修复工艺进行零件修理时，应针对零件损坏形式，从提高修船质量、降低修船费用和缩短修船时间三方面综合权衡而定，具体应满足以下要求。

（1）修复费用应低于新件制造成本或购买新件费用。一般情况下，如修复费用≤2/3 新零件制造成本或购买新零件费用，就认为是经济的，此种修复工艺是可取的。

（2）所选的修复工艺要充分满足零件的修复要求。

（3）零件修复后必须保持其原来的技术要求。

（4）零件修复后应保证具有足够的强度和刚度，重要零件修复前应作必要的强度计算等。

（5）零件修复后的耐用期至少要能维持一个修理间隔期。

零件修复主要有以下两种方法：

（1）改变尺寸法：改变配合件的原设计配合尺寸，恢复配合件原设计配合间隙，从而恢复其工作性能。如采用修理尺寸法、尺寸选配法等修理工艺。

（2）恢复尺寸法：恢复配合件的原设计配合尺寸，恢复配合件原设计配合间隙，从而恢复其工作性能。如采用喷焊、电镀、堆焊等修理工艺。

生产中具体选择何种修复工艺应根据零件修理的要求和修复工艺的特点综合考虑：修理质量（零件材料的强度、修补层强度、修补层与零件的结合强度）；对材料的适用性；对修补层厚度要求的适用；零件结构和尺寸对修复工艺的限制；对零件变形和材料性能的影响等。

目前，我国各修船厂普遍使用的船机零件修复工艺主要如表 6-1 中所列。

表 6-1   常用修复工艺

修复工艺	种类	方法	适用范围
机械加工修复	镗缸、镶套、局部更换	修理尺寸法、尺寸选配法	磨损、腐蚀
塑性变形修复	冷校法、热校法、加热-机械校直法		变形
钳工修复	拂刮、修锉、研磨		磨损、腐蚀
黏接修复	有机黏接、无机黏接		腐蚀、裂纹、断裂
金属扣合工艺	强固扣合、强密扣合、加强块扣合法		裂纹、断裂
热喷涂	喷涂、喷焊	氧气-乙炔焰、等离子	磨损、腐蚀
电镀	有槽电镀、电刷镀	镀铬、镀铁	磨损
焊补	焊接、堆焊	手工电弧焊、气焊	磨损、腐蚀、裂纹、断裂

任务 6.1   钳工修配

钳工修配是一种手工修复技术,利用凿削、锉削、锯割、铰孔、攻丝、刮削、珩磨等基本操作对零件进行修复或装配。钳工修配工艺常用的有:拂刮、修锉、铰孔、珩磨等。

6.1.1   拂刮

刮削的目的是把零件表面在机械加工过程中遗留下来的粗糙刀痕去掉,此外还可以把使用过的机件已经磨损不平的工作表面加工成合乎要求的滑动面。拂刮是刮削操作的一种,常用于主、副柴油机厚壁轴瓦的装配与修理。

(1) 拂刮工具:一般分为三角刮刀和半圆刮刀两种。常用的是三角刮刀,三角刮刀分长柄和短柄,可用旧三角锉改制而成。

(2) 刮刀刃磨:油石涂油后,把刮刀的两个刀刃同时放在油石面上,为了使磨出的刃口带有圆弧,因此在来回移动的同时,还要依刀刃的弧形做上下摆动。

(3) 三角刮刀的用法:三角刮刀的握法基本上和平面刮刀的握法一样,左(右)手握住刮刀的前部,右(左)手握在左(右)手后部的刮刀上,刮刀柄搭在右(左)臂的肘上,(或者一手握住刮刀的前部,一手握住刮刀柄),在曲面上作圆弧运动,刮刀要用力,要领是"压""拉""转"或"压""推""转"。

(4) 刮刀在曲面上的位置如图 6-1 所示。在图(a)的位置,刮刀与曲面中心线近于对称,这时刮屑很薄,不会发生刮成凹痕的危险,刮出的面很光滑。在图(b)的位置,刮刀的两刃口直线与曲面中心线略有倾斜,这时刮屑稍厚一些,能把显示出的高点很好刮去。在图

(c)位置,刮刀的两刃口直线与曲面中心线重合,这时刮刀能产生很大的切削,但刮削时产生凹痕较深,用于曲面加工余量多的时候。在图(d)的位置上,刮刀的两刃口直线与曲面中心线垂直,刮刀可刮去很大的切屑,容易刮成很难消除的凹痕,所以不能采取这样的握持位置,这种位置可以说是错误的。

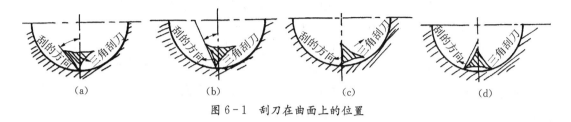

图 6-1　刮刀在曲面上的位置

(5)拂刮步骤:例如用样轴作标准面对轴瓦进行拂刮。首先要把轴瓦和轴清洗干净,再把显示剂红(蓝)油均匀地涂在轴面上,把涂好显示剂的轴放在轴瓦里。然后转动轴杆,再根据磨出的接触点分布情况进行刮削,刮的时候,工件要放牢靠,同样要采取交叉刮的方法,在每次磨点以后,改变刮的方向。拂刮后检查接触精度,以 25 mm×25 mm 内接触点均匀分布和接触点的多少为标准。

6.1.2　修锉

锉削是用锉刀从工件表面锉掉一层金属,使工件具有所需要的尺寸,形状和表面粗糙度。可用来锉削外平面和曲面、锉削内外角以及复杂的表面、锉削沟槽、孔眼以及各种形状相配合的表面。在零件装配、维修过程中常用来修除毛边、毛刺、倒角、平面修整等。

锉刀材料一般为碳素工具钢(如 T8A)硬度在 HRC60～64;热处理工艺过程:淬火＋回火＋酸洗。锉刀有普通锉刀、特种锉刀、木锉和什锦锉四类。普通锉刀包括平锉、方锉、圆锉、半圆锉、三角锉。特种锉刀包括刀口锉、菱形锉、椭圆锉、圆肚锉等。锉刀切削工件是依靠锉齿,每一个锉齿相当于一个刀刃,锉齿由制齿机制成。锉刀齿纹分单齿纹和双齿纹两种。单齿纹的齿刃长,切削力要大,一般用来锉削软金属。双齿纹是两齿纹交错排列,齿刃是间断的,长刃上分许多小齿,切削时省力。大多数锉刀为双齿纹。锉齿粗细决定于齿纹间隔和角度。分粗齿、中齿、细齿和极细齿,每 10 mm 中齿数愈多锉齿就越细。

按工件材料软硬不同选择锉刀的一般原则是,材料软应选用单齿纹或粗齿纹锉刀。其优点是切削效率高,齿纹不易夹扎铁屑。材料硬则应选用细齿锉刀。因为细齿锉刀切削条件好,容易切入。若用粗齿锉刀,因为粗齿锋间距大,故需要用很大压力才能切入工件,在这种情况下,锉齿容易折断或磨损。

6.1.3　铰孔

这是一种利用铰刀进行精密孔加工和修整性加工的工序,它能得到很高的尺寸精度和较小的表面粗糙度,主要用来修复各种配合的孔。

6.1.4 珩磨

利用4~6根细磨粒的砂条组成可胀缩的珩磨头,对被加工的孔作既旋转又上下沿轴向往复的综合运动,使砂条上的磨粒在孔的表面上形成既交叉又不重复的网纹轨迹,磨去一层薄的金属。由于参加切削的磨料多且速度低,又在珩磨过程中施加大量的冷却液,使孔的表面粗糙度变小,精度得到很大提高。因此,珩磨是修复内圆柱表面的一种好方法。珩磨可以用来修复柴油机气缸套。图6-2为珩磨头结构示意图;图6-3为珩磨后磨痕示意图。

珩磨头的往复运动速度与圆周速度之比称为珩磨速比,它对珩磨质量有较大的影响。增大往复运动速度,可加强切削作用,提高生产率,降低缸套表面粗糙度。磨缸时,应避免磨头的旋转速度与往复运动速度的次数成倍数关系,以免使磨痕加重,影响粗糙度。

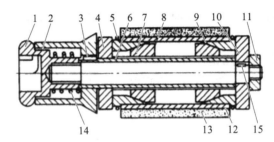

1—螺套;2—套;3—键;4—隔圈;5—弹簧;6—双旋向螺管;7—外锥套;8—心轴;9—内锥套;10—隔圈;11—螺母;12—油石夹头;13—珩磨油头;14—弹簧;15—键。

图6-2 珩磨头结构

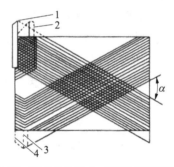

1—前进行程开始时砂条的位置;2—返回行程开始时砂条的位置;
3—前进行程终了时砂条的位置;4—返回行程终了时砂条的位置;
α—磨痕螺旋线相交的角度。

图6-3 珩磨后的网状磨痕

任务6.2 机械加工修复

船机零件产生磨损、裂纹、腐蚀等损坏后,采用机械加工方法(Machining Repair)恢复其几何形状和配合间隙,从而恢复其使用性能。常用的方法有:修理尺寸法、尺寸选配法、附加零件法、局部更换法和成套换修法。

6.2.1　修理尺寸法

配合件磨损后,将配合件中较重要的零件或较难加工的零件的磨损工作表面进行机械加工,以消除零件的损伤和几何形状误差,使零件的原始尺寸改变为另一尺寸(称为修理尺寸),而配合件中的另一个零件则按照修理尺寸重新制造,使二者具有原设计的配合间隙和配合特性。例如,曲轴主轴颈过度磨损后,在保证轴颈强度要求的前提下,光车主轴颈根据光车后的尺寸重新配制主轴瓦使其恢复原有的轴承间隙。

一般情况下孔的修理尺寸大于其原始尺寸;而轴的修理尺寸则小于其原始尺寸。

修理尺寸的确定方法有两种。

1) 最小加工余量原则

从零件最小加工余量的观点出发,零件修理尺寸等于实际测得的尺寸减去(或加上)为消除缺陷损伤所需的最小加工余量。而与之相配合的另一零件的修理尺寸等于上述修理尺寸加上(或减去)配合间隙值。

此法简单、经济,能最大限度地延长零件的使用寿命,但零件失去了原有的互换性,备件供应困难,适用于单件生产。

2) 分级修理原则

零件按预先规定好的分级修理尺寸进行加工,而与之相配合的零件可以按相应的分级修理尺寸成批生产,制成备件。一般来讲,对零件进行的加工余量不是最小的加工余量。例如:有一根曲轴,全新时,主轴颈的直径 $D = 300$ mm,经过一段时间工作后,磨成了椭圆,我们可以规定:第一次整圆修理尺寸为 299.75 mm;第二次整圆修理尺寸为 299.50 mm;第三次整圆修理尺寸为 299.25 mm;……(分级尺寸一般为等差数列),根据强度要求确定轴的报废尺寸。同时根据分级尺寸,预制好许多轴瓦,直接进行选用。此法修理周期短,经济性好;使单件变成了批量生产。广泛应用于曲轴轴颈、缸套、活塞等零件的修理。

6.2.2　尺寸选配法

将一小批相同机型的尺寸和形状超差的轴/孔类配合件,首先进行机械加工,使其具有正确的几何形状(消除缺陷和几何形状误差),然后根据原配合间隙要求进行选配。

此方法必须要有一小批配合件,如数量太少,则不易组成新的配合件。各对配合件具有不同的基本尺寸,不能修复所有的零件,成功选配率约为 20%。但此法简单、方便、经济,可使一部分已报废的配合件重新投入使用。

尺寸选配法仅适用于修理那些新件的原始尺寸差别相对较大、而磨损量的极限值和几何形状误差的极限值以及配合间隙的极限值又极小的精密配合件,船上常应用于喷油泵的柱塞-套筒、喷油器的针阀-阀座等精密偶件的修理。

6.2.3　附加零件法

将零件磨损的工作表面加工至安装附加零件——衬套的尺寸,然后将衬套压入,最后再对衬套进行必要的机械加工,使其恢复原有尺寸,或加工成修理尺寸的方法称为附加零件法或称镶套修理。

衬套与被修复零件的配合必须有一定的过盈,以使两者紧密贴合,满足传热和传力的要求。过盈量的大小,根据零件的尺寸大小有所不同。此法广泛应用于磨损件、裂纹的修理。如缸盖进、排气阀损坏后,用镶套修理,即压入一衬套;再如,艉轴的轴颈镶铜套。

为使受热后两者膨胀一致,衬套材料通常与被修复零件的材料相同,防止产生附加应力或松脱。衬套的厚度不宜过薄,否则刚度过低,压入有困难。钢衬套厚度不小于 $2\sim2.5\,mm$,铸铁衬套厚度不小于 $4\sim5\,mm$。

由于必须使衬套具有相当的壁厚,故被修复零件必须去除相应的厚度,这时被修复零件的强度是否足够是不能忽视的,事先必须进行强度校核。

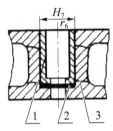

1—衬套;2—紫铜垫片;3—裂纹。

图 6-4　阀孔裂纹镶套修理

如图 6-4 所示,气缸盖上气阀阀杆的导孔磨损严重或有穿透性裂纹时,在没有备件的情况下,通过镗削加工将导孔扩大,制作一个铸铁衬套,其外径与扩大了的导孔相吻合,其内孔与阀杆直径相吻合,在底面加一个紫铜垫片(起密封作用),外圆面涂上胶黏剂,将衬套过盈镶嵌进去。这样衬套的外圆柱面可密封住裂纹,衬套内孔能与气阀阀杆形成良好的配合,气缸盖的使用性能得到恢复。

6.2.4　局部更换法

贵重或尺寸较大的零件,如果只是局部损坏或磨损过大,在能够保证强度要求的前提下,可以从零件上去除损伤的部分,并按损坏部分应有的几何形状和尺寸精度制造出这一部分的新品,再用焊接或其他方法将新件与零件的余留部分结合在一起。

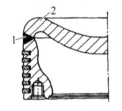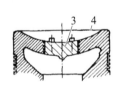

1—焊缝;2—新制活塞顶;3—局部更换活塞顶;4—活塞。

图 6-5　活塞顶局部更换

例如,铸钢活塞的顶部被烧蚀或出现了严重的裂纹,将整个顶部割去,然后依据割去的部分用同样的材料制造一个新顶,用焊接法连接,焊接后进行必要的加工,达到使用要求。如图 6-5 所示,其中铸钢活塞可采用焊接,铸铁活塞可以采用螺钉连接。

6.2.5　成套换修法

为了缩短修理周期,对损坏零件(或组件),连同整台机械一起拆下,换上完好的一台继续运转,换下的机械经修理后又作为备件,此法称之为成套换修。例如,高压油泵中的精密偶件损坏后,将整台高压油泵更换,换下的油泵待精密偶件修复(或换新)后作为备件使用。此法适用于同类机型较多的船舶的修理。

6.2.6　换位修理法

换位修理法是将受损伤的零件转过一定角度,利用零件未损伤的部位来恢复零件的工作能力。这种方法只是改变磨损或损坏部分的位置,不修复损伤零件表面。此法常用来修理磨损的键槽、螺栓孔、飞轮齿圈及烧蚀的活塞头等。如 B&W 型柴油机活塞顶部喷油器喷油方向对应部位烧蚀尚不严重时,可将活塞安装位置转过 90°角,使烧蚀部位避开喷油方向而继续工作。

零件修复工艺的应用

任务 6.3　焊补工艺

6.3.1　焊补工艺的类型、特点和应用

焊补工艺是船机零件的修理方法之一,对于零件的裂纹、断裂、严重磨损、腐蚀和烧蚀等损坏零件的修理有其独特的作用。焊补工艺分为焊接和堆焊两种,可采用手工电弧焊或气焊等方法实施焊补。

焊补工艺的特点:成本低、工时少、效率高,不受零件尺寸和修复场地等的限制。堆焊层与零件基体结合强度高,在船上常用于应急修理,但焊补时零件温度高,易引起零件金相组织产生变化导致变形和裂纹。不易修复精度较高、细长及较薄的零件,特别是铸铁件的焊补要小心。为保证修理质量,要求焊前预热,焊后退火。

6.3.1.1　焊接

焊接(Welding)是通过加热或加压,或加热与加压同时并用,使金属零件在连接处达到原子间的冶金结合,形成永久性连接的一种工艺。焊接方法根据施加能量不同分为熔焊和压焊两大类。

(1)熔焊:用加热使金属熔化的方法进行焊接,分为气焊、电弧焊、电渣焊等。

(2)压焊:用加压或同时加压和加热的方法进行焊接,分为摩擦焊、接触焊、爆炸焊等。

修船厂通常选用气焊和电弧焊修理损坏的零件。例如,应急焊接断裂的曲轴和曲轴裂纹、焊接修理螺旋桨桨叶裂纹等。

6.3.1.2　堆焊

堆焊(Built-up Welding)是用熔化焊条的方法在零件损伤表面上熔覆一层或多层金属的方法。堆焊一般采用熔焊。堆焊工艺适用于修补零件大面积磨损、腐蚀破坏,或补偿较大尺寸偏差以恢复零件原有尺寸。为了保证堆焊修理的质量应注意以下几点:

(1)堆焊前零件待修表面清除油污、锈痕,使露出金属光泽。

(2)预热,依零件材料和焊条确定预热温度。

(3)依零件材料和对表面性能的要求选择焊条。

(4)堆焊时采用分段多层堆焊法和逐步退焊法。分段多层堆焊法是把长焊层分成若干

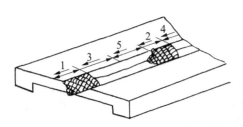

图 6-6　分段多层堆焊及逐步退焊示意图

短焊层,然后分段一层层堆焊;逐步退焊法是把长焊道分成若干段短焊道,每段由后向前退焊。以上两种方法在堆焊时零件受热均匀,可大大降低热应力和热变形。图 6-6 为分段多层堆焊及逐步退焊示意图。

多道焊堆焊时,各焊道应有一定的重叠,多层焊堆焊时,焊层之间依焊道方向成 90° 重叠,如图 6-7 所示。

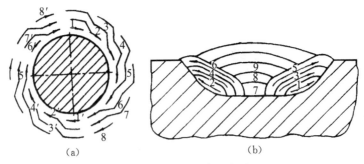

图 6-7　堆焊顺序示意图

(5) 零件堆焊后进行消除应力的低温退火和机械加工。

6.3.1.3　堆焊工艺的应用

目前,利用堆焊工艺对损坏的零件进行局部或整体翻修的修理方法获得广泛应用,它不仅使零件恢复使用性能,还可根据要求堆焊特殊金属材料使零件具有特殊的理化性能和提高机械性能。船用主、副柴油机的活塞、活塞杆、气缸盖、排气阀、阀座和机架,船用螺旋桨等均可进行局部或整体翻新。堆焊翻新修理适用于钢、铸铁和铜、铝等有色金属及其合金。

1) 柴油机铝活塞翻新工艺

(1) 清洁除污:用清洗剂除去铝活塞表面的油污和积炭。

(2) 检验:检测活塞外圆、环槽及各有关尺寸,测量活塞烧蚀及损坏情况。

(3) 粗车:将活塞预修理的部位、环槽、顶部和外圆进行粗加工,去除疲劳金属层,清除裂纹等。

(4) 探伤:将活塞顶部、环槽和外圆等部位打磨干净,然后进行着色探伤,确定顶部、环槽和外圆等部件完全没有裂纹为止。

(5) 预热:将铝活塞均匀加热至 120～150 ℃。

(6) 堆焊:采用氩弧焊机、铝焊丝对环槽、顶部、外圆及缺损部位进行堆焊,留 2～3 mm 的加工余量,焊后缓慢冷却至常温。

(7) 精车:严格按图纸要求进行精车,使活塞的尺寸、位置精度和粗糙度达到图纸规定要求。

(8) 检验:进行活塞各部位的尺寸、位置精度测量。

最后清除残留焊渣及毛刺,进行抛光和包装,使损坏的铝活塞得到翻新。

2) 铸铁活塞头翻修

大型活塞头翻修工艺与上述基本相同。在清洁、检验、粗车和探伤后进行 100～200 ℃温度范围的预热，先用手工电弧焊在活塞头上的裂纹和气孔等处堆焊，然后用自动电焊机堆焊并留 3～4 mm 加工余量，焊后缓慢冷却至常温；精车加工活塞头部，达到图纸要求的尺寸、形状精度后，在环槽的上、下表面镀铬 0.20～0.30 mm，并进行磨削，使环槽具有要求的尺寸精度；最后进行修整、检验等。

6.3.2 铸铁件的焊补修理

在船机零件中铸铁件占了很大的比例，且许多是属于重要零件。铸铁件由于焊补后容易产生裂纹，为人们所畏惧。铸铁零件焊补难以保证质量的原因主要有如下情况。

（1）铸铁含碳量较高（一般为 2.5%～4.0%），焊补时，铸铁熔化后冷却，由于冷却速度较大易产生白口（Fe_3C），且白口收缩大；铸铁塑性很低，而焊补时热应力很大；铸铁中含有较多的硫、磷（一般含硫 0.02%～0.2%、含磷 0.01%～0.5%）不仅引起脆性，而且促进白口生成。这些都会造成焊补后零件产生裂纹。

（2）铸铁中的碳以片状石墨形式存在，焊补时石墨被高温氧化生成 CO 气体，使焊缝金属易产生气孔或咬边。

（3）作为摩擦零件使用时，铸铁组织中浸透油脂，一般难以除去，焊补时使焊缝中产生气体，形成气孔。

（4）铸铁零件在铸造时产生的气孔、缩松、砂眼等也容易造成焊补缺陷。

铸铁焊补方法通常采用电弧焊、气焊和钎焊。按铸铁是否预热可分为冷焊、热焊和半热焊等。

6.3.2.1 铸铁冷焊法

冷焊法是铸铁零件整体温度不高于 200 ℃时进行焊补的方法。冷焊法的特点是方法简便，焊补速度快，零件变形小。缺点是易产生淬硬组织而出现白口，所以对焊补技术要求高，工艺要求严格，以免产生裂纹和气孔。冷焊法常用手工电弧焊，采用小电流、细焊条断续焊、锤击焊缝等措施来减少焊缝的白口组织和裂纹。

铸铁件的冷焊修理工艺如下。

（1）清除焊补零件表面的油污、铁锈等杂质。

（2）在裂纹前端距裂纹终点 3～5 mm 处钻止裂孔。

（3）在裂纹上开坡口。

（4）焊前用氧乙炔焰对施工部位烘烤，预热温度为 200 ℃左右。

（5）尽量选用小直径焊条，并且焊条应在 150～250 ℃温度下保温 2 h 烘干。

（6）用直流电焊机焊接，并用细焊条低电流施焊，通常其电流比焊接钢结构的焊接电流小 10%～20%，以减少母材的熔化量。

（7）选择电源极性，直流焊接时宜采用反接，以减少焊接时对工件的热影响。

（8）焊接场地宜选择干燥无风处；施焊时采用断续焊，每段焊道不应超过 50 mm；每焊完一段熄弧，并立即用小锤连续锤击焊道以使应力松弛，锤击要均匀适度。

（9）焊后处理，缓冷或低温退火处理防止出现白口。

6.3.2.2　铸铁热焊法

铸铁件的热焊法是先将工件预热至 600 ℃ 左右再进行焊接,焊后要加热、保温、缓冷。焊接时可采用电弧焊或气焊。焊接过程中温度保持在 400 ℃ 左右,焊后缓冷,工件温度均匀,能得到质量优良的焊缝或堆焊层。适用于箱体、气缸体、气缸盖等结构较复杂的铸铁件的修复。其缺点是需要加热与保温设备,工件整体预热会产生较大变形。

铸铁件热气焊工艺要点如下。

(1) 修复区除油及氧化物,钻止裂孔,开坡口。

(2) 焊件预热至 600～650 ℃。

(3) 焊炬的火焰调为中性或微碳化焰。

(4) 选择焊条、焊剂。当铸件中 W_{si}<2.5% 时,选用 QHT-1 焊条,其他可选用 QHT-2 焊条。焊剂常选用 CJ201。

(5) 焊后需回火处理,以 100 ℃/h 速度加热至 540～570 ℃ 后,保温 3～6h,随炉以 30～50 ℃/h 速度冷却至 150～200 ℃,取出空冷。

6.3.2.3　铸铁件的钎焊修复工艺

1) 钎焊

采用比母材熔点低的金属材料作钎料,将焊件和钎料加热到高于钎料熔点、低于母材熔点的温度,使液态钎料润湿母材填充接头间隙,并与母材相互扩散而连接焊件的方法称为钎焊。

钎焊分为硬钎焊和软钎焊。钎料熔点高于 450 ℃ 的钎焊称为硬钎焊;钎料熔点低于 450 ℃ 的钎焊称为软钎焊。常见的硬钎焊有铸铁件的黄铜钎焊,软钎焊有铸铁件的锡铋合金钎焊。

钎焊的优点:与熔化焊相比,焊件加热温度低,不会产生白口,变形小,组织与力学性能变化小,可连接异种金属材料。其缺点:焊缝强度较低。钎焊适用于强度要求不高的零件的裂纹、断裂的修复,尤其适用于低速运动零件的划伤、表面局部缺陷的修复。

2) 铸铁件的黄铜钎焊修复

小型铸铁件或大型铸铁件的局部多采用黄铜钎焊。钎焊时,利用氧气-乙炔火焰加热母材与熔化钎料,因母材虽经高温但未熔化,所以接头处不会产生白口,也不会产生裂纹。

修复过程:清洁修复部位,除去油污、铁锈等;选钎料和钎剂;常用钎料为铜锌合金,如 HU102、HU103、HU104、62 黄铜(H62)等;钎剂常用的有 CJ301。调整火焰,用弱氧化焰进行钎焊,并在焊后机械加工。

黄铜钎焊修复铸铁件的缺点是钎料与母材颜色不一致。

6.3.3　焊补注意事项

6.3.3.1　电焊时注意事项

(1) 严格遵守电焊机的使用操作规程,开机时应逐步启动开关,不可过快,注意防止焊夹和焊条碰地。

(2) 经常注意检查焊机温度及运转是否正常。禁止在施焊时调整电流。

（3）禁止在运转中的机电设备、起重用的钢丝绳、乙炔氧气管或钢瓶上通过电焊线。

（4）电焊完毕或较长时间停焊应切断焊机电源。

6.3.3.2 气焊时注意事项

（1）连接各部分焊具前，应先吹净阀口，检查并确认各阀门并无漏气。任何时候，气瓶阀口和焊枪喷嘴均不应对人。

（2）连接胶管时（尤其应注意焊枪一端）要注意颜色标志，接氧气的应是蓝或黑色，接乙炔的应是黄色或红色，不能反接。

（3）胶管要牢固，接口要紧密，不宜用铁丝捆扎胶管接口，以防扎孔或断裂。烧焊时胶管不应拉得过紧，并尽量远离火焰和焊件。

（4）一般情况下，气瓶总阀的开度不应超过 1/2，以便应急关闭。

（5）气焊结束后，应先关掉焊枪上的控制阀，然后关闭气瓶总阀。

（6）点火、熄火和回火：

① 点火：打开钢瓶上的阀门，转动减压器的调节螺丝，将氧气和乙炔调到工作压力（氧气为 0.3～0.5 MPa，乙炔为 0.01～0.05 MPa）。然后打开焊枪上的乙炔阀门，稍开氧气阀，在喷嘴的侧面点火。点着后慢慢开大氧气阀，将火焰调到中性焰（或碳化焰、氧化焰）。

中性焰（Neutral Flame）的焰芯较圆且呈蓝白色，轮廓清楚，外焰中长呈淡橘红色，如图 6-8(a)所示。中性焰常被用来焊接低碳钢材料，因为它对金属有还原作用，改善焊缝组织，提高焊缝质量。

碳化焰（Carbonizing Flame）的焰芯较长且尖，呈绿白色，轮廓不清楚，外焰很长呈橘红色，如图 6-8(b)所示。碳化焰常被用来焊接铸铁、高碳钢和硬质合金钢。因为碳化焰中过剩的乙炔，被分解出碳，可以渗透到工件中去，补充工件在焊接中被烧损的碳，从而保证焊接的强度。

氧化焰（Oxidizing Flame）的焰芯短小且呈蓝白色，外焰看不清，如图 6-8(c)所示，同时发出急剧的"嘶嘶"声响，常被用来焊接黄铜材料。因为当温度达 930 ℃时，黄铜中会蒸发出锌气，氧化焰中过剩的氧化锌化合生成氧化锌薄膜，覆盖在熔池表面上，防止锌继续蒸发，保证焊接质量。

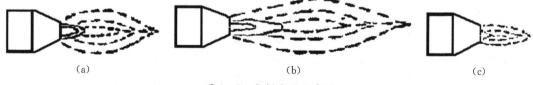

图 6-8 气焊火焰示意图
(a)中性焰；(b)碳化焰；(c)氧化焰

② 熄火：先将氧气阀减小，再将乙炔阀关闭，火即熄灭。然后关闭氧气阀（如使用切割炬时，则应先关切割氧气阀，再关乙炔和预热氧气阀）。

③ 回火：施焊中有时会出现爆响，随之火焰熄灭，同时焊枪有吱吱响声，这种现象称回火。如遇回火，应迅速将胶管曲折握紧，先关闭乙炔阀，回火即可免除。处理回火时动作要

迅速、准确,防止气瓶爆炸酿成重大事故。

任务 6.4   黏接修复

利用黏接剂对表面的物理吸附力和黏接剂固化后对表面的机械连接力等作用,将两个相同或不相同材料的物体牢固地黏接在一起,使其恢复使用性能的方法,称为黏接修复(Adhesion)技术。用胶黏剂修复损坏的船机零件成功地解决了某些用其他方法无法修复的零件的维修问题,使之恢复使用。另外,利用胶黏剂还可进行装配工作和使零件保持密封性要求,从而使修造船工作中的某些装配工艺大大简化,生产率明显提高。

6.4.1 有机黏接修复技术

6.4.1.1 有机黏接修复技术的特点

有机黏接与传统的铆接、键连接、螺纹连接和焊接等工艺方法相比,具有以下特点。

(1)黏接力强、黏接强度较高,但不如焊接和铆接。

(2)黏接时温度低,固化时收缩小,所以黏接后零件不会产生变形和裂纹,也不破坏零件材料的性能。

(3)黏接后胶缝耐腐蚀、耐磨和具有密封性,有的胶缝还具有隔热、防潮和防震的性能。

(4)黏接技术不受零件材料的限制,相同或不同的金属或非金属材料均可黏接,同时不会增加零件重量。

(5)工艺简单,操作方便、灵活,成本低,生产率高。

(6)胶黏剂不耐热,一般在 50 ℃以下使用;有的也可在 150 ℃以下长期使用,某些耐高温的胶黏剂也只能达到 300 ℃。

(7)抗冲击性能和抗老化性能差。

6.4.1.2 有机胶黏剂(Organic Adhesive)的选用

黏接质量与胶黏剂的选用得当与否关系极大,所以选用胶黏剂应注意以下几点。

(1)掌握被黏接物的种类、性能、表面状态、裂纹缝隙大小和修复要求等情况。

(2)了解胶黏剂的性能特点,如黏度、黏接强度、使用温度、耐蚀性、耐水性等。

(3)根据黏接目的和用途选用胶黏剂。例如,有密封性要求的场合应选用密封胶。

(4)根据黏接零件工作时的受力情况和工作环境选用胶黏剂。

(5)考虑黏接工艺实施的可能性、经济性和胶黏剂的来源等情况。

常用胶黏剂的选择参见表 6 - 2。

表 6-2　胶黏剂选择表

材料名称	纸	织物	皮革	木材	尼龙	塑料ABS	增强塑料	聚氯乙烯PVC	橡胶	玻璃陶瓷	金属
金属	12、16	10、12、16、18	10、12、16、18、19	1、2、4、5、6、10、12、16	1、6、7、11、18、19	5、6	6、7、9	5、6、8	4、5、10、15、18	2、3、4、6	2、3、5、6、15
玻璃陶瓷	12、16	10、12、16、18	6、10、12、18	2、4、5、6、10、12	7、11	4、5、6	2、5、6	4、5、10	4、5、10、15	2、4、5、6、15	
橡胶	16	10、16、17	10、16、18	4、5、10、16	5	4、5、10	5、10、19	4、5、10	4、5、10、15、16		
聚氯乙烯PVC	5、12	5、10、14	4、5、10、12	5、12	5、7、19	4、5	5、7、19	8、18			
增强塑料	5、6、12、14	4、5、12、14	5、6	6、5	5、7	6、5	5、6、9				
塑料ABS	6、12	4、5	4、5	4、5	7、5	5、10、14					
尼龙	5、11	5、7、11、19	5、11	5、6、7、11	3、5、10、11、14、15						
木材	13、16	10、16、17	10、16、17、18	1、5、6、10、12							
皮革	16、17、18	10、16、17、18	10、12、13、16、17、18								
织物	12、13	10、12、14、16									
纸	12、13、14										

注：表中胶黏剂代号，1—酚醛-尿醛；2—酚醛-缩醛；3—酚醛-聚酰胺；4—酚醛-氯丁橡胶；5—酚醛-丁腈；6—环氧；7—环氧-聚酰胺；8—过氯乙烯；9—不饱和聚酯；10—聚氨酯；11—改性聚酰胺；12—聚乙酸乙酯；13—聚乙烯醇；14—聚丙烯酸酯；15—氢基丙烯酸酯；16—天然橡胶；17—丁苯橡胶；18—氯丁橡胶；19—丁腈橡胶。

6.4.1.3　有机胶黏剂在船机上的应用

1) 在安装中的应用

(1) 螺旋桨与艉轴的装配与连接。

为了简化螺旋桨与艉轴的安装，当沿海及内河船舶的螺旋桨直径 $D<4.5\,\mathrm{m}$ 时，普遍采用有键环氧树脂胶黏剂(Epoxy Adhesive)安装，即同时采用键连接与环氧树脂胶黏剂胶合

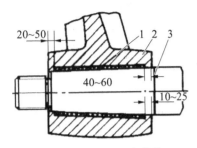

1—环氧树脂胶黏剂;2—螺旋桨;3—艉轴。

图 6-9   螺旋桨与艉轴的环氧树脂胶黏剂连接

连接。此时对桨毂锥体的接触要求、键和桨毂键槽的配合要求适当降低;小型船舶的螺旋桨直径 $D < 1.5$ m 时,则采用无键环氧树脂胶黏剂胶合安装。要求在桨毂锥孔两端长 40~60 mm 环形面积上与艉轴均匀接触,色油检查在 25 mm×25 mm 面积上沾点不少于 2 个。此种连接方式省去键和键槽及大量的刮研工作,如图 6-9 所示。

(2) 机座垫块。

主机机座在机舱中定位后,在机座与底座之间各要求位置安装一定厚度的铸铁垫块,并在工艺上要求垫块上下平面分别与机座下平面和底座(或固定垫块)上平面紧贴,色油沾点在 25 mm×25 mm 面积上不少于 2~3 点。所以,刮研垫块劳动强度高、工作量大、耗时多、效率低。为了改进机座安装工作,采用胶黏剂进行机座安装或采用塑料垫块代替铸铁垫块。

图 6-10 为用胶黏剂安装机座垫块,使铸铁垫块的厚度较要求尺寸少 0.5~1.0 mm,不需刮研垫块,只需在垫块上下表面和地脚螺栓孔涂以环氧树脂胶黏剂安装垫块和固定机座,不仅节省金属材料,更主要的是简化机座安装工艺,减轻了劳动强度和提高了效率。

(3) 密封垫片。

20 世纪 60 年代,国外开始使用高分子液态密封胶代替传统的固体垫片(如紫铜、橡皮、石棉、纸箔及白漆-丝麻等)作为连接件的密封材料。液态密封胶在常温下呈黏稠液态,涂在零件结合面上形成一层具有黏性、黏弹性的可剥性薄膜,其可填充结合面的不平,达到完全吻合,黏附于结合面,因弹性好而耐压,所以液体垫片具有良好的密封性。

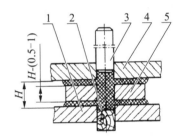

1—基座;2—木塞;3—定位棒;4—机座;5—铸铁垫块。

图 6-10   用胶黏剂安装机座垫块

液态密封胶用于各类泵、齿轮箱、空气压缩机等的法兰平面和结合面的密封;用于柴油机气缸套与气缸体、道门与机架的结合面;高压油管、水管和蒸汽管的接头和振动较大的锁紧螺母的防松上。例如,MAN 型柴油机气缸盖上下部分(上部为铸铁材料,下部为耐热钢)结合面间不密封,冷却水漏泄,采用 609 密封胶修理,取得良好效果。

2) 在修理中的应用

(1) 修复微动磨损的轴与孔。

具有过盈配合的轴与孔,因长期使用后产生微动磨损,造成配合松动而影响使用性能。例如,齿轮与轴的配合经长时间工作后出现松动,若采用轴颈表面压花、镶套或电镀的方法修复,不仅工艺复杂,而且成本高。采用胶黏剂修理方法效果好,工艺简单,成本低。又如,采用厌氧胶修理船用发电机轴与滚动轴承的配合松动、离心泵的泵轴与叶轮的松动等,均有明显效果。

（2）修复腐蚀损坏件。

由于电化学腐蚀造成的柴油机气缸套、气缸体的腐蚀，各类舱室和隔舱壁的腐蚀；由于穴烛造成的螺旋桨桨叶损坏、气缸套外表损坏等，均可在尚未危及零件强度的情况下采用胶黏剂进行修理。例如，某油轮 SulserRND76 主机的第二、第三缸的气缸体内壁上数条深 5 mm、宽 10 mm、长 800 mm 的腐蚀凹坑采用胶黏剂修理，时间短、费用低、质量好，经 0.4 MPa 水压试验无渗漏。

（3）修补裂纹。

一般与金属扣合工艺联合使用。柴油机气缸盖进气阀孔壁裂纹，船舶管系的裂纹、漏洞，油柜和水柜的裂纹或焊缝开裂等均可采用胶黏剂进行修补。

6.4.2 无机黏接修复技术

无机胶黏剂（Inorganic Adhesive）是以无机化合物（如硅酸盐、磷酸盐及氧化物等）为基料制成的胶黏剂，分为磷酸盐类和硅酸盐类胶黏剂。

6.4.2.1 无机黏接修复技术的特点

（1）无机胶黏剂大多是由固、液两相物质混合而成的一种黏性糊状物，且通常是水溶性的物质，毒性小、无公害，不燃烧。

（2）适用温度范围广，可在−183～3 000 ℃范围内工作，耐热性能好。

（3）采用无机胶黏剂进行套接、槽接，黏接时黏接强度高（常见的黏接接头形式如图 6-11 所示），但不适宜平接黏接。

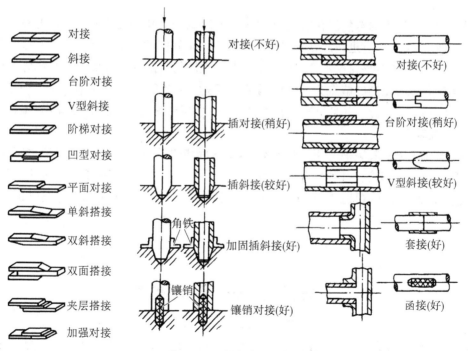

图 6-11 黏接接头示意图

（4）耐油、耐辐射，不老化，但不耐酸、碱，耐水性差。

（5）可在室温下固化，基本不收缩，稍有膨胀。

（6）无机胶黏剂脆性大，不抗冲击，黏接后的零件拆卸困难。

（7）无机胶黏剂的原料易得，价格低廉，黏接工艺简单，使用方便、灵活。

6.4.2.2　氧化铜无机胶黏剂

氧化铜无机胶黏剂是磷酸盐类胶黏剂的一种，是由正磷酸、氧化铜粉和氢氧化铝按一定比例和一定方法调制而成的，现用现配。黏接工艺如下。

1）表面处理

零件胶合表面的油污、锈斑必须清除干净，并要求胶合的表面粗糙度在 Ra 100～25 μm。

2）调胶

将氧化铜粉倒在铜制容器或铜板上（禁止在铁制容器里调胶），在氧化铜粉中央挖一凹坑，再将相应比例的磷酸-氢氧化铝[100 mL/（5～10g）]溶液倒入。然后用竹片或铜棒慢慢拌匀，2～3 min 后便成浓胶状。待其能拉成 10～30 mm 以上的长胶丝时即可使用。调胶时应控制好每毫升磷酸溶液中的氧化铜的克数。氧化铜粉的克数越大，黏接强度越高，固化速度越快。一般情况下每毫升磷酸溶液中加入 4～4.5 g 氧化铜较合适。

3）胶合

将调好的黏接剂均匀地涂在胶合面上。涂层的厚度一般控制范围为 0.1～0.3 mm，为保证胶合面贴合紧密，应对胶合面施以适当的压力。

4）烘烤

黏接件在室温下的自然固化时间为 24 h。由于磷酸-氧化铜无机黏结剂有吸湿性，且会降低黏接强度，黏接后应迅速放在干燥温暖的地方。最好能放入烘箱内，先用 50 ℃烘烤 1～2 h，再用 100 ℃左右烘烤 2 h 即可使用。经过及时烘烤的黏接件可获得较高的黏结强度。

氧化铜无机胶黏剂的熔点为 950 ℃，耐低温可达－183 ℃，可长时间在 500 ℃下工作，短时间在 700～800 ℃工作，并且具有较高的热稳定性、高绝缘性，耐油，但不耐酸、碱，黏接强度较低，脆性较大。

因此氧化铜无机胶黏剂适用于受力不大，不需拆卸的紧固连接，用于修补高温下工作的零件，可代替焊接、铆接及过盈配合连接等方法。如用于气缸体与气缸套配合面上大面积铸造缺陷（砂眼）的修补，机舱内各种管子的腐蚀泄漏以及增压器涡轮端壳体腐蚀的应急修理等。

任务 6.5　研磨技术

研磨（Grind）是精密和超精密零件精加工的主要方法之一，是精密零件加工制造的最后工序。研磨加工可使零件获得极高的尺寸精度、几何形状和位置精度，最高的表面粗糙度等级，提高了配合件的配合精度。零件的内外圆表面、平面、圆锥面、斜面、螺纹面、齿轮的齿面及其他特殊形状的表面均可以采用此种方法进行加工。船舶主、副柴油机燃油系统中的三对精密偶件：柱塞-套筒偶件、针阀-针阀体偶件、出油阀-出油阀座偶件的内外圆表面、圆锥面、平面在制造时都需要采用研磨进行精加工。在针阀-针阀体配合锥面磨损和柴油机的进排气阀配合锥面磨损后均需采用研磨技术进行修复，使配合面恢复密封性能。

灵活的研磨技术是进行精密零件修理的有效方法，尤其是在备件缺乏、时间紧迫的情况下此法尤为重要。例如，主副柴油机的喷油器故障大多是由针阀—针阀体偶件的锥面配合不良引起的，轮机人员须经常进行针阀偶件的研配工作。研磨技术在船上工作中是克服精密设备短缺，延长零件寿命，节省修理费用和保证船舶正常航行的有效工艺。

6.5.1　研磨原理

研磨是使零件与研磨工具在无强制的相对滑动或滚动的情况下，通过加入其间的研磨剂进行微切削和利用研磨液的化学作用，在零件表面生成易被磨削的氧化膜，从而加速研磨过程。研磨加工是机械、化学联合作用完成的精密加工。

6.5.1.1　零件与研磨工具的相对运动

零件与研磨工具的相对运动应不受外力的强制引导；运动方向周期变换；研磨表面上各点相对于研磨工具表面的滑动路程相等，以免引起误差和缺陷，达到零件表面纵横交叉的切削痕及均匀切削的目的。

6.5.1.2　研磨压力

在实际应用的压力范围内，研磨效率随压力增加而提高。研磨压力取决于零件材料、研磨工具材料和外界压力等因素，一般通过实验确定。研磨压力过大研磨剂磨粒被压碎，切削作用减小，表面划痕加深，研磨质量降低；过小则研磨效率大大降低。常用的压力范围为 $0.05 \sim 0.3\,\mathrm{MPa}$，粗研宜用 $0.1 \sim 0.2\,\mathrm{MPa}$，精研宜用 $0.01 \sim 0.1\,\mathrm{MPa}$。

6.5.1.3　研磨速度

研磨速度会影响研磨效率，一定条件下，研磨速度增加将使研磨效率提高。研磨速度取决于零件加工精度、材质、重量、硬度、研磨面积等。一般研磨速度在 $10 \sim 150\,\mathrm{m/min}$。速度过高，产生的热量较多，引起零件变形、表面加工痕迹明显等质量问题，所以精密零件研磨速度不应超过 $30\,\mathrm{m/min}$。一般手工粗研往复次数为 $30 \sim 60$ 次/min，精研为 $20 \sim 40$ 次/min。

6.5.1.4　研磨时间

研磨开始阶段，因研磨剂磨粒锋利，微切削作用强，零件研磨表面的几何形状误差和粗糙度较快得以纠正。随着研磨时间延长，磨粒钝化，微切削作用下降，不仅加工精度不能提高，反而因热量增加而质量下降。一般精研时间约为 $1 \sim 3\,\mathrm{min}$，超过 $3\,\mathrm{min}$ 研磨效果不大。

所以，粗研时选用较粗的研磨剂、较高的压力和较低的速度进行研磨，以期较快地消除几何形状误差和切去较多的加工余量；精研时选用较细的研磨剂、较小的压力和较快的速度进行研磨，以获得精确的形状、尺寸和最高的粗糙度等级。

6.5.2　研磨膏

研磨膏是在研磨粉中加入油溶性或水溶性辅助材料制成的。研磨膏在使用时需用研磨液稀释。

6.5.2.1　磨料

常用的磨料(Grinding Sand)是以 Al_2O_3 为主要成分的各种刚玉、B_4C、SiC 和 Cr_2O_3 等。磨料的种类和用途见表 6-3。

表 6-3　常用磨料的种类和用途

名称	代号	主要化学成分	颜色	硬度和强度	用途	
					加工方法	工件材料
棕刚玉	A	$92.5\%\sim$ 97% Al_2O_3	棕褐、灰褐,暗红	具有较高的硬度,韧性高,承受力大,锋利	粗研	各种碳钢、合金钢、铸铁、硬青铜
白刚玉	WA	$97\%\sim$ 98.5% Al_2O_3	白色	比棕刚玉硬,但韧性稍低,锋利、切削性好	粗研和精研	淬硬钢、高速钢、铸铁
黑碳化硅	C	$97\%\sim$ 98.5% SiC	黑色(半透明),深蓝	比白刚玉硬,性脆,锋利	粗研	青铜、黄铜、铸铁、大理石、玻璃等非金属材料
绿碳化硅	GC	$94\%\sim$ 99% SiC	绿色(半透明)	比黑碳化硅硬,但次于人造金刚石和碳化硼,锋利,性脆	粗研和精研	淬硬钢、硬质合金、硬铬、金刚石、硬度高的非金属材料
铬刚玉	PA	$97.5\%\sim$ 98% Al_2O_3	玫瑰红色	比白刚玉韧性好	粗研和精研	淬硬钢、工具钢、合金钢等韧性大的材料
立方碳化硅	SC	$87\%\sim$ 92% SiC	黄绿色	强度大,棱角锋利	精研	轴承钢、淬硬钢
碳化硼	BC	$85\%\sim$ 95% B_4C	灰色至黑色	比绿碳化硅硬而脆,但次于人造金刚石,颗粒能自行修磨保持锋利,高温易氧化	粗研和精研	硬质合金、硬铬、宝石、淬硬钢
人造金刚石	JR		灰色至黄白色	硬度仅次于天然金刚石,强度也稍低,自锐性好	粗研和精研	硬质合金钢、光学玻璃
氧化铬	Cr_2O_3		深绿色	质软,极细抛光剂	精研及抛光	铜、青铜、淬硬钢、铸铁
氧化铁		Fe_2O_2(或 FeO, Fe_2O_3)	红色,暗红	比 Cr_2O_3 软,极细抛光剂	抛光	淬硬钢、玻璃、水晶、铜
氧化镁			白色	质软	抛光	淬硬钢、玻璃、水晶、铜
氧化铈			土黄色	质软	抛光	淬硬钢、玻璃、水晶、铜

磨料的粒度是指磨料颗粒的尺寸大小,粒度号是根据 1 英寸长度上有多少个孔的筛网而定。按磨粒的颗粒尺寸范围和粒度号分为磨粒、磨粉、微粉和超微粉四种,如表 6-4 所

示。研磨加工仅使用粒度号为 100 以上的磨料,称为研磨粉。研磨加工常用的粒度号和所能达到的表面粗糙度分别如表 6-5、表 6-6 所示。

表6-4 磨料粒度号及对应的磨粒公称尺寸

种类	粒度号	基本颗粒尺寸范围/μm
磨粒	12	2 000~1 600
	14	1 600~1 250
	16	1 250~1 000
	20	1 000~800
	24	800~630
	30	630~500
	36	500~400
	46	400~315
	60	315~250
	70	250~200
	80	200~160
磨粉	100	160~125
	120	125~100
	150	100~80
	180	80~63
	240	63~50
	280	50~40
微粉	W63	63~50
	W50	50~40
	W40	40~28
	W28	28~20
	W20	20~14
	W14	14~10
	W10	10~7
	W7	7~5
	W5	5~3.5
超微粉	W3.5	3.5~2.5
	W2.5	2.5~1.5
	W1.5	1.5~1.0
	W1.0	1.0~0.5
	W0.5	0.5 及更细

表6-5 常用磨料粒度范围

加工方法	粒度	应用
粗研磨 精研磨	100~240 240~W14	一般零件研磨
粗研磨 半精研磨 精研磨	W14~W10 W7~W5 W5 以下	精密零件、量具、刃具的精密研磨

表6-6 常用磨料加工能达到的表面粗糙度范围

加工方法	磨料粒度		能达到的表面粗糙度/μm
粗研磨	磨粉	240~280 280~40	Ra0.20 Ra0.10
半精研磨	微粉	W28~W20 W20~W14 W14~W10	Ra0.10 Ra0.05 Ra0.025
精研磨		W7 W5	Ra0.012 Ra0.008

磨料的研磨性能与其粒度、硬度和强度有关。磨料的硬度是指磨料表面抵抗局部塑性变形的能力。研磨加工就是利用磨粒与零件材料的硬度差来实现的,所以磨粒硬度越高,切削能力越强,研磨性能越好;磨料的强度是磨粒承受外力不被压碎的能力。磨粒强度越高,切削力越强,寿命越高,研磨性也越好。若以金刚石的研磨能力为标准,设为1,其他磨料的研磨能力为碳化硼0.50、绿碳化硅0.28、黑碳化硅0.26、白刚玉0.12、棕刚玉0.10。

6.5.2.2　研磨膏

研磨膏(Grinding Paste)分为油溶性和水溶性两大类。

油溶性研磨膏使用时需用航空汽油、煤油或其他油类研磨液稀释。油溶性研磨膏可使加工表面获得最高粗糙度等级和精确尺寸;水溶性研磨膏使用时需用水、甘油等研磨液稀释,研磨后需用水、酒精等将零件洗涤干净。研磨膏用研磨液稀释后才能进行研磨加工。研磨液应具有一定的黏度和稀释能力才能黏吸磨料并使之均匀,具有较好的润滑和冷却能力,且具有化学活性和无腐蚀性,以加速研磨的化学作用。

研磨膏是一种重要的表面光整加工材料。常用的研磨膏有氧化铬、氧化铝、碳化硼、碳化硅、氧化铁等。

研磨分为粗研、半精研、精研三种。粗研可选用W14~W10的氧化铝研磨膏;半精研选用W7~W5的氧化铬研磨膏;精研和偶件互研时选用W5以下的氧化铬研磨膏。

6.5.2.3　研磨工具

研磨是精密零件加工制造的最后工序,也是精密零件的修复方法。进行研磨的零件材料可以是经淬火或未经淬火的碳钢、合金钢、硬质合金钢,也可以是铸铁、铜及其合金等有色金属,或玻璃、水晶和塑料等非金属材料。研磨时,研具的几何形状精度直接影响零件表面的加工精度。因此,对研具要求较高,不仅要制造精度高,而且要耐磨。

研具分为手工研具和机械研具。按研具工作表面形状可分为研磨平板、研磨尺、研磨盘、研磨棒、研磨套和研磨环等;按用途可分为平面、外圆、内孔、锥面、球面、螺纹、齿轮等研磨工具。研磨工具的材料一般有灰铸铁、低碳钢、铜、铝、木材、丝绸和皮革等。

零件外圆或内孔研磨时,分别用机床夹持零件或研磨棒,使之按一定转速回转,然后用手握住研磨套或零件,涂上研磨膏使磨粒随研磨工具做往复和回转运动进行研磨切削。

配合件的配合面磨损、腐蚀用研磨进行修复时,则采用配合面上涂研磨膏使之相对运动,相互研磨即互研。

6.5.3　船机零件的研磨修复

在船上,当配合件磨损失效后,轮机员可以研磨修复,例如柴油机的进排气阀和燃油系统的精密偶件等。常用的研磨方法如下。

6.5.3.1　平面研磨修复

当船机零件工作表面或其他配合面为平面的配合件发生磨损或腐蚀时,如果零件尺寸较小和研磨要求不太高,可以在精度高的研磨平板上手工研磨修复。研磨平板是带有交叉沟槽(深度为1.5~2 mm)的铸铁板。

研磨前,先将零件加工表面和平板清洗干净,将研磨剂均匀涂于零件待修表面上,并放于研磨板上;研磨时,用手按住零件,沿"8"字形轨迹运动,使磨痕交叉以提高表面粗糙度等级;研磨一段时间后,将零件转动一定角度再继续研磨。一般圆形零件转 120°,方形零件转 90°,矩形零件转 180°,使研磨均匀。

针阀体端面发生腐蚀、套筒端面密封不良均可以在平板上研磨修复,如图 6-12 所示。研磨时根据腐蚀、磨损情况,即研磨量的大小确定研磨工序和选用研磨膏。当研磨量大,就需要先进行粗研、再精研。一般选用氧化铝研磨膏粗研,氧化铬研磨膏精研。按"8"字形轨迹在研磨平板上滑动,直至零件端面呈均匀暗灰色为止。清洗后,再与相对应的配合平面互研,使之吻合。互研时只需加润滑油而不需研磨膏。

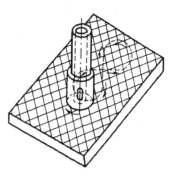

图 6-12   高压油泵筒套端面的研磨

6.5.3.2   锥面研磨修复

喷油器针阀偶件的锥面配合面和进排气阀的阀面磨损、腐蚀后,在船上条件下采用互研方法进行修复。

针阀偶件锥面磨损后锥面上环形密封带(正常宽度为 $0.3\sim0.5$ mm)变宽或中断、模糊不清时,采用互研修复。一般选用极细的氧化铬研磨膏或润滑油进行手工互研。先在针阀锥面上放少量研磨膏,准确迅速插入到针阀体座面,严防研磨膏黏到内圆表面上以免破坏内孔精度。一手握针阀体,另一手拿针阀,适当施力使二者相对左右转动,相互研磨,直到针阀锥面上出现细窄光亮环形密封带为止。研磨中,依针阀锥面磨损情况可先用研磨膏互研再用润滑油互研,或只用润滑油直研。最后进行雾化试验以检验针阀密封性。

任务 6.6   电镀工艺

所谓电镀(Electroplating)是利用电解原理使金属或非金属零件的表面上镀覆一层均匀致密、结合力强的金属沉积层的过程。它是一种修复工艺,也是一种强化工艺。电镀工艺广泛应用于修船,例如活塞环槽、缸套镀铬,曲轴镀铁等。

电镀分有槽电镀和无槽电镀——快速电镀。有槽电镀是以被镀零件作为阴极,欲镀金属作为阳极,并使阳极的形状符合待镀表面的形状。电镀槽一般采用不溶金属或非金属,如铅、铅锑合金、塑料等。电镀液是所镀金属离子的盐溶液。

6.6.1   镀铬

镀铬是将被镀的零件作为阴极,接直流电源的负极;以不溶性的铅或铅锑合金作为阳极,接直流电源的正极;用铬酐(CrO_3)和硫酸(H_2SO_4)制成电解液;通电后,电解液中的金属铬离子移向阴极,在阴极上获得电子还原成金属铬镀层,沉积在被镀零件的表面形成镀铬层。在零件表面沉积镀层的同时,还有氢气析出。

6.6.1.1   镀铬层的种类

按镀层性质可分为两大类。

1) 防护-装饰性镀铬

这种镀层主要用于保护零件的基体金属免受腐蚀,或使零件表面美观。

2) 耐磨性镀铬

这种镀层除了可以增加机械零件的表面硬度、提高耐磨性、延长使用寿命外,还可以用来修复已磨损的机械零件。镀层类型又可分为下面两种。

(1) 硬质镀铬。

硬质镀铬是一种镀层硬度高、耐磨性好、具有一定韧性的光泽镀铬层。当电解液浓度不变时,改变电解液的温度和电流密度可获得 3 种不同的镀铬层:灰色镀铬层、光泽镀铬层和乳白色镀铬层。灰色镀铬层是在较低的电解液温度和较高的电流密度下得到的,其硬度高(1 200 HV)、韧性差、有网状裂纹、结晶粗大,适用于刀具、量具的镀铬。光泽镀铬层是在中等电流密度和中等的电解液温度下获得,此铬层硬度较高(900 HV)、韧性较好、内应力小、耐磨性好、结晶细致、表面光亮有网状裂纹,适用于修复磨损零件。当用于受冲击载荷的零件时,镀铬层应经除氢处理。乳白色镀铬层是在高温和低电流密度下获得的,此镀铬层硬度较低(400~700 HV)、韧性较好、网状裂纹少、结晶细致,经抛光后可呈镜面般光泽,适用于受冲击零件恢复尺寸的修理(如曲轴轴颈磨损后的修复)和表面装饰。

硬质镀铬层的表面储油能力差,不宜在润滑条件差和负荷太大的情况下使用。此外,工作温度不得超过 300 ℃,否则镀层硬度会因温度升高而降低。与之相配合的摩擦偶件的表面硬度不宜过高。新造零件镀层的单边厚度一般为 0.15~0.25 mm,修复零件的镀层厚度一般不超过 0.5 mm,适用于修复曲轴、燃油泵的柱塞及船舶主副机上的各种销轴等。一般仅对配合件之一镀铬。

(2) 松孔镀铬。

此种镀层表面呈网状或多孔状的孔隙,能吸附润滑油,改善了两个配合件的摩擦条件,降低了零件摩擦表面的磨损,提高了耐磨性。主要用于润滑不良、承受较大载荷的零件。适用于对气缸套、活塞环、活塞销等零件的修复或强化。

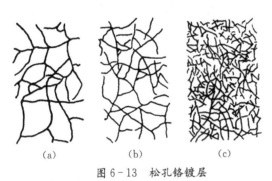

图 6-13 松孔铬镀层
(a)大沟纹网铬层;(b)中等沟纹网铬层;(c)小沟纹网铬层

松孔铬镀层耐磨性的好坏取决于网纹的密度、宽度和深度。如果裂纹密度及深度太小,分布稀疏,则达不到改善润滑条件的目的;相反,如果网纹太密,裂纹太宽,则会使摩擦面的承压面积减少,导热性差,工作条件恶化。实践证明,较好的网纹是宽度小于 0.06 mm,深度为 0.04~0.09 mm,孔隙率为 25%~35%。所谓孔隙率是以镀铬表面网纹或点状孔隙所占的面积与镀铬层总面积之比的百分率。图 6-13 所示为松孔镀铬层的沟纹。

松孔铬层的厚度对零件使用寿命影响很大。厚度大则使用时间较长,但随着厚度增大,铬层脆性增大,疲劳强度也大大降低,故其厚度应根据柴油机载荷、速度以及工作期限等来选择。气缸套松孔铬层厚度一般采用 0.15~0.25 mm,修理时采用 0.2~0.4 mm,甚至超过 0.5 mm。活塞环松孔铬层厚度一般采用 0.10~0.15 mm,大型柴油机活塞环镀层厚度可达到 0.25～0.4 mm,以满足其使用期限的需要。

松孔镀铬层形成的方法有以下几种。

① 机械松孔:将工件表面在镀铬前先用铣刀、金属喷丸或其他专用工具滚压出许多有规则的凹坑或小孔,再镀铬。这时铬镀层表面是原来零件表面外形的复制,保留原有加工的痕迹。

② 电化学松孔:是在已镀铬的工作表面上罩以带孔的衬套,再在镀槽中进行阳极浸蚀(零件作阳极),小孔中的铬层被腐蚀,形成小孔或凹坑。

③ 周期换向松孔:是在镀铬过程中,零件每镀 15 min,交换阴阳极,进行很短时间的阳极处理后再继续在零件表面镀铬。在阳极处理时,厚镀铬层上网纹槽的边缘会先溶解,使网纹逐渐加宽加深,形成松孔镀铬层。

6.6.1.2　镀铬的特点

(1) 镀铬层的硬度和强度高,铬层硬度一般为 400～1 200 HV,加热至 300～500 ℃时硬度也无明显变化。摩擦系数小,具有较高的耐磨性,一般可提高零件寿命 2~50 倍。铬层的强度随其厚度增加而降低,这是由于镀铬过程中晶体组织转化和氢气渗入使镀铬层产生很大的内应力,使脆性随厚度增加而增大。

(2) 镀铬工艺对零件材质的适应性好,镀铬层与钢质、铸铁、铜等基体金属都具有较高的结合强度。

(3) 镀铬层具有较高的化学稳定性,在大气中能长期保持光泽。

(4) 镀铬层不能太厚,一般情况下新制零件的镀层单边厚度为 0.1～0.25 mm;修复零件的镀层单边厚度为 0.5 mm 以下。

(5) 镀铬是在低温下(55～65 ℃)进行,对零件材料的组织和性能无影响,也不会产生变形、开裂等缺陷。

(6) 镀铬层的沉积速度较慢,生产效率低而成本高。镀铬过程中有大量气体析出,带出铬酸,危害人体皮肤、眼睛和呼吸道,污染环境。

6.6.1.3　镀铬工艺

1) 镀前的机械加工

镀前机械加工的目的是使被镀零件表面具有正确的几何形状。经加工后的表面粗糙度一般要求 Ra 1.6 μm。镀前表面粗糙度数值越小,镀层结合强度越高,镀层也越细洁。机械加工好的表面,不允许存在孔眼、裂纹和夹杂等现象。因为镀铬后这些缺陷仍不能消除,在某种程度上反而有所发展。

镀前的机械加工通常为磨削及抛光。磨削后零件表面产生薄氧化膜,有时会使铬镀不上去。此外,磨削加工零件表面附着许多细小的金属颗粒,随着铬镀层的加厚,颗粒也增大,造成零件镀铬后表面很粗糙,颗粒很多,因此磨削加工后应进行表面抛光。

2) 被镀零件表面的清洗除油

用有机溶剂如汽油、四氯化碳或丙酮等清除油垢后,再用碳酸钙粉末涂于被镀零件表面脱脂。

3) 零件不镀铬表面的绝缘与封孔

浸入电解液的零件,其不镀铬表面以及挂具,应用绝缘材料(如氯乙烯塑料带、聚氯乙烯

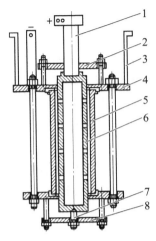

1—气缸套极心铜；2、8—绝缘物；3—撑铁；4—铁板；5—气缸套；6—铅锑合金阳极；7—定位器。

图 6-14　气缸套镀铬挂具

薄膜等)绝缘,不镀铬的孔用铅封住。

4)装挂具并配阳极

挂具必须有足够的导电面积,和被镀零件应有良好的接触面,以便能通过足够的电流。挂具和被镀零件装好后,应使零件被镀表面各部分与阳极的距离基本相等,在不影响电解液流畅的情况下,应尽可能近一些,一般为 25～50 mm。阳极的形状通常要求与被镀零件相似。如图 6-14 所示为气缸套镀铬挂具。

5)被镀零件表面入槽前酸洗除油

零件入槽前应再一次用硫酸或盐酸溶液洗刷清除表面的氧化膜,用水冲洗后再用 40～60 ℃的碳酸钠饱和溶液除油及中和残留酸液,最后用流水冲净。

6)零件预热及阳极侵蚀

零件入槽后,先预热 5～15 min,再进行阳极侵蚀(短时间的反镀),使镀铬表面进一步裸露金属组织,这对保证铬镀层与基本结合强度起决定性作用。不同的材料阳极侵蚀的时间和电流密度各异。铸铁零件不进行阳极侵蚀或采用最短时间处理(5～10 s)。

阳极侵蚀后立即进行正镀,一般应先采用 75 A/dm² 的电流密度进行大电流冲击,经过 60～90 s 后即可恢复正常的电流密度。

6.6.1.4　镀后表面处理及加工

1)热处理

由于镀铬过程中铬晶体组织转化和氢气的渗入产生了很大的应力,降低了零件的疲劳强度和增加了脆性。当镀铬层厚度超过 0.1 mm 时,应进行驱氢热处理,消除内应力,恢复零件的疲劳强度,提高韧性和与零件表面的结合强度。热处理可在矿物油里或烘箱中进行,温度为 180～200 ℃,保温 2～3 h 即可。

2)机械加工

镀铬后机械加工的目的是消除镀层偏差,达到零件所需的尺寸精度、正确的几何形状和表面粗糙度要求。对于硬质镀铬层常采用磨削加工,而对于松孔镀铬层应采用细粒度的油石进行珩磨加工。

6.6.2　镀铁

镀铁又称镀钢,是在常温下的氯化亚铁电解液中以工业纯铁或低碳钢板作为阳极、被镀零件作阴极,依次经过不对称交流电起镀、不对称交流电过渡镀和直流镀,使被镀零件表面牢固地沉积一层硬度高的铁镀层,以恢复磨损零件的尺寸。目前低温镀铁工艺在船机维修中得到广泛应用,船用柴油机的曲轴、活塞杆、十字头、活塞销、阀杆、气缸套等零件磨损后均可采用低温镀铁工艺来修复。

6.6.2.1　镀铁工艺

1)镀前准备

(1)镀件检查。待镀件应无裂纹,有一定的精度和表面粗糙度。原来镀过铬的要退铬,原来经过渗碳淬火的要退火。

（2）除油污、除锈。用有机溶剂如汽油、丙酮等洗涤镀件表面除去油污。用"00"号细砂纸打磨镀件表面，除锈。

除锈后，将镀件浸入 $10\%\sim15\%$ 的苛性钠溶液中 $5\sim7\,min$，进一步除油脱脂。碱洗后要用清水冲洗干净。

（3）酸洗。将除油后的镀件，浸入 $10\%\sim30\%$ 的工业盐酸中 $2\sim5\,min$，以除去待镀表面的氧化膜。然后用清水冲洗干净。

（4）阳极刻蚀。在 30% 工业硫酸溶液中，以铅板作阴极、镀件作阳极，阴阳极面积之比为 $(4\sim8)：1$。常温下通以 $40\sim80\,A/dm^2$ 的直流电，电压为 $6\sim12\,V$，经过 $0.5\sim2\,min$ 后取出并立即用清水冲净。

（5）浸渍及预热。镀件入镀槽后，不通电，利用电解液中的盐酸将钝化膜溶解掉，并预热镀件，使镀件温度与电解液温度一致。

2）镀铁

镀铁分为起镀、过渡镀和直流镀三个阶段。

（1）不对称交流电起镀。根据电解液的浓度、温度，起镀时有效电流密度（$J_{有效}=J_{正}-J_{负}$）为 $2\sim4\,A/dm^2$。一般逐渐降低负半波电流，当正负半波不对称比 β 为 1.3 时，镀 $1\sim3\,min$，以获得应力小、硬度低、结合强度高的底镀层。

（2）不对称交流电过渡镀。起镀后均匀地改变不对称比 β，在 $4\sim5\,min$ 内将 β 从 1.3 变为 8，再镀 $5\sim10\,min$，使镀层应力与硬度均匀增加。防止由于应力剧增而造成镀层中间脱层现象发生。

（3）直流镀。过渡镀后在不断电的情况下把交流电转换成直流电。为了不产生冲击电流而影响结合强度，先把负半波电流降至零，把正半波也降低一些，再逐渐升高正半波电流，$3\sim5\,min$ 内调整到要求的电流密度。在达到所要求的镀层厚度后断电。

3）镀铁的特点

（1）镀铁层与基体金属的结合强度高，一般可达 $100\sim160\,MPa$，最高可达 $450\,MPa$。

（2）镀铁层晶粒细、硬度高，可达 HRC56～58，最高可达 HRC63。

（3）镀铁层沉积速度快，可达 $0.6\sim1.0\,mm/h$，生产效率高。镀厚能力强，一般单边可达 $2\,mm$，能满足多种零件的修复要求。

（4）电源为不对称交流电和直流电，电流效率高，可达 90%。

（5）电解液温度低（$20\sim40\,℃$），对零件材料的组织、性能无影响，也不会产生变形和裂纹等缺陷。

（6）电解液容易配制，成本低。有害气体少，对环境污染小。

4）镀后处理及加工

（1）钝化处理。镀后零件立即用清水冲洗，放入 $10\%\sim20\%$ 的苛性钠溶液中浸泡 $15\sim30\,min$，取出后再用清水冲洗干净。在镀层表面上生成一层很薄的碱性钝化膜，可防止镀层生锈。

（2）检查。仔细检查镀层表面，应无孔隙、麻点，厚度和硬度达到要求。

（3）热处理。将镀件放入 $180\sim200\,℃$ 的矿物油或烘箱中保温 $2\sim3\,h$，去氢，除内应力。

(4) 机械加工。可采用磨削工艺使镀件达到修理技术要求。

6.6.2.2 无刻蚀低温镀铁

用低温镀铁工艺来修复磨损零件的效果很好,但是镀前处理中采用阳极刻蚀处理,冲洗后的残酸不仅会污染环境而且若残酸冲洗不净带入电镀液后会影响镀铁层的质量和性能。近年来,为了克服阳极刻蚀处理的缺点和简化工艺,出现了无刻蚀低温镀铁新工艺,无刻蚀镀铁层结合强度高,质量稳定可靠,成品率高。

无刻蚀低温镀铁工艺过程:零件在镀前的表面活化处理是采用盐酸水溶液浸洗的方法,用腐蚀除去零件待镀表面的氧化膜。然后将零件放入电镀槽中,先进行对称交流电活化处理,再用不对称交流电起镀和过渡镀等。在 Fe^{2+} 沉积时,钢铁零件表面在经过电化学活化处理后呈现微融活化状态,因而不存在微观的沉积障碍物,形成产生了金属键结合与微晶体结构的高强度的镀铁层。

目前,无刻蚀镀铁工艺已广泛应用,尤其在修复磨损失效的柴油机曲轴方面成果显著,修复的曲轴长度可达 4 m 以上,使大量报废曲轴重新获得使用。此外,镀铁工艺还被用于修复其他的磨损、腐蚀的零件,例如,精密偶件、气缸套等。

6.6.3 电刷镀

电刷镀(Brush Electroplating)又称快速电镀、涂镀,是一种无电镀槽的快速电镀工艺。它是在常温和无电镀槽的条件下,对金属零件表面快速电化学沉积金属镀层,用于修复、强化和装饰金属零件表面。

6.6.3.1 电刷镀原理

电刷镀也是基于电解原理在零件工作表面上快速沉积金属形成镀层的工艺。刷镀不需电镀槽,只需将零件与直流电源的负极相接,镀笔与正极相接。刷镀时,将蘸满电镀液的镀笔在零件表面上移动,即用镀笔涂刷零件工作表面。在电场作用下,电镀液中的金属离子向零件表面迁移,并从表面获得电子后沉积其上形成镀层。所以,电刷镀是一种设备和工艺大为简化的电镀,如图 6-15 所示。

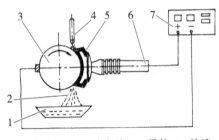

1—集液容器;2—电解液;3—零件;4—输液管;5—阳极和包套;6—镀零件柄;7—电源。

图 6-15 电刷镀示意图

6.6.3.2 电刷镀工艺

1) 设备与电镀溶液

电刷镀的主要设备是专用电源,采用无级调节电压的直流电源;常用电压范围为 0～50 V。

镀笔是电刷镀的主要工具,是由手柄和仿形阳极组成的。阳极为镀笔的工作部分,石墨和铂铱合金是理想的不溶性阳极材料,其中石墨应用最多,只有在修复划伤、小沟槽及狭窄的棱面时,由于阳极尺寸极小才用铂铱合金阳极。采用石墨阳极时在其外部包扎脱脂棉包套,目的是吸附和贮存电镀液,防止两极直接接触产生电弧烧伤零件表面和石墨粒子脱落污染电镀液。石墨阳极的形状依被镀零件表面形状而定。

电镀溶液是获得优质镀层和高生产率的关键。根据用途不同有以下三种溶液。

（1）表面预处理溶液。为了提高镀层与零件基体的结合强度，不仅要用一般的方法清洁零件表面，还必须进行严格的电化学处理，即进行电净处理和活化处理，因此需使用电净液和活化液。

电净液：在电净液中用电解的方法清除零件表面上的油膜和杂质污物称为电净处理。零件经电净处理后用清水冲洗。电净液为无色透明的碱性溶液，−10℃不结冰，腐蚀性小，可长期存放。

活化液：在活化液中用电解的方法除去零件金属表面的氧化膜称为活化处理。处理后零件表面露出金属光泽，有利于镀层与其结合牢固。活化液是无色透明的酸性溶液，腐蚀性小，可长期存放，循环使用。

（2）电刷镀溶液。电刷镀溶液是在被镀零件表面上沉积镀层金属的溶液，其金属离子含量高，并以有机络合物形式存在，所以稳定。电刷镀溶液一般分为酸性和碱性两大类。酸性溶液较碱性溶液的离子沉积速度快 1.5～3 倍，但绝大多数酸性溶液不适于材质疏松的金属材料，如铸铁，也不适用于不耐酸腐蚀的材料，如锡、锌等。碱性和中性溶液有很好的使用性，可获得细小晶粒的镀层，在边角、狭缝和盲孔等处有很好的均镀能力，无腐蚀性，适合在各种材料零件上镀覆。

（3）钝化液和退镀液。钝化液用于刷镀锌、镉层后的钝化处理，以提高镀层表面的抗腐蚀能力，常用的有铬酸钝化液、硫酸盐及磷酸盐钝化液等。退镀液用于除去不合格的镀层或损坏的镀层。操作时，工件接正极，工作电压 8～20 V。室温下操作时，只有铜的退镀液不需通电。若无专用退镀液，采用活化液在反向电流下操作，亦可退除各种镀层。

2）电刷镀工艺

（1）镀前准备。零件表面去掉飞边、毛刺，光滑平整，去除油污锈斑和疲劳层等。为此先用钢丝刷、丙酮清洁，然后进行电净处理和活化处理。

（2）打底层（过渡层）。为了进一步提高工作镀层与零件金属基体的结合力，选用特殊镍、碱铜等作为过渡层，厚度一般为 2～5 μm。然后再在其上面镀覆工作镀层。

（3）镀工作镀层。电刷镀工作镀层的厚度（半径方向上）为 0.3～0.5 mm，镀层厚度增加内应力加大，容易引起裂纹和使结合强度下降，乃至镀层脱落。但用于补偿零件磨损尺寸时，需要镀层厚度较大，为避免因厚度过大导致内应力增加，宜采用组合镀层，如图 6-16 所示。先在零件表面上镀打底层，再镀补偿尺寸的尺寸镀层，其间镀上不超过 0.05 mm 厚度的夹心镀层，最后镀工作镀层。

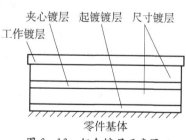

图 6-16　组合镀层示意图

6.6.3.3　电刷镀工艺特点

（1）设备简单，工艺灵活，不需镀槽，工件可大可小，尤其是可以在现场不解体而进行电刷镀修复。对于难以拆卸和难运输的大型零件，原地刷镀修复带来极大方便。

（2）简化了电镀工艺，零件上不需镀的部位不需包扎绝缘材料，节省材料和辅助工时。

（3）镀层与零件表面结合强度高。电刷镀镀层是在电化学和机械（镀笔与零件表面摩擦）的作用下沉积的，所以结合强度高于有槽电镀。

（4）镀层厚度可以精确控制，镀层表面粗糙度低，镀后一般不需加工，可直接使用。

（5）镀层沉积速度快，生产率高。由于电镀液的离子浓度高，电刷镀时零件与镀笔相对运动均有利于镀层的沉积，比有槽电镀的沉积速度快 5 倍以上。

（6）电镀液温度低，一般电镀液温度约 50 ℃，对零件无影响，不会产生变形和裂纹等。

（7）污染小，适用材料广泛。常用的金属材料均可采用此项技术。

目前我国修船行业已普遍采用电刷镀修复船机零件。电刷镀可以修复各种磨损、腐蚀和机械加工超差的船机零件。例如，活塞杆、增压器转子轴、电机转子轴、水泵轴和艉轴衬套等。

任务 6.7　金属扣合工艺

6.7.1　金属扣合工艺原理和工艺特点

6.7.1.1　金属扣合工艺原理

金属扣合工艺（Metal Lock）是利用高强度合金材料制成特殊的连接件，把机件的损坏处连接起来，使之恢复使用性能的修理方法。金属扣合工艺作为修理裂纹和断裂的方法被广泛应用，尤其对于难焊补的铸钢件和铸铁零件，不允许有变形的零件以及有色金属件，是一种最佳修理方法。船上许多大型机件（如主副柴油机的机座、机架、气缸体、缸盖等）以及各种机械的壳体和螺旋桨等的裂纹修复均可采用。近年来，金属扣合工艺与胶黏剂配合使用不仅增大连接强度，而且有利于保证修复零件的密封性。

金属扣合工艺的扣合键是修理裂纹零件的关键，通过扣合键的变形强化把裂纹拉紧，所以要求扣合键的材料强度高，塑性和韧性好，冷加工硬化性强，即材料冷变形后强度大大提高。受热零件用的扣合键材料的膨胀系数应略低于或等于零件材料的膨胀系数。扣合键材料一般多选用镍铬不锈钢 1Cr18Ni9、1Crl8Ni9Ti 等，冷变形后强度可提高 50%；也可选用普通低碳钢 10、15、20 号钢等，冷变形后强度可提高 20%；高温零件（如气缸盖）可选用含镍量高并与零件材料膨胀系数相近的高温镍基合金 Ni36、Ni42 等，其膨胀系数与铸铁相近，或选用 10、15、20 号钢。密封螺栓或圆柱销的材料与扣合键一样，但不重要的零件也可选用低碳钢或紫铜等较软材料。

6.7.1.2　金属扣合工艺特点

（1）在常温下完成修理，零件不变形，也不会破坏零件原有的形状、尺寸及位置精度。

（2）修复后的零件具有足够的强度和良好的密封性等。

（3）使用的设备和工具简单，便于原地现场修理，无需拆卸零件。

（4）不适用于修复厚度在 8 mm 以下的铸件及振动剧烈的工件。

6.7.2 金属扣合工艺的种类

6.7.2.1 强固扣合法

强固扣合法又称波浪键扣合法。它是在零件上垂直裂纹方向加工出一定形状和尺寸的波形槽,将与波形槽相吻合的扣合键——波浪键镶嵌其内,使键与槽之间有 0.1 mm 的间隙。常温下铆击波浪键,使之产生塑性变形而充满槽腔。由于波浪键与波形槽的相互啮合将零件裂纹拉紧而成牢固的一体,如图 6-17 所示。此法适用于修理裂纹处壁厚为 8～45 mm 的、有一般强度要求的零件。

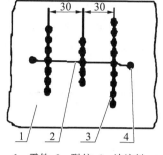

1—零件;2—裂纹;3—波浪键;4—止裂孔。

图 6-17 强固扣合法

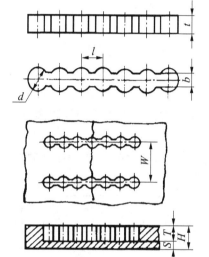

图 6-18 波浪键和波形槽尺寸

波浪键和波形槽如图 6-18 所示。其中波浪键的颈宽一般取 $b = 3 \sim 6$ mm,其他尺寸可按经验公式求得:

$$d = (1.2 \sim 1.6)b$$
$$l = (2.0 \sim 2.2)b$$
$$t = (1.0 \sim 1.2)b$$

波浪键的凸缘数一般取 5 个、7 个、9 个。如果条件允许,尽量取 7 个或 9 个凸缘的波浪键。凸缘个数多可以使最大应力远离裂纹处,但凸缘数过多会增加波浪键修整及镶配工作的难度。

波形槽的形状和尺寸与波浪键一致,只需使二者配合间隙保持在 0.1 mm,槽深 T 依零件壁厚 H 而定,一般 $T = (0.65 \sim 0.75)H$,并根据槽深放入一层或两层波浪键。

波形槽间距 W 可依经验法或计算公式确定。承受载荷不大的普通铸铁零件,波形槽间距为颈宽 b 的 5～6 倍,即 $W = (5 \sim 6)b$。承受较大载荷的高强度铸铁件,可依波浪键和零件材料的强度计算波形槽的间距 W。

$$W = b(H - S)(\sigma_R/\sigma_b + 1)/H \tag{6-1}$$

式中:S——零件上开波形槽后剩余的壁厚,mm;

H——零件壁厚,mm;

b——波浪键颈宽,mm;

σ_R——波浪键铆击后的抗拉强度,MPa,通常取铆击前的抗拉强度的 1.5～1.7 倍;

σ_b——零件材料的抗拉强度,MPa。

强固扣合工艺:

(1) 在零件上裂纹两端钻止裂孔。

（2）确定在零件裂纹处的波形槽位置。

（3）利用专用钻模板和手电钻加工出波形槽。

（4）用丙酮清洗干净后，将波浪键镶嵌入波形槽中（可预先在槽中涂抹胶黏剂），铆击波浪键使之充满槽腔。铆击顺序是由键的两端逐个向中间铆，铆击力量应逐渐由强至弱，否则可能使裂纹扩大。

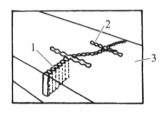

1—密封螺钉；2—波浪键；3—零件。

图 6-19　强密扣合法

6.7.2.2　强密扣合法

强密扣合法又称波浪键-密封螺丝法。此法是在强固扣合法的基础上，再沿裂纹钻孔、攻丝和旋入涂有胶黏剂的密封螺栓。所有密封螺栓彼此重叠，即当第一个密封螺栓旋入后，钻削第二个螺栓孔时，使其切入第一个螺栓，两个螺栓有 0.5～1.5 mm 的重叠。沿裂纹长度装满密封螺栓后用砂轮打磨平整，如图 6-19 所示。

在裂纹上可安装密封螺栓，也可安装密封圆柱销。前者适用于承受低压的有裂纹的零件，后者则适用于承受高压的有裂纹零件。密封螺栓可选用 M3～M8 规格；圆柱销直径可选用 3～8 mm，长度均与波浪键的厚度相同。在选取密封螺栓或密封圆柱销的直径和个数时，要考虑两波浪键之间的距离，以保证螺栓或圆柱销能密布于裂纹全长之上。

强密扣合法主要用来修理有密封要求的裂纹零件，例如承受高压的柴油机气缸套和气缸盖、机座（油底壳）、压力容器等防渗漏的零件。

6.7.2.3　加强扣合法

加强扣合法又称加强块扣合法。在垂直于裂纹或折断面的修复区加工出一定形状的空穴，然后将形状和尺寸与之相同的加强块嵌入其中，在机件与加强块的结合线上加工圆孔，嵌入短圆柱销，要求圆柱销分布在钢块和机件上各半，如图 6-20 所示。

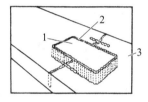

1—矩形加强快；2—圆柱销；3—零件。

图 6-20　加强扣合法

加强扣合法主要用于承受高载荷、壁厚超过 45 mm 的船机零件。加强块的形状可根据载荷性质、大小和方向不同，设计成楔形、矩形、十字形和 X 形等。

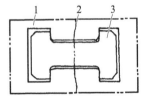

1—零件；2—裂纹；3—工字形扣合键。

图 6-21　热扣合法

6.7.2.4　热扣合法

热扣合法是利用金属材料热胀冷缩的特性修复零件裂纹的方法。将一定形状的扣合键加热至一定温度后嵌入零件裂纹处预先已加工好的形状、尺寸与扣合键相同的凹槽中，当扣合键冷却收缩后将零件裂纹箍紧成一体，如图 6-21 所示。扣合键的形状、尺寸依零件裂纹部位的形状和安装的可能性设计成不同的形式，例如，圆环形、工字形等，此法可用于修复飞轮、齿轮和机座。

任务 6.8　塑性变形修复法

塑性变形修复法实质是一种压力加工的方法,它利用金属或合金的塑性,在一定的外力作用下改变或恢复零件的原有几何形状和尺寸的修复方法。

6.8.1　修复磨损的零件

利用塑性变形修复磨损的零件是将零件非工作部位的部分金属转移到零件磨损的工作部位上以恢复零件工作表面的原有尺寸。此种方法会使零件的形状、尺寸改变,而且金属的机械性能和组织结构也会改变。

对于含碳量低于 0.3% 的未经热处理的碳钢零件或有色金属(或合金)零件进行塑性变形修复时可不加热;对于含碳量大于 0.3% 的碳钢或合金钢零件,因其塑性低,变形阻力大而需要加热后进行塑性变形修复。常采用的方法主要有镦粗法、挤压法、扩张法和压延法。

6.8.1.1　镦粗法

利用减小零件的高度、增大零件的外径尺寸或缩小内径尺寸的一种加工方法称为镦粗法。用镦粗法修复,零件被压缩后的缩短量不应超过其原高度的 15%,对于承载较大的则不应超过其原高度的 8%。镦粗法主要用来修复有色金属套筒和圆柱形零件。

6.8.1.2　挤压法

它是利用模具挤压外径来缩小内径尺寸的一种修复方法。模具锥形孔锥度的大小需根据零件材料塑性变形和需要压缩量数值的大小来确定。当塑性变形性质低而需要压缩量数值较大时,模具锥形孔的锥度可用 10°~20°;当需要压缩量数值较小时,锥度为 30°~40°;对于塑性变形性质高的材料,锥度可用 60°~70°。挤压法主要用来修复筒形零件的内径。

6.8.1.3　扩张法

扩张法是利用扩大零件的孔径,增大外径尺寸,或将重要部位的金属扩张到磨损部位,使其恢复原来尺寸的修复方法。扩张法主要用来修复外径磨损的套筒形零件。

6.8.1.4　压延法

压延法是把零件加热到 800~900 ℃,立即放入到专用模具中,在压力机的作用下使上模向下移动,达到零件成形的一种方法,又叫模压法。压延法可以用来修复齿轮齿部的磨损。

6.8.2　修复变形零件

零件在长期的使用过程中,由于受到弯曲、扭转等作用产生变形,例如柴油机曲轴的弯曲变形,连杆的弯曲、扭转和平面方向的弯曲变形等。另外,由机械碰撞而引起的变形,如船舶螺旋桨桨叶打在缆绳或礁石上而使桨叶弯曲变形。零件产生的变形只要得到校正仍然可以继续使用。生产中根据零件的变形程度,常采用冷校法、热校法、加热-机械校直法等对变形零件进行修复。

6.8.2.1 冷校法

对于材料塑性较高和尺寸较小的零件可以选用冷校法。冷校法是基于反变形原理,即使零件变形部位发生相反的变形。由于弹性变形使反变形减小,所以反变形应较原变形适当增大,达到变形消失、恢复零件原有形状的目的。

1) 敲击法

用锤子敲击零件变形的背面,使之发生反向变形。根据零件材料、形状、尺寸及变形程度选用木槌、铜锤或铁锤和锤击力度。敲击时,不可在一处多次敲击,而应移动地敲击,每处敲击 3～4 次。

此法校正变形稳定,并且对零件的疲劳强度影响不大。例如,小型曲轴的弯曲变形采用敲击法进行校直,如图 6-22 所示。用铁锤敲击曲柄臂内外侧,使变形的曲轴轴线发生变化,达到校直曲轴的目的。螺旋桨桨叶变形不大时亦可用此法校正。

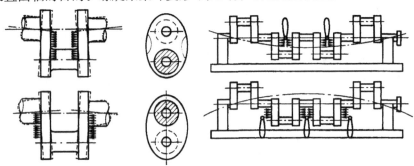

图 6-22　敲击法校直曲轴

2) 机械校直法(或称静载荷法)

在一般压床上或专用机床上进行校直,适于弯曲变形不大的小型轴类零件。例如小型曲轴校直,如图 6-23 所示,在曲轴两端或弯曲部位附近的两个主轴颈处支承曲轴,并将弯曲凸面朝上,用压力机或千斤顶作用使之反向变形,且比原弯曲变形量大,保持压力 1～2 min 后卸载。如此施压数次可使曲轴较直。此法也可校正变形不大的螺旋桨桨叶。

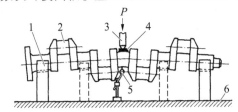

1—V 型铁;2—曲轴;3—压力机;4—铜片或铅皮;5—百分表;6—平台。

图 6-23　机械校直曲轴

此法校直后的零件内存有残余应力,采用低温退火也难以完全消除,会在以后的使用中再度弯曲变形。由于校直后轴上截面变化处(如过渡圆角)塑性变形较大,产生残余应力较大,降低了轴的疲劳强度。

6.8.2.2　热校法

利用金属材料热胀冷缩的特性校正变形零件。在轴的弯曲凸面进行局部快速均匀加热,因受热膨胀,使轴的两端向下弯曲,即轴的弯曲变形增大。当冷却时,受热部分收缩产生相反方向弯曲变形,从而达到校正变形的目的。图 6-24 为轴类零件加热校直示意图。

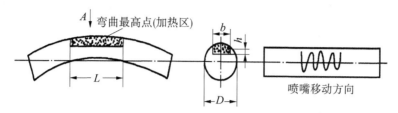

图 6-24　加热校直轴类零件

加热校直曲轴时,采用氧-乙炔焰或喷灯,在最大弯曲变形的轴颈的 1/6~1/3 圆周上加热,加热温度为 250~550 ℃。自最大弯曲处向两端减温加热。加热后保温缓冷达室温时检测弯曲度变化。一般经数次加热才能校直。此法适用弯曲变形较大的零件,并且对操作技术水平和经验要求较高。

6.8.2.3　加热-机械校直法

此法为加热法与机械校直法的联合应用,适用于弯曲变形较大的零件。一般先用机械校直法使零件产生一定的相反的弯曲变形,再用加热法校直;也可先适当加热再用机械方法进行校直。例如,当螺旋桨桨叶弯曲变形较大时,可采用先在弯曲变形处加热,再用千斤顶施力使桨叶弯曲变形得以矫正复原。

任务 6.9　热喷涂工艺

热喷涂是近代各种喷涂(Spraying)、喷熔(或称喷焊)(Spray Fusing)工艺的总称。热喷涂工艺是把丝状或粉末状材料加热到近熔化或熔化状态,进而使之雾化、加速,最后喷至零件表面上形成覆盖层的工艺,热喷涂工艺既是一种修复工艺,也是一种表面强化工艺。作为修复工艺可以修复磨损、腐蚀等损伤零件的表面,恢复其原有尺寸和几何精度,恢复配合性质,延长零件使用寿命。作为表面强化工艺,可以根据工作需要在零件表面喷涂不同的材料,使之分别具有耐磨、耐腐蚀、抗高温氧化等性能。

根据涂层形成的机制不同,热喷涂又分为喷涂和喷焊两种工艺。所喷得的覆盖层分别为喷涂层和喷焊层。

根据熔化喷涂、喷熔材料所用能源分类:

喷涂有:火焰喷涂(包括爆炸喷涂、超音速喷涂)、电弧喷涂、等离子喷涂等。

喷熔有:火焰粉末喷熔、等离子粉末喷熔等。

6.9.1　火焰喷涂工艺

用专用的喷枪把加热(金属粉末通过热源时被加热)到熔化或近熔化状态的合金粉末直接喷涂到零件加工预处理的表面上,从而在零件的表面形成涂层。

6.9.1.1 喷涂原理

火焰喷涂是利用氧-乙炔焰熔化金属,并用压缩空气将其喷至零件工作表面形成涂层的工艺。喷涂使用氧和乙炔为 1∶1 的中性焰,温度 3 100 ℃左右。火焰喷涂设备主要有气源、喷枪和辅助设备等,如图 6-25 所示。

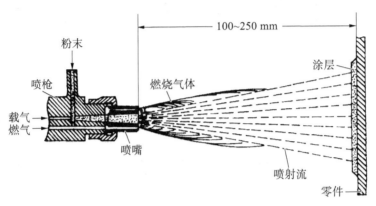

图 6-25　火焰粉末喷涂原理示意图

6.9.1.2 工艺过程

1) 零件表面的预处理

为增强涂层与零件表面的结合强度,预先对零件表面进行凹切——车削或磨削表面,为容纳涂层提供一定厚度尺寸;清洁——除去表面油污、锈蚀、漆皮等;粗化——采用喷砂、拉毛、开槽、车细螺纹或滚花等方法使零件表面变粗糙。

2) 预热

热喷涂前零件待喷表面预热,目的是除掉表面上的潮气,降低涂层的收缩应力,防止涂层产生裂纹。预热温度为 70～150 ℃,不超过 270 ℃。

3) 喷打底粉

又称过渡层,用以增加零件表面和涂层的结合强度,最佳厚度为 0.1～0.2 mm。

4) 喷工作粉

要求薄涂层的零件只喷过渡层;要求厚涂层的零件则应按要求选用工作层的合金粉。小零件或喷厚涂层的零件应采用间歇喷涂,以防零件温度过高。

5) 喷涂层机械加工

喷涂完毕后用小锤轻敲涂层,如声音清脆,表示涂层与基体金属结合良好;如声音嘶哑则表示结合不良,应除去涂层重喷。

由于涂层具有高硬度、高耐磨性的特点,通常采用磨削加工,磨削时进给量要小,使用油性冷却液且供给量大。机加工完毕后,把零件浸在 80～100 ℃的机油中煮 8～10 h 进行渗油处理。

6.9.1.3 特点和应用

(1) 喷涂零件受热温度低,一般不超过 250 ℃,热应力小,变形非常小。

(2) 喷涂层与零件表面为机械结合,结合强度低,约为 5～50 MPa,抗冲击性能差。

(3) 喷涂层是由金属颗粒堆积而成的,内部多孔,可存油,有利于润滑。

（4）工艺简单、操作容易，涂层形成速度快，加工时间短，生产率高。

（5）被喷涂的基体材料不受限制，可将待喷材料喷涂在各种金属或非金属材料的表面获得预定性能的涂层。

（6）热喷涂材料广，金属及其合金、陶瓷、有机树脂等均可作为涂层的材料。

火焰粉末喷涂的涂层与零件结合强度低，不抗冲击载荷，但零件温度低，对零件无影响。而且由于喷涂层是由无数细小微粒铺展、堆积而成，具有多孔性，储油能力强，但是降低了抗腐蚀性。所以可用以修复磨损、腐蚀和机械加工超差的零件，但不适于修复承受高应力交变载荷或冲击载荷的零件。例如，可修复艉轴衬套、增压器和电机的转子轴、电机的端盖等。

6.9.2　高速火焰喷涂

高速火焰喷涂又称作"超声速火焰喷涂"，它的英文原名为 HVOF，是一项较新的热喷涂技术。它是以氧气与气体燃料（如乙炔、丙烷、氢气等）或液体燃料（如柴油或煤油等）产生的火焰作为热源，以粉末作为喷涂材料的喷涂方法。由于喷涂时焰流速度和喷涂粒子的速度非常快，接近或超过声速，因此，得到了"高速火焰喷涂"或"超声速火焰喷涂"的称谓。

高速火焰喷涂的特点：

（1）焰流速度及喷涂粒子速度较高，涂层致密，结合强度高。一般高速火焰喷涂涂层的孔隙率<2%，结合强度>70 MPa。

（2）喷涂粒子与周围大气接触的时间短，焰流温度比电弧、等离子喷涂温度低，减轻了涂层材料的氧化、分解和脱碳，适合喷涂碳化物材料。

（3）由于喷涂枪管较长，喷涂粒子在火焰中停留时间较长，加热均匀、充分。

（4）高速火焰喷涂在喷涂金属碳化物、金属合金材料方面有明显优势，可取代等离子喷涂和其他喷涂工艺。作业时对环境污染小，可替代硬质镀铬工艺。

高速火焰喷涂适合于对喷涂涂层质量要求高、价格比较昂贵的重要零件。

6.9.3　电弧喷涂

电弧喷涂的热源为电弧，喷涂材料为金属或合金丝材。将金属或合金丝材制成两个放电电极，由电动机变速驱动，在喷枪口相交产生短路而引发电弧、受热熔化，借助压缩空气雾化成微粒，并高速喷向经预处理的工件表面，进而形成涂层。喷涂材料一般为不锈钢丝（1Cr13、2Cr13、1Cr17 等）、高碳钢丝（85 优质碳素结构钢丝、T8A 碳素工具钢丝等）、合金工具钢丝、铝丝（纯度应大于 99.7%）和锌丝等。

电弧喷涂的特点：

（1）电弧喷涂的生产效率高，非常适合于大面积喷涂，如喷锌丝时工作效率 30～40 kg/h。

（2）由于采用压缩空气流雾化加速，因此，电弧喷涂可获得较高的结合强度，大约为28～41 MPa，比粉末火焰喷涂高，比超声速喷涂和爆炸喷涂低。

电弧喷涂多用于喷涂大型钢结构（如桥梁）等使用的锌或铝防腐蚀涂层、大型锅炉受热面的耐热、抗氧化涂层和简单机械零件的修复。

6.9.4 火焰喷熔工艺

6.9.4.1 喷熔原理

喷熔(或喷焊)也是利用氧-乙炔焰作热源,用专用喷枪把合金粉末加热到熔化状态后喷到经预处理的零件表面上,再用火焰使涂层重新熔化后熔焊在零件表面上的工艺。

火焰粉末喷熔所用的设备、喷枪等均与火焰粉末喷涂相同。所不同的只是工艺过程。

6.9.4.2 喷熔工艺过程

1) 喷前预处理

喷熔前将零件表面凹切、清洁(一般采用四氯化碳除油污)再进行预热,预热温度为200~250 ℃。(喷熔不需要粗化)

2) 喷熔

喷熔时可分为两种基本操作方法,即采用一步法或两步法来进行操作。

(1) 一步法喷熔。将零件待喷熔表面分成若干段,每喷一段后立即停止喷金属,只用火焰将涂层金属重新熔化,边喷边熔,使涂层金属与零件表面金属熔融互溶,形成光洁的高结合强度的喷熔层。用边喷边熔加工全部待喷表面,使喷与熔一步完成,故称一步法。每次喷粉厚度约为 0.2~0.3 mm。喷熔交替,速度应适当,过快,深层不能全部重熔;过慢,会产生过烧和合金元素烧损等缺陷。

一步法喷熔厚度一般不大于 2 mm,广泛应用于小零件或精密零件的修复,也可用于大零件、中零件的边角或局部的修复。

(2) 两步法喷熔。即喷与熔的过程分两步进行,即先喷后熔。喷熔时,先将零件待喷表面全部喷涂金属,然后停喷,用火焰使涂层重新熔化。一次喷涂不可过厚,每次喷涂厚度为0.2~0.3 mm。要求涂层厚的零件应采用多次薄喷达到要求厚度。重熔温度 1 000 ℃左右,虽然零件表面未被熔化,但零件表层与涂层交界处被熔化的涂层所溶解,金属元素相互扩散与渗透,使交界处构成新的组织,形成表面合金层。这是固态金属被液态合金溶解所形成的牢固的冶金结合,因此喷熔层与零件表面结合强度高。

3) 喷熔后处理

喷熔后零件温度高,变形大,要注意零件应缓慢冷却或进行退火处理。一般是将工件放入炉内,在石棉灰或草木灰中冷却。由于喷焊层的硬度为 HRC50~60,通常采用粗车和精磨两道工序进行加工。

6.9.4.3 喷熔特点和应用

(1) 喷熔零件温度高,热应力大,容易产生变形或裂纹。

(2) 喷熔涂层与零件表面为冶金结合,结合强度高,约为 300~700 MPa。

(3) 喷熔层是连续致密的金属。

(4) 喷熔层的最小厚度为 0.8 mm,一步法喷熔层厚度一般不大于 2 mm;二步法每次喷熔层厚度为 0.2~0.3 mm,可多次实施获得较大厚度的喷熔层。

喷熔工艺适用于修复磨损、腐蚀的零件或同时承受冲击载荷的零件。例如,严重磨损的轴类零件、挖泥船的铰刀和气缸盖阀座裂纹等。

6.9.5 等离子喷涂和喷焊

等离子弧是一种压缩型电弧,电弧在等离子喷枪中被压缩成极细的电弧束,所以能量密度得到很大的提高,可以用来进行等离子喷涂和喷焊。由于电弧束中的气体被电离成正负离子相等的等离子体,故该电弧称为等离子弧。

根据钨棒、喷嘴及工件与电源连接方式的不同,等离子弧有三种形式。

(1)非转移型等离子弧(又称等离子焰)。将钨棒接负极,喷嘴接正极,工件不带电。此时等离子弧在钨极与喷嘴之间形成,依靠从喷嘴中喷出的等离子焰流来加热和熔化金属,温度不够高,能量也不太集中。非转移弧常用于等离子喷涂、切割非金属或较薄的金属。

(2)转移型等离子弧。将钨棒接负极、工件接正极,形成的电弧有良好的压缩性,电流密度和温度都高于同样的喷枪结构、同样功率下的非转移弧。转移弧常用于等离子喷焊与切割。

(3)联合型等离子弧。它由非转移弧和转移弧联合组成,用于电流在 100 A 以下的微弧等离子焊接,以提高电弧的稳定性;在用于金属粉末喷焊时,可以提高粉末熔化速度,减少熔深和热影响区。

6.9.5.1 等离子喷涂

它是利用非转移型等离子弧阳极与喷嘴之间形成的焰流作为热源,将喷涂材料加热到熔融或半熔融状态,并在高速等离子焰流的带动下撞击工件表面。被撞扁的细小熔融颗粒嵌塞在经过粗化处理的洁净工件表面上,淬冷凝固后与工件形成结合牢固的喷涂层。工作原理如图 6-26 所示。

等离子喷涂的特点如下。

(1)喷涂层致密性好,涂层与基体的结合强度比氧-乙炔焰金属粉末喷涂的高,仍保留了涂层多孔性的特点,耐磨、耐蚀,有利于磨合及润滑。

(2)利用等离子弧焰流具有很高的温度、速度、能量集中的特点,不仅能在金属零件表面喷涂金属,也能喷涂陶瓷以及耐热、耐磨、耐腐蚀、绝缘的非金属涂层。

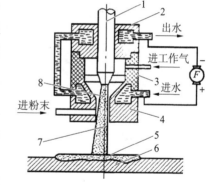

1—阴极;2—阳极卡头;3—绝缘体;4—喷嘴;5—喷涂层;6—工件;7—等离子弧焰流;8—等离子面。

图 6-26 等离子喷涂原理

(3)喷涂过程中工件受热温度一般不超过 250 ℃,工件的热变形很小。

(4)可以在金属和非金属材料的工件表面进行等离子喷涂。

6.9.5.2 等离子喷焊

它是利用氩气产生的等离子弧焰流作为热源,采用由转移弧和非转移弧联合组成的联合型等离子弧。转移弧使工件表面局部熔化形成熔池,合金粉末由非转移焰流加热至熔化或半熔化状态,随焰流高速喷射到工件熔池内再充分熔化,而后熔池逐渐冷却凝固形成与工件基体呈冶金结合的喷焊层。

等离子喷焊的特点如下。

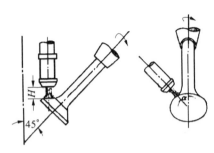

图 6-27   等离子喷焊修复排气阀锥
面示意图

（1）喷焊层与工件基体呈冶金结合，结合强度和机械强度大大提高，消除了气孔，使表面更平整、平滑，减少了机械加工余量，提高了喷焊层与其配合件的耐磨性能，可以修复在巨大交变负荷和接触负荷条件下工作的工件表面，如凸轮、曲轴轴颈等。如图 6-27 所示为柴油机排气阀锥面的等离子喷焊修复。

（2）喷焊材料广，可选用不同的喷焊材料获得各种特殊性能的喷焊层。

（3）工件表面与喷焊材料在等离子弧焰下充分熔化后起到了强化作用，使工件的疲劳强度提高了 20%～30%。

（4）喷焊过程可半自动化或自动化操作，既保证了喷焊层质量又提高了生产效率，减轻了劳动强度。

知识拓展
经典案例分析
练习题

项目 7 船机拆装

知识目标:掌握液压紧固装置的工作原理及注意事项;熟悉量缸表、拐档表、桥规的用途;熟悉垫料和填料的作用;掌握船机拆验、清洗、装配、平台检验的步骤和方法;掌握柴油机吊缸的目的和注意事项。

能力目标:能正确使用液压紧固装置并做好相应记录;能正确使用量缸表和拐档表等专用量具,会记录和计算;能正确选用垫料和填料;能正确选择并安全实施船机零件的清洗工作;能对船机设备进行正确拆卸、装配和调试。

任务 7.1 工量具和物料的使用

为了顺利、迅速和方便地拆、装和测量,除需要大量的各种通用工具和设备(如各类扳手、钳子、手锤、虎钳、车床、钻床等)、通用量具外,还需要针对某些机器的结构特点和装配特点配备专用工具和专用量具进行拆装和检测。这些专用工具和专用量具或者是随机供应的,或者是专门制作的。它们具有使拆装更为简便和迅速的特点,是完成这些机器的维修保养工作不可缺少的物质条件。

7.1.1 主要专用工具

根据专用工具的用途不同分为拆卸用、安装用、拆装两用和上紧螺栓用等专用工具。例如,专用扳手、专用拉具、专用吊环螺钉、专用液压工具等。

7.1.1.1 液压紧固装置

液压紧固装置是目前船上广泛使用的一种能较为准确地控制预紧力和省力的螺栓上紧与松脱的装置。船上中低速柴油机的气缸盖螺栓、贯穿螺栓、主轴承螺栓和底脚螺栓等均普遍采用。液压拉伸工具由手动高压油泵、液压紧固装置、高压软管和压力表

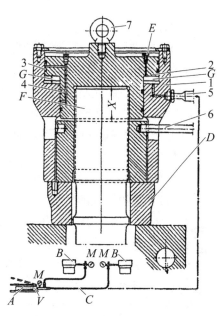

1—液压油缸;2—液压活塞;3、4—上下密封圈;5—接头;6—杆子;7—吊环;A—高压油泵;B—液压紧固装置;C—高压软管;D—间隔环;E—放气螺钉;F—螺栓;G—液压油空间;M—压力表;V—释放阀;X—螺栓外露长度。

图 7-1 液压紧固装置

组成,如图 7 - 1 所示。

1) 液压紧固装置的结构和原理

液压紧固装置是由液压油缸、液压活塞、间隔环等构成的。它是利用油压使螺栓受拉伸长和变细(直径减小),然后轻易地将螺母旋到预定的位置上或将螺母拆卸下来。

2) 液压紧固装置的使用方法

使用时,先清洁螺栓外露的螺纹部分和螺栓、螺帽附近的机座平面(用于支撑拉伸器的平面),否则可能导致螺栓与拉伸器咬住和液压紧固装置内部的密封环损坏漏油。再将液压紧固装置安装在螺栓上,通过接头与高压软管连接(如图 7 - 2 所示)。

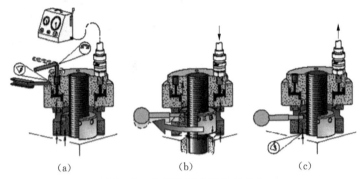

(a)   (b)   (c)

图 7 - 2　液压紧固装置使用方法

(a)清洁接触表面并安装;(b)压油并拧紧螺母;(c)泄压并移走拉伸器

上紧螺母的方法如下。

(1) 用扳手上紧螺母,并测量螺栓外露长度 X 和记录数值。

(2) 安装液压紧固装置。

(3) 手动泵油,使高压油自接头进入液压活塞下部空间,驱除空气后上紧放气螺钉使油缸封闭。在油压作用下液压活塞上行并带动螺栓使其伸长,在螺母上方出现间隙。

(4) 待压力表显示达到要求的油压时,用杆上紧螺母,再次测量和记录螺栓外露长度 X_1,螺栓伸长量 $\Delta X_1 = X_1 - X$,此值应与说明书规定值相符。

(5) 依上述方法进行第二次上紧螺母,求出螺栓伸长量 ΔX_2 并符合说明书规定值。

3) 液压紧固装置的管理

液压紧固
装置使用

(1) 使用液压紧固装置应按说明书规定油压泵油,任何情况下均不得超过规定油压的 10% 和不得超过最大拉伸量。

(2) 使用前,应检查下密封圈,因其容易损坏,故应及时检查和更换。在更换密封环时,应尽量使用压缩空气通过泄放旋塞孔将活塞和油缸分离。安装时注意不可损伤密封圈。

(3) 使用后,应释放油压,使液压活塞复位。

(4) 液压系统中的所用液压油必须是纯净的液压油或透平油(如 SAE20 等),绝不可使用系统润滑油或气缸油,因润滑油不仅黏度大,且是碱性的,易使密封圈损坏。

(5) 液压紧固装置不使用时,应仔细地涂抹油脂并保存于干燥的地方,以备再用。

7.1.1.2　盘出主轴承下瓦的专用工具

当检修曲轴或主轴承轴瓦时均需要拆装主轴承,在不吊起曲轴的情况下将下瓦自主轴承座中盘出或装入需要专用盘瓦工具。

1) 盘瓦的准备工作

(1) 松脱主轴承螺母,拆去主轴承盖、上瓦和垫片;某些场合可用液压千斤顶稍微抬高曲轴,便于下瓦盘出。

(2) 确定盘瓦时的转车方向。对于厚壁瓦,由于磨损不均使瓦口两端厚度不等,应先测量两端厚度。如两端厚度相等则转车方向可随意;如两端厚度不等,则转车方向从薄的一端向厚的一端转动,将下瓦从厚的一端拨出。对于薄壁瓦,由于在瓦口一端设有防止轴瓦转动和移动的定位唇,转车方向应向有定位唇的一端将下瓦拨出。

(3) 当下瓦的结合面上装有定位的止动销时,盘瓦前应先将止动销拆除。

2) 盘瓦的方法

(1) 利用主轴颈上的油孔盘瓦。一般中、小型柴油机和某些大型低速柴油机多利用主轴颈上的油孔,在孔中插入销钉,盘车转动曲轴,销钉随主轴颈转动将下瓦拨出,如图 7-3(a)所示。

(2) 利用中空的曲柄销颈盘瓦。将专用的直角形工具上的螺栓顶撑在曲柄销中心孔中并锁紧,盘车时直角形工具随之转动并拨动下瓦使之转出。

(3) 在曲柄臂上安装专用工具盘瓦。利用图 7-3(b)中的专用工具 7,将其安装在曲柄臂的外侧靠近曲柄销处。盘车时,工具随曲轴转动并以其尖端部分将下瓦拨出。

(4) 用钩形专用工具盘瓦。将图 7-3(c)中的钩形工具紧贴在下瓦端面的凸缘上,使工具的钩头钩住下瓦瓦口的一端面上,工具的另一端上的销子紧贴曲柄臂。转车时,曲柄臂带动钩形工具转动将下瓦转出。

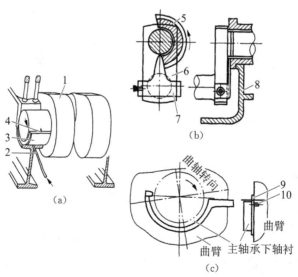

1—曲轴;2—压力油管接头;3—下瓦;4—销子;5—下瓦;6—曲柄臂;7—专用工具;8—机座;9—钩形工具;10—卡销。

图 7-3　盘主轴承下瓦的工具

(a)利用销子盘出下瓦;(b)用固定在曲柄臂上的工具盘瓦;(c)用钩形工具盘瓦

7.1.1.3 活塞环拆装专用工具

将活塞环装于活塞环槽中或自环槽中拆卸下来,应采用专用的拆装工具,如图 7-4 所示。

由于活塞环具有一定的弹力,需用力将开口撑大装于槽中。用力小了开口达不到一定开度,难以安装;用力过大易使活塞环变形或折断。小型柴油机活塞环可采用细绳或图 7-4 (a)的专用工具,大型柴油机活塞环采用图 7-4(b)的专用工具。

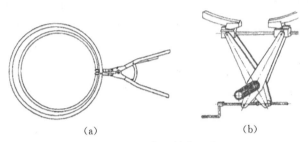

(a)   (b)

图 7-4 活塞环拆装工具

(a)小型柴油机拆环工具;(b)大型柴油机拆环工具

7.1.1.4 活塞组件装入气缸的专用工具

活塞环全部装入活塞环槽中后,由于活塞环的弹力较大,将带环的活塞装入气缸较为困难,应采用锥形导套将其导入气缸中,如图 7-5(a)所示。

为了避免安装活塞组件时活塞杆碰坏填料函中的刮油环和密封环,应在活塞杆上安装两半式锥形体,将活塞杆导入填料函孔中,如图 7-5(b)所示。活塞杆下端螺纹亦应包扎好,以免碰坏。

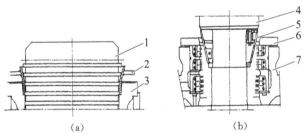

(a)   (b)

1—活塞和活塞环;2—锥形导套;3—气缸套;4—活塞杆;5—两半式锥形体;6—填料;7—气缸体。

图 7-5 安装活塞组件专用工具

7.1.1.5 气阀研磨机

图 7-6 气阀研磨机

气阀研磨机是修理主机气阀的阀座与阀杆密封面的专用工具,如图 7-6 所示。使用时,为减少机舱振动对加工精度的影响,应旋松减振橡胶块附近的螺栓以达到减震的目的。在研磨阀杆与阀座的过程中,研磨机磨轮的轴线与水平方向的夹角在磨阀杆时调大,磨阀座时调小。

7.1.1.6　其他专用工具

检修柴油机时所需的其他专用工具,如图 7-7 所示。

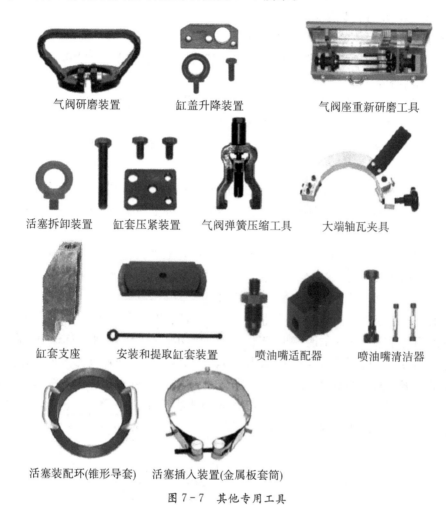

图 7-7　其他专用工具

7.1.2　主要专用量具

船用柴油机在检修过程中,为了进行定量分析故障需要进行尺寸或配合间隙的测量,除采用通用量具外,某些测量需采用随机供应或购置的专用量具或者采用随机供应的测量定位工具和通用量具配合进行测量。例如,气缸套磨损测量采用随机供应或制作的定位样板和内径千分尺或内径百分表。

7.1.2.1　臂距表

臂距表(Deflexion Gauge)俗称拐档表,用于测量曲轴臂距值,如图 7-8 所示。它是一种特殊的百分表,测量精度为 0.01 mm。在表的背面安装重锤,使

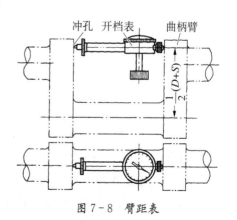

图 7-8　臂距表

测量时百分表盘面始终朝上,便于读数。当曲轴曲柄臂张开,臂距值增大时,表的指针向正值或读数增大方向转动;当曲柄臂收拢,臂距值减小时,表的指针向负值或读数减小方向转动。使用臂距表时应注意以下几点。

(1)根据曲轴臂距值的设计尺寸组装表的量杆长度。

(2)装表时,仔细查找曲柄臂内侧冲孔并清洁,然后将表的量杆两端牢固地插入孔中,以防测量中脱落将表摔坏。

(3)测量前,先将表的大指针调整到表盘上的零位,并使表盘上小指针有 2~3 mm 的压缩量,以使测量中曲柄臂张开时表不会脱落而继续测量。

(4)测量完毕,将臂距表从曲轴上取下和进行清洁,以备下次使用。

7.1.2.2　桥规

桥规(Bridge Gauge)是用于测量曲轴主轴颈下沉量、确定主轴承下瓦磨损量的随机专用测量工具,其构造随机型不同而异。新造柴油机在台架上测量桥规值并标记在桥规上,提供给船方作为日后检测的依据。

测量前,拆去主轴承上盖、上瓦,清洁主轴颈和机座上平面,依说明书要求或上次测量时的曲轴位置,将曲轴首(尾)端曲柄转至上止点位置测量,也可以使所测轴颈相邻曲柄销在 0°、90°、180°、270°四个位置测量,再求其平均值。

桥规值是以机座上平面为基准,测量时,将桥规置于机座上平面并紧贴,用塞尺测量桥规测量基准面与主轴颈之间的距离 a,如图 7-9(a)所示。一般在主轴颈首尾两处测量,取其平均值。柴油机出厂的桥规值在一定时间内有效,当换新轴瓦、机座变形等时应以修复后的桥规值为准。老式桥规测量时,需拆、装主轴承,操作不便。目前大型柴油机普遍采用带有测深尺的桥规,如图 7-9(b)所示 SulzerRTA48 型柴油机桥规,只需在主轴承与曲柄臂之间或主轴承上盖滑油管内用测深千分尺测量即可。

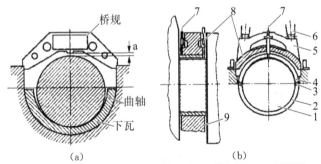

　　　　　　　　　　(a)　　　　　　　　　　　　　(b)

1—曲轴;2—主轴承下瓦;3—垫片;4—主轴承上瓦;5—轴承盖;6—撑杆螺栓;7—测深尺;8—桥规;9—轴承座。

图 7-9　桥规和桥规值的测量
(a)老式桥规;(b)SulzerRTA 柴油机桥规

7.1.2.3　量缸表

量缸表是一种专用内径千分表或百分表。为方便缸套测量,大型柴油机一般都随机配有专用量缸表,其组成如图 7-10 所示。

1)使用前的准备

测量前,需先进行内径量表的装配和调零,调零方法如下。

（1）按所要测量的缸径选用合适的可换量头，选择可换量头的方法是使要测的缸径值在活动量头与可换量头两端距离的量程内，将可换量头外螺纹端装入滚花锁紧螺母后拧入三通管的螺孔中。

（2）将百分表装到表杆上，使百分表指针有 0.5 mm 左右的读数，将固定百分表壳的紧固螺栓适当拧紧。

（3）调整好外径千分尺，擦净外径千分尺的两测量面，使用随尺提供的校准棒，检验外径千分尺微分筒"0"刻度线是否与固定套筒上的水平线重合，同时微分筒边缘与固定套筒上的"0"刻线的右边缘恰好相切。

如果"0"位校准不对，要重新调整。调整方法：先松开固定套筒上的顶丝，用随外径千分尺带来的专用小扳手，插入固定套筒"0"线背面的小孔，扳动固定套筒。使固定套筒水平线和微分筒的"0"刻线对到合乎要求，然后紧固顶丝，将外径千分尺两测量面距离调至缸径的公称尺寸，锁住微分筒保持此距离。

（4）用内径量表测量调好缸径值的外径千分尺，旋动可换量头，使表的小指针有 2 mm 左右的读数（如认为本磨损量较大，则可再大一些），拧紧滚花螺母紧固可换量头。转动百分表面使大指针对"0"位，记下百分表小指针的读数。

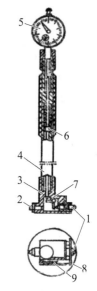

1—活动量头；2—可换量头；3—三通管；4—管；5—百分表；6—活动杆；7—传动杠杆；8—定心架；9—弹簧

图 7 - 10   量缸表

2）测量方法

（1）用右手握住内径量表表杆（握住表杆上胶木部位），左手两指将表的定心架压在缸套壁面，使可换量头进入缸内。

（2）将定心架放在要测量的部位，右手握住表杆前后稍作摆动。这样，可换量头沿缸套母线略作上下移动，如图 7 - 11 所示，观察表杆摆动时表面大指针的偏转，应使表杆向表针转动的减值（所量值减小）方向摆动，到表针刚要反转时，表杆立即停止摆动，这时百分表的读数为内径的相应尺寸。

（3）测量值读数要根据大指针离开"0"位的格数和指针偏转方向来决定。百分表大指针每偏转 1 格为 0.01 mm，大指针按逆时针方向偏转，距"0"的格数为缸径相比公称值的增大量，即实际测量尺寸为正偏差，反之，指针按顺时针方向偏转，距"0"的偏转格数为缸径相比公称值的减小量，为负偏差，注意不可搞反。

（4）也可使装配好的内径量表进入缸套上部（活塞上死点以上未磨损过的部位）调"0"作为该缸磨损量测量依据。将缸套上部未磨损部位去除积炭，擦拭干净，内径量表在该部位如上述测量缸套方法一样略作摆动，当大指针向减值方向偏转至刚要反转时，停止摆动，将表面转动，使表针对"0"。在将可换量头紧固后，用它作为比较标准，去测量规定部位的

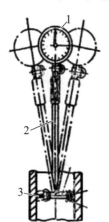

1—百分表；2—表杆；3—量头

图 7 - 11   量缸表读数方法

尺寸,可读得相对磨损量。

3) 使用注意事项

(1) 不许用百分表、内径量表、千分尺测量粗糙表面或有明显凹凸不平的表面和毛坯件,不许将零件强行推入百分表触针的下端,也不能让百分表受剧烈振动或撞击,以免造成损坏。

(2) 使用内径量表或千分尺的过程中,要严防水、油和灰尘渗入表内,测量杆上也不要加油,免得黏有的灰尘、杂物和油污进入表内,影响表的灵活性。

工量具的
使用

(3) 在观察表的读数时,视线应与表盘相垂直。因为指针与表盘之间有一段距离,视线歪斜时,会造成读数误差。

(4) 内径量表使用完毕后,应从表杆上卸下百分表、可换量头、螺母等,擦干净后置于产品盒内,妥善保存,防止随意碰撞而损坏。

7.1.3　检修物料

检修工作需要各种材质的物料来完善修理后的装配工作,达到柴油机要求的密封性、坚固性和可靠性。用于检修工作的物料如下。

(1) 金属材料,如碳钢和合金钢的板材、管械等;紫铜、黄铜和青铜;铝合金等。

(2) 金属制品,如螺栓、螺母、管接头、开口销、垫圈和焊接材料等。

(3) 化学品,如试剂、清洁剂、药品等。

(4) 垫料和填料。

检修和装配中,为了满足柴油机密封性的要求,防止漏水、漏油或漏气,在零件连接表面处就要很好地密封。密封的方法有两种:

(1) 采用高精度的精加工表面作为零件的配合面,使零件连接后形成精密配合。

(2) 在零件连接表面间安放具有弹性的垫料或填料,可适当降低配合面加工精度。

显然第二种方法是经济的,所以柴油机的许多部位采用垫料或填料的密封连接。例如,气缸盖与气缸套之间用垫片来达到气密的要求、活塞杆与气缸体底板孔之间用填料来密封。

7.1.3.1　垫料

垫料是用来保证固定连接面之间密封性的材料。一般把垫料直接加在两个连接平面之间。

垫料在使用中为了保证获得要求的密封效果应注意以下问题。

(1) 垫料的尺寸、形状应与固定连接面的尺寸、形状相吻合。例如,管子法兰垫片其内孔不能小于管子内径,更不能忘记垫片开孔,否则不仅影响流量,而且还会将油、水、气路堵死;两半式厚壁轴瓦结合面处的垫片不能过大,以免影响轴的运转。

(2) 固定连接面之间安装垫片后,拧紧连接螺栓时用力要均匀,以免垫片位置错动。

(3) 垫片可与涂料配合使用以增加垫片与连接面的接触紧密性。例如,橡皮垫片可涂滑石粉,纸板垫片可涂机油或石墨粉,铅板垫片可涂油漆,石棉纸板垫片上可涂抹石墨油膏或油脂等。

(4) 垫料厚度的选择应取决于工作压力的高低、连接面之间的间隙、接触面积的大小和连接面的表面粗糙度。尺寸大、粗糙度等级低的应选用厚垫料;压力高的应选用薄垫料。垫料厚薄选用不当将直接影响装配尺寸和机器性能,例如,气缸垫的厚薄将影响气缸的压缩比。

常用垫料的性能与用途见表 7-1 和表 7-2。

表 7-1　软垫料

品名	原料与加工方法	性能	用途
石棉纸板	石棉纤维与耐热橡胶的混合物,高压制成	耐高温、绝热性好,可承受 1.6～2.5 MPa 压力	用于高温连接部位,不宜与油类接触
橡胶板	橡胶制成	柔软,有弹性,不耐高温,遇油类膨胀	用于冷却水管路上
软木板	橡树类树皮经加压制成	弹性和密封性好,易剪切,耐油,不耐压	用于检查孔盖板处
压缩纸板(或纸板)	造纸原料加压制成	质地坚实,耐一定温度,耐高压,耐油	用于油、水及空气管路连接处

表 7-2　硬垫料

品名	原料与加工方法	性能	用途
紫铜片	铜皮经退火制成铜片或铜包石棉垫	硬度低、易压合、耐高压	用于空气及油管路,气缸垫
铝板		硬度低、易压合、耐高压	气缸垫
铅板		软、易压合、耐高压,但氧化铅有毒	用于启动空气管路

7.1.3.2　填料

填料是用来保证具有相对运动的表面之间密封性的材料。填料装于填料函中,也就是填料填充于有相对运动的零件之间的间隙。要求填料的摩擦阻力小、耐磨性好和不损伤零件。常用填料的性能与用途列于表 7-3 中。

表 7-3　常用填料

品名	原料与加工方法	性能	用途
棉质填料	棉纤维或棉绳浸于油脂中煮沸浸透而成	有弹性,柔软和不易硬化	用作机油泵、水泵的填料
麻质填料	麻浸于润滑油脂中煮沸浸透而成	易硬化而失去弹性,组织粗糙,引起较大摩擦,易发热	用于温度和压力均不高的机构
石棉填料	石棉绳浸于油脂中煮沸浸透,再涂以石墨粉而成	紧密、润滑,摩擦小且耐高温,长期使用易失去弹性变硬,应定期更换	用于温度和压力均较高的机构

任务 7.2 船机拆验

拆验工作是船机修理过程中的第一个阶段,这项工作进行的好坏将影响修船质量、修船周期和修理费用。拆验的主要内容:航行勘验、拆卸、清洗、测量检验并确定修理方案。

7.2.1 船机拆卸原则和拆卸技术

7.2.1.1 拆卸原则

1)确定拆卸范围

根据机器存在的故障确定一定的拆卸范围,不要随意扩大拆卸范围。如主机吊缸检修时,吊 B&W 柴油机的活塞,其填料函一般必须一起吊出;吊 SULZER 柴油机的活塞,其填料函一般不会一起吊出。不必要的拆卸势必破坏机件良好的配合精度或改变已磨合部位的相对位置,增加零件损伤和安装误差。

2)正确的拆卸顺序

拆卸前应充分掌握机器的结构特点,仔细阅读说明书,了解拆装要求,熟悉拆装专用工具及其使用方法等,以便顺利拆卸。一般来说,拆卸机器应从上到下、从外到里;先拆附属件、易损件,后拆主要机件;先拆部件,再将部件拆成零件。

3)保证零件原来的精度

拆卸过程中应保证不损伤零件,不破坏零件的尺寸精度、形状与位置精度,尤其是保护好配合件的工作表面。特殊情况下允许在保护大件、重要件精度的前提下牺牲小件、不重要件,以完成拆卸工作。例如,活塞环黏着在环槽中,可将活塞环损坏,分段自环槽中取出,但要保护环槽不受损伤。

4)保证正确装复机器

拆卸过程中,对拆下的零部件要作记号,系标签。对零件连接部位的相对位置作记号,将拆下的零件系标签,对机器正确、顺利地装配和防止零件损坏非常重要。对重要的或精密的部件不要在现场拆解,应系标签标明所属,送船上专门工作室或船厂车间解体修复。例如,柴油机喷油泵和喷油器应在船上油泵实验间或船厂车间解体。由于精密偶件不可互换,应系标签,切勿混乱。

7.2.1.2 拆卸的准备工作

1)工具的准备

在船上检修时需要的工具包括:通用和专用工具、通用和专用量具,各种随机辅助设备等。对所用通用工具和量具的品种、规格、使用性能或精度进行检查,以方便拆卸和测量使用。

常用的通用工具:

各种尺寸和规格的扳手(扳手、活络扳手、套筒扳手、扭力扳手等)。

各种锤子:铁锤、铜锤、木锤和橡皮锤等。

各种钳子:克丝钳、鲤鱼钳、尖嘴钳和管子钳等。

其他钳工工具:钢锯、锉刀、螺丝刀和冲子等。

专用工具:拆装活塞环工具、盘主轴承下瓦工具、吊装活塞工具、液压紧固装置等。

常用量具:塞尺、内径和外径千分尺、内径百分表、百分表、游标卡尺、钢直尺和平尺等。

专用量具:测量轴承间隙、活塞-气缸间隙的专用塞尺、臂距表(拐档表)、各种测量用样板等。

2) 起重设备的准备

拆卸过程中,一些大而重的零部件可用机舱固定起重设备吊运,当机舱无固定起重设备或无法在机旁使用时,采用撬杠、钢缆绳索、连接螺栓、手动葫芦和千斤顶等起重设备。根据零部件的重量选用相应规格的葫芦与钢缆。

3) 其他物料的准备

为了支垫重要零件和包扎管口等,需准备木板、厚纸板、布或木塞等。还需各种消耗品,如棉纱、油料等。

7.2.1.3 拆卸技术

1) 做记号和系标签

拆卸过程中,对拆下的零件系标签,注明其所属部件、次序等,以免混淆或丢失;做好各零部件之间的相对位置的记号。给零件做记号时应注意以下几点:

(1) 做记号前应先检查零部件的相对位置处有无记号,防止重复做记号。

(2) 可采用油漆、点冲或号码冲在零件连接处做记号,但不要打在零件的精加工面上。

(3) 对不熟悉的机器可采用画图、拍照片等方法显示零部件的装配关系。

(4) 检修过程较长时,应妥善保管拆下的零部件和保护好记号。

2) 保护好零件及设备

从机器上拆下的仪表、管子和零部件等应系标签,分门别类地妥善放置与保管,不可乱丢乱放。仪表、精密零件和零件配合表面尤其应慎重放置与保护。

机器拆卸后,固定件上的孔口、管系的管口裸露,为了防止异物落入造成损伤和后患,应用木板、纸板、布或塑料膜等将孔口、管口堵塞或包扎。例如,柴油机的油底壳油孔、轴上的油孔等。

3) 过盈件的拆卸

机器上具有过盈配合的配合件,例如,齿轮与轴,柴油机上的气阀导管与导管孔,活塞销与销座等。拆卸时应使用专用工具、随机专用工具或采用适当加热(或冷却)配合件的方法才能顺利拆卸和不会损伤零件,切勿硬打硬砸。

4) 螺栓的拆卸

(1) 柴油机气缸盖螺栓、主轴承螺栓等一般采用双头螺栓,螺栓的一端旋入机件。拆卸时,不需将双头螺栓从机件上拆下。

(2) 拆下的螺母、螺栓等应套装于原位。

(3) 生锈螺母拆不下时,可采用以下方法:先将螺母上紧 1/4 圈,然后反向旋出;轻轻敲击振动生锈螺母周边;在螺母和螺栓之间灌入煤油或喷松动剂,浸泡 20～30 min 后旋出;用喷灯均匀加热螺母,使之受热膨胀后旋出;以上诸方法均不奏效时,用扁铲将螺母破坏取下。

(4) 螺栓断于螺纹孔中可采用以下方法将断头螺栓取出:在露出的断头螺栓顶面锯出小槽,用螺丝刀旋出;锉平露出的断头螺栓两侧面,用扳手拧出;在断头螺栓上焊一折角钢杆或螺母,将断头螺栓旋出;在断头螺栓顶面钻孔攻丝(反向螺丝)和拧入螺钉,拧出螺钉将断头螺栓带出;选用直径小于断头螺栓根圆直径 0.5～1.0 mm 的钻头,将螺栓钻掉,再用与原螺栓螺距相同的丝锥将螺纹孔中残存断头螺栓除去,但应不损坏原螺纹孔的精度。

5) 拆卸安全

拆卸过程中的安全操作对于保证人身和机器的安全至关重要。所以,在拆卸中应注意以下问题:

(1) 选用工具要恰当,首选专用工具,扳手应尽量选死扳手且不可任意加长扳手以免扭断螺栓;卸螺栓时,要尽量拉而不要推,并且要用一只手抓住固定物,以免滑手伤人。

(2) 注意吊运安全,严禁超重吊运,起吊重量应小于起吊绳索额定载荷的 20%～40%,禁止使用断股的钢丝绳和发霉的绳索。吊运捆绑要牢靠且不损伤零件、仪表,吊运操作要稳妥等。

7.2.1.4 常用的拆卸方法

1) 击卸法

利用锤子或其他重物在敲击或撞击零件时产生的冲击能量,把零件拆下。击卸法是拆卸工作中常用的一种方法,操作简单,灵活方便,适用范围广,但拆卸方法不当容易损坏零件。

2) 顶压法

顶压法是一种静力拆卸方法,常用于拆卸形状简单的过盈配合件。顶压法利用螺旋 C 形夹头、机械式压力机、油压机或千斤顶等工具和设备进行拆卸。

3) 拉(压)卸法

拉(压)卸法是采用专门拉(压)卸器把零件拆卸下来的一种静力或冲击力不大的拆卸方法。拉(压)卸法拆卸安全且不易损坏零件,适用于拆卸精度较高的零件和无法敲击的零件。

4) 温差法

利用材料热胀冷缩的性能,加热包容件或冷却被包容件,使配合件拆卸的方法。常用于拆卸尺寸较大、过盈量较大或热装的零件。

5) 破坏法

此法是拆卸中应用最少的一种方法,只有在拆卸焊接、铆接和密封连接等固定连接件或拆卸相互咬死的配合件时,才不得已采用保存重要件而破坏小件的措施。常用锯、錾、钻、车、铣、割等方法进行破坏性拆卸。

7.2.2 船机拆卸中的检测及其目的

7.2.2.1 拆卸中的检测

船机拆卸前、拆卸过程中的检验和测量是对机器的剖析和透视,是查明故障、分析和诊断故障原因、制订修理方案的重要依据。

1) 运转中的观察

通过拆卸前的航行勘验了解主机工况、记录各项性能指标和对运转缺陷进行检验。利用目测、声音判断和感觉检查等简易方法,检查主柴油机的运转的平稳性,有无振动,启动换向操作是否灵活,各气缸、轴承、导板处有无敲击声以及有关部位是否存在水、气、油的漏泄现象等;通过对船机的日常运转管理,观察了解其故障信息和现象,必要时测定温度、压力等参数,以确定船机运转状况和机器性能变化,从而初步确定存在的问题。

2) 拆卸中的检测

船机拆卸过程中,对拆开的配合件工作表面进行观察,从配合件表面的氧化、变色、拉毛、擦伤、腐蚀、变形和裂纹等现象判断故障的部位、范围和程度。测量零件的绝对尺寸、磨损量、几何形状误差和配合间隙等,判断零件的磨损、腐蚀或变形程度。例如,测量气缸套内径、曲轴外径的绝对尺寸,测量轴承间隙、曲轴臂距差和活塞顶形状等。

在拆卸过程中,必要时对重要的零件进行无损检测,以查明零件内部存在的损伤,如裂纹等。如发电柴油机修理时,对连杆螺栓进行着色探伤或磁粉探伤,检查连杆螺栓表面有无疲劳裂纹,并且测量其长度,以掌握其有无变形。

7.2.2.2　检测目的

拆卸过程是一个对机器技术状况和存在故障的调查研究过程。零部件表面的油污、积炭、水迹等均是发现故障的线索。通过船机运转中的观察和检测来发现船机的故障,通过拆卸中的检测来摸清故障的范围、程度,找出故障的原因。

任务 7.3　零件和管路的清洗

7.3.1　零件清洗的目的和对清洗工作的要求

船机零件、设备在检修时必须要进行清洗,对零件的清洗主要是为了除去零件表面的油污、铁锈、水垢或积炭等污垢。零件表面清洁后便于发现和检测缺陷,测量准确,也为修理和装配提供良好的条件。为此,对清洗工作要求做到迅速、彻底和安全,对零件要求无损坏、无腐蚀和能保证工作表面的精度。

7.3.2　零件清洗的基本方法、特点和注意事项

7.3.2.1　零件清洗的方法

船机长期运转使其零件表面不同程度地附有油垢、积炭和铁锈等。为了清除这些污物,常用的清洗方法有:常规清洗、机械清洗和化学清洗。清洗方式有:手工清洗、机械清洗、超声波清洗、电解清洗、高压喷射清洗和磨料清洗等。现介绍船机维修中的主要清洗方法。

1) 常规清洗

常规清洗又称油洗,是利用有机溶剂(如氟碳溶剂等)和汽油、柴油或煤油溶解零件表面上油污垢的一种手工清洗方法。清洗时,先将零件浸泡在油中,用抹布或刷子除去零件上的油污。此种方法操作简便、易于实现、使用灵活。对于清洗油污积垢不严重的零件,效果又快又好,在船上和船厂中被广泛采用。但对积炭、铁锈和水垢无效;使用不够安全,应注意防

火,尤其汽油容易挥发,容易引起火灾。

2) 机械清洗

利用钢丝刷、毛刷、刮刀、竹板、砂布或油石等进行人工刷、刮、擦和磨的机械摩擦、切削的作用来清除零件表面沉积较严重的积炭、铁锈和水垢等。常用方法有:手工机械清洗、喷丸机械清洗、超高压水射流除锈工艺等。

(1) 手工机械清洗。用刮刀、断锯条等刮除非光滑配合面上的积炭或用钢丝刷掉积炭、铁锈和水垢;对光滑的配合面上的积炭、铁锈等可用铜或软刮刀刮除,然后再用柴油或汽油清洗干净。常用于清洗柴油机燃烧室的零件。

(2) 喷丸机械清洗。喷丸机械清洗是利用水压把塑料软丸或者胶球压入管系中,利用弹丸对管壁的摩擦进行除垢。常用于对炉管和冷凝管的清洗。

(3) 超高压水射流除锈工艺。利用水是不可压缩的介质这一特性,提供足够的能量使高压水通过喷嘴被加速到非常高的速度(达 600 m/s,甚至更高),而获得喷射冲击能,来粉碎、消散或分解船舶机械设备或者船壳上的铁锈等污染物。由于水流速度与通过喷嘴孔的水压成正比,因此,通常采用直径较大的喷嘴获得较低的水压来除锈,以避免损伤船舶机械设备的零部件或者船壳。

机械清洗操作简便,使用灵活、适用范围广,对清除零件表面积垢十分有效,广泛用于船上和修船厂。但此法容易损伤零件表面,产生划痕与擦伤,且劳动量大。

3) 化学清洗

利用化学药品的溶解和化学作用,清除零件表面上的油、油脂、污垢、漆皮、积炭、水垢和铁锈等,常用于热交换器的清洗。依所用化学清洗剂的不同主要有以下三种:

(1) 碱性清洗剂。碱性清洗剂可有效地清除零件表面上的油、油脂污垢、油脂的高温氧化物、漆皮等附着物。根据零件材料不同有不同配方的清洗剂。碱性清洗剂一般是由氢氧化钠、碳酸钠、磷酸钠、硅酸钠及少量乳化剂组成的水溶液。它们是通过碱性清洗液对零件表面油污的皂化作用和乳化作用将油污去除。一般钢质零件可采用强碱性(pH≥13)清洗剂;铸铁、铜、铝等材料可采用中、弱碱性(pH≤12)清洗剂清洗。为了增强清除效果,一般清洗时均需加温至 80~90 ℃,浸泡 3~4 h 并搅动等,条件允许时还可用高压水(约 5 MPa)冲净。但碱洗零件表面容易生锈。

(2) 酸性清洗剂。酸性清洗剂与水垢、金属氧化物能发生强烈的化学反应,使其溶解或者脱落,常用于清除零件表面上的水垢和铁锈。酸性清洗剂常用无机酸或有机酸配制而成。无机酸的主要成分是盐酸(HCl)、磷酸(H_3PO_4)或硫酸(H_2SO_4)、添加缓蚀剂(甲醛)、表面活性剂和其他的添加剂,常用 10% 的稀盐酸加 0.5%~1.0% 的甲醛浸泡 24 h,洗净后用碳酸钠(Na_2CO_3)中和,最后用清水冲洗干净。有机酸清洗剂以氨基磺酸为主剂,对金属的腐蚀性相对小些。

(3) 合成洗涤剂。合成洗涤剂是近年来发展起来的一种新型清洗剂。对于机舱中不同的机器及其不同的脏污有不同的清洗剂。

① 全能清洁剂:全能清洁剂是一种中性多功能水溶性清洗剂,室温下可以迅速清除零件表面上的油污、铁锈、积炭和氧化物。在 60~80 ℃下清洗效果更好。全能清洁剂完全溶于水,无异味和无腐蚀性,但有刺激性,应避免与眼睛、皮肤和衣物等接触,使用时应戴保护

镜和手套。全能清洁剂能有效地清洗涡轮增压器、热交换器、泵和管系等。

② SNC2000 除炭剂：积炭清洁剂具有很强的溶解力，可溶解油、油脂。能渗透和软化积炭(碳、烟灰、泥垢等)，但不能溶解积炭，积炭软化松动后用水冲掉。较小零件一般浸泡 4～8 h，可使积垢完全溶解与松动；零件上积垢严重时，可在加热至 55～60 ℃ 的除炭剂中浸泡 24 h(最长)，即可用水冲掉或用刷子刷洗，再用压缩空气吹干。大型固定件可刷洗清除积炭。

4) 化学清洗工艺

(1) 水力冲洗法：用高压的热清洗液直接喷射冲洗，或在清洗件表面上涂一层清洗药液，先用高温低压蒸汽烘烤然后用高压热水冲洗。它适用于结垢不太严重无隔腔零件的清洗。

(2) 浸泡冲洗法：将欲清洗件浸泡在加热到一定温度的清洗药液中，并通入蒸汽或用泵使清洗液翻腾流动，亦可通入超声波以加快药液与污垢的反应。然后取出，用高压热水冲洗。该清洗法除垢力强，适用于结垢严重，形状复杂如活塞头、气缸盖及易被冲走之小件的清洗。

在特殊情况下，可采用工作内腔作为容器自身浸泡。例如，热交换器可在其壳体内灌满药液，浸泡后放出药液，再用热清水冲洗干净即可。

(3) 循环冲洗法：用耐蚀泵使加热到一定温度的清洗液在被清洗系统内循环，保持药液对水垢的冲刷作用和化学作用。流动速度控制在 0.3～5 m/s，在冲洗过程中要定期检测药液的 pH 值，当清洗药液的 pH 值趋向稳定后，在清洗药液每循环两次时测一次 pH 值，连续测 4 次，若 pH 值一直稳定不变，则循环冲洗除垢工作可以结束。该方法最适宜清洗拆卸工程量大或有困难的设备与系统，如锅炉等。

7.3.2.2 使用清洗剂应注意的事项

(1) 根据清洗目的来选用清洗剂，选用时应认真查看商标或产品说明书。

(2) 选用清洗剂时应选用对人体健康无损害的清洗剂。还应注意有的清洗剂是易燃液体，因此在使用、储存时应严格按说明书的要求操作使用。

(3) 船用清洗剂应满足下列安全因素：闪点＞61 ℃；不含苯、四氯化碳、四氯乙烷、五氯乙烷和其他有毒成分的化学品。

(4) 清洗时工作场所应通风良好，最好在船尾处，人应站在上风侧面位置，要求配戴保护器具，以减少与皮肤和呼吸道的接触。

(5) 使用乳化型清洗剂不允许排入舱底或机器处所。因为许多清洗剂都会引起油水混合物乳化，或者几种不同品种的清洗剂同时排入机舱舱底，可能引起永久性乳化状油污水混合物，以致会造成分离设备不能正常运转，从而造成海洋环境的污染。

国际海事组织(IMO)的海上环境保护委员会经多次讨论研究，通过了"船舶机舱处所洗涤用的清洗剂"报告，制订出保护海洋环境的新措施。

7.3.3 管系清洗

7.3.3.1 管系清洗的目的

当一台新造柴油机或一台完成大修的柴油机启动投入运转前，不论是在造机厂、船厂还是船上，都应该注意柴油机各种油系统的清洁，以免留下后患。因为在管子制造和管系组装时可能会带入灰尘、污物颗粒；船舶建造或修理时各种作业落下的灰尘、焊渣、粉末等也会进入机器、油箱和管系；经过长期运转的柴油机各种油系统中还会有污物积存，甚至沉积在管壁上。因此,为了保护发动机的零部件及保证其正常运转,任何新造或修理后的船舶机械在启动运转前都必须冲洗其各种油水系统,以保证各种系统的清洁,尤其是润滑油系统的清洁最为重要。

润滑油系统脏污和润滑油不清洁将造成配合件的磨损加剧和其他故障。造成主轴承、十字头轴承、连杆大端轴承和各种轴承的损伤和轴颈的磨损,破坏润滑油膜,引起抱轴、拉缸等新的故障发生。清洗润滑油系统是为了彻底清除管路中残存的杂质、污物颗粒以及管壁上的污垢,防止它们进入轴承等配合件中,确保柴油机安全、可靠地运转。

7.3.3.2 管系清洗的基本方法和注意事项

通常柴油机的润滑油系统采用标准润滑油来进行清洗,燃油系统采用柴油来进行清洗。下面以柴油机润滑油系统清洗为例。

1)准备工作

润滑油系统清洗前,首先应清洁主柴油机的内部和链条箱的内部等,可用连接到润滑油管上的软管进行冲洗。其次对主柴油机外部管路中的污物,通过滤器和分油机进行清除。但应注意,柴油机外部滑油管路清洗一定要与其内部滑油管路分开来,绝不允许清洗外部管路的油液流经主机。

2)管口的堵塞

堵住连通到曲柄箱的各主轴承的滑油支管,使滑油不能进入各主轴承、链条箱轴承和喷嘴、推力轴承和十字头轴承、增压器轴承等。

3)保护十字头轴承

由于十字头轴承上盖设计成开式,在主机安装过程中和整个清洗过程中均应将其盖住,以防止脏污物落入轴承。

4)振动或敲击管系

清洗期间,为了使沉积于管壁上的污垢松动,采用便携式振动器或手锤敲击管子,然后将脱落的污物清除。

5)清洁油柜和管端

清洗时应注意清洁油柜和管端,因为滑油中的颗粒和污物会沉淀在油柜底部和管端,如果不被清洁,当柴油机运转时,滤器就会频繁堵塞。这是由油温升高或船舶的摇摆倾斜,使沉淀在油柜底部的颗粒、污物与油再次掺混所致。

零件和管路的
清洗

6)润滑油的流速和温度

清洗时,应将润滑油加热至 60~65 ℃为宜。为了造成管系内润滑油的充分扰动,润滑油应以一定的流速流经润滑油系统。

任务 **7.4** 船机装配

船舶机械经拆卸、检验和清洗后,对损坏的零件进行修复或更换,然后进行装复和调试,恢复其原有的功能。船机装配是把拆卸下来的各个零件按照技术要求、装配规则和一定的装配方法装成部件,再把这些部件按一定的次序和要求总装成一部完整的机器。船舶主副柴油机在检修中包括以下部件的装配:气缸套的安装、活塞组件的装配、活塞杆填料函的安装、筒状活塞与连杆的装配、十字头式柴油机活塞运动部件的装配、气缸盖的安装和主轴承的安装等。

7.4.1　装配要求

装配工作要求应达到正确配合、可靠固定和运转灵活。具体要求如下。

(1) 保证各相对运动的配合件之间的正确配合性质和符合要求的配合间隙。

(2) 保证机件连接的可靠性。

(3) 保证各机件轴心线之间的正确位置关系。

(4) 保证定时、定量机构的正确连接。

(5) 保证运动机件的动力平衡。

(6) 确保装配过程中的清洁。

装配工作是一项极为重要的工作,装配质量直接关系到柴油机运转的可靠性、经济性和使用寿命。

7.4.2　装配方法

零件装配成部件时,可能是原件装配,也可能是更换的备件或者是更换加工的配制件进行装配。一般原件装配较为顺利,如果换新零件则装配工作需要采用一定的方法才能达到装配要求。

1) 调节装配法

采用调节某一个特殊的零件,例如垫片、垫圈等来调整装配的精度。例如,用增减厚壁轴瓦结合面之间垫片的厚度来保证轴承间隙。

还可以用移动连接机构中某一零件的方法达到装配精度。例如,气阀间隙的调节,气阀定时和喷油定时的调整。

2) 机械加工修配法

采用修理尺寸法、尺寸选配法、镶套法等来使配合件恢复配合间隙和使用性能。

3) 钳工修配法

采用钳工修锉、刮研或研磨等方法达到装配精度。例如,换新轴瓦后为了满足轴与瓦的配合要求,需要对轴瓦进行拂刮。

凸轮轴总装

7.4.3　船机装配的主要工作

(1) 清洁工作。装配前,应将零件彻底清洁干净,清除备件、修理零件或新配置零件上的毛刺、尖角,尤其是应使配合面上无瑕疵与脏污等。

(2) 对连接零件的结合面进行必要的修锉与拂刮,以保证连接件的紧密贴合。例如,气缸套与气缸体的结合面的修刮。

(3) 对有过盈配合的配合件采用敲击、压力装配或热套合装配、冷套合装配。

（4）采用液压试验检验零件或系统的密封性。如对气缸套、活塞的水压试验。

（5）对各部件、配合件及机构进行试验、调整和磨合运转等。

（6）进行机器的装复，并做整机检验与调试，以检验机器的技术性能和修理质量，达到检修的目的。

7.4.4 装配过程中的注意事项

（1）熟悉机器的构造和零件之间的相互关系，以免装错或漏装。

（2）有相对运动配合件的配件表面和零件工作表面上不允许有擦伤、划痕和毛刺等，并保持清洁、干净。

（3）零件的摩擦表面（如气缸套内表面、活塞和活塞环外圆面）和螺纹应涂以清洁的机油，防止生锈。

（4）装配过程中对各活动部件应边装配边活动，以检查转动或移动的灵活性，应无卡阻。若待全部装配完毕再活动则不能及时发现装配工作中的问题，甚至造成返工。

（5）对于有方向性要求的零件不应装错，例如装在活塞上的刮油环刮刃尖端应在下方，才能将气缸壁上多余的润滑油刮下。如装反了就会向上刮油，加强了压力环的泵油作用，使大量滑油进入燃烧室。

大型低速柴油机总装

（6）旧的金属垫片，如完好无损，可继续使用，但应注意退火软化。而纸质、软木、石棉等旧垫片则一律换新。

（7）重要螺栓如有变形、伸长、螺纹损伤和裂纹等均应换新。安装固定螺栓的预紧力和上紧顺序均应按说明书或有关规定操作。

（8）对规定安装开口销、锁紧片、弹簧垫圈、保险铁丝等锁紧零件的部位，均应按要求装妥。若采用金属丝锁紧螺母时，金属丝的缠绕方向应与螺母的旋紧方向保持一致。锁紧零件的尺寸规格亦应符合要求。

小型船舶柴油机装配与调试

（9）安装中，需用锤敲击的时候，一般采用木槌或软金属棒敲击，且不能敲打零件工作表面或配合面。

任务 7.5　柴油机活塞运动部件的平台检验

活塞运动部件在船上安装之前，应在车间平台对其相对位置精度进行检验，以保证与固定件的对中性和缩短船舶建造周期。营运船舶在修船期间，必要时也应进行这一检验。

7.5.1 活塞运动部件相对位置的技术要求

十字头式柴油机活塞、活塞杆、十字头、滑块和连杆等零部件装配后，其相对位置应符合下列要求。

（1）活塞裙外圆与活塞杆外圆的同轴度不大于 $0.10\,\text{mm}$。

（2）活塞杆中心线与十字头销中心线垂直，垂直度不大于 $0.05\,\text{mm/m}$。

（3）活塞杆与十字头之间的连接螺栓装妥后，其支承面间用 0.05 mm 塞尺检查不应插入。

（4）滑块工作面与活塞杆中心线的平行度不大于 0.10 mm/m。

（5）滑块两侧面与活塞杆中心线的平行度不大于 0.15 mm/m。

（6）连杆与十字头装配后，在平板上垂直状态测量时，连杆大、小端轴承孔中心线的平行度不大于 0.15 mm/m。在水平状态测量时，平行度（歪扭允差）不大于 0.15 mm/m。

7.5.2　活塞运动部件的平台检验

7.5.2.1　活塞与活塞杆同轴度检验

大型柴油机的活塞头和活塞裙分别制造时，应将其组装成一体，然后再与活塞杆组装。活塞组件装配后，应检验活塞裙部外圆与活塞杆外圆的同轴度，并调整使之同轴。检验时，随活塞组件尺寸的不同可在车床或在平台上进行检验，如图 7-12 所示。大型柴油机活塞部件在车间平台检验时，将其置放于平台 V 形铁上，以活塞杆外圆为检验基准，用百分表测量活塞头部和裙部外圆的径向跳动量。活塞转动一周百分表数值变化量不超过 0.10 mm。

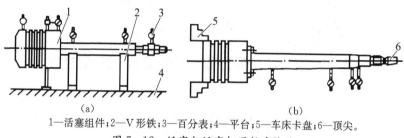

（a）　　　　　　　　　　　　　（b）

1—活塞组件；2—V 形铁；3—百分表；4—平台；5—车床卡盘；6—顶尖。

图 7-12　活塞与活塞杆同轴度检验

（a）平台检验；（b）车床检验

7.5.2.2　活塞杆中心线与十字头销中心线垂直度检验

活塞杆与十字头销装配后，置于平台的 V 形铁上，如图 7-13（a）所示。V 形铁分别支承在活塞裙部和活塞杆的外圆面，用百分表测量十字头销上相距 l 的两点读数 a、a'，则活塞杆与十字头销的垂直度 Δ 为：

$$\Delta = (a - a')/l \tag{7-1}$$

活塞杆中心线与十字头销中心线位置度检验如图 7-13（b）所示。

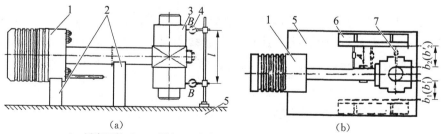

（a）　　　　　　　　　　　　　（b）

1—活塞组件；2—V 形铁；3—十字头销；4—百分表；5—平台；6—立式平台；7—内径千分尺。

图 7-13　活塞杆与十字头销中心线垂直度检验

（a）垂直度检验；（b）位置度检验

7.5.2.3 滑块工作面与活塞杆中心线平行度检验

检验时,首先调整活塞杆中心线、十字头销中心线和首、尾正车滑块工作面 $M(E)$ 与平台平行。调节千斤顶和V形托架,使百分表测量 A、B 和 C、D 读数分别相等。则活塞部件中心线和十字头销中心平行于平台,如图 7-14 所示。调节支承首、尾倒车滑块的千斤顶,使首尾正车滑块工作面 $M(E)$ 与平台平行。然后用百分表测量倒车首、尾滑块工作面 $N(F)$ 上相距 l 两点的读数 a、a' 和 b、b'。则正车滑块、倒车滑块工作面平行度 Δ 即为滑块工作面与活塞杆中心线的平行度 Δ,为:

$$\Delta = (a - a')/l \quad 或 \Delta = (b - b')/l \tag{7-2}$$

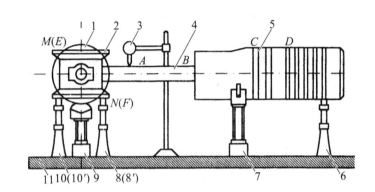

1—十字头销;2—正车滑块 $M(E)$、倒车滑块 $N(F)$;3—百分表;4—活塞杆;5—活塞
6、8($8'$)、10($10'$)—千斤顶;7、9—V形托架;11—平台。

图 7-14 滑块工作面与活塞杆中心线平行度检验

7.5.2.4 连杆大端轴承、小端轴承孔中心线平行度检验

连杆杆身与大端轴承、小端轴承及十字头组装成一体后,应检验垂直平面内和水平平面内的大小端轴承孔中心线的平行度,以保证活塞运动装置的对中性和正常运转。

图 7-15(a)中,连杆以大端轴承剖分面为基准立于平台上,十字头销安置在小端轴承下瓦上。用置于小端平台上的百分表测量十字头销上相距 l 两点的读数 a、b,则大端轴承、小端轴承孔中心线在垂直平面内的平行度 Δ:

$$\Delta = (a - b)/l \tag{7-3}$$

图 7-15(b)中,连杆水平置于平台的千斤顶上。调节千斤顶使百分表沿大端轴承孔全长读数不变,则大端轴承孔中心线和连杆杆身轴线平行于平台。用百分表测量十字头销颈上相距 l 的两点读数 a、b。则大端轴承、小端轴承孔中心线在水平平面内的平行度 Δ:

$$\Delta = (a - b)/l \tag{7-4}$$

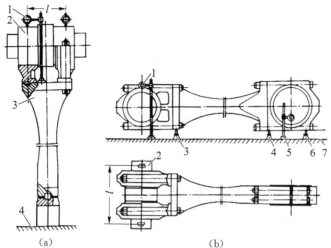

（a）   （b）

1—百分表；2—十字头销；3—连杆；4—平台；1、5—百分表；2—十字头销；3、4、6—千斤顶；7—平台。

图 7-15 连杆大端轴承、小端轴承孔中心线平行度检验

（a）垂直平面内平行度检验；（b）水平平面内平行度检验

任务 7.6 柴油机吊缸检修

7.6.1 吊缸检修的目的

吊缸就是把柴油机的缸盖取下并吊出活塞组件，对活塞、缸盖和缸套进行检查、测量和修理。营运中船舶的吊缸检修主要有以下两种：不正常的事故性吊缸；周期性的计划吊缸。

周期性的计划吊缸是根据发动机使用说明书和视情而定。在运转一定时间后（一般老式大型低速柴油机吊缸周期约 4 000 h、新型机约 8 000 h），即使没有发生异常情况，也要吊缸检修。显然，周期性的吊缸检修是防止柴油机出现事故的预防维修措施，可以早期发现不正常现象，使我们能及时采取措施，防止事故发生。

7.6.2 吊缸程序

吊缸检修的基本过程包括：拆卸与清洗、检测与修理、安装和调试。

7.6.2.1 吊缸开始前的准备工作

（1）检查起吊工具，如行车、葫芦、链条、钢丝绳等是否正常，若有损伤禁止使用。

（2）关闭主启动阀和空气瓶的截止阀。

（3）在吊缸检修的全过程中，打开所有示功器旋塞。

（4）合上盘车机，并把手柄锁住。

（5）在操纵台上挂上正在检修，不准动车的牌子。

7.6.2.2　拆卸程序

（1）放掉柴油机机体内冷却水和机座内滑油，拆下与缸盖或机体相连接的所有的传感器的导线。

（2）拆下摇臂罩壳螺钉并取下罩壳，注意罩壳里面滑油的黏着情况。

（3）拆除与缸头及缸头附件相连接的所有管子。拆除高压油管与喷油器的连接，进气管、排气管与缸头的连接，缸体与缸头间的冷却水管连接，启动空气管与气缸启动阀的连接等。

（4）拆下气缸盖。拆除气缸盖螺母，吊起气缸盖。进一步拆卸气缸盖上的附件，如摇臂机构、进排气阀、喷油器、气缸启动阀、示功阀和安全阀等。

（5）吊出活塞连杆组件。拆除曲柄箱道门固定螺丝，取下曲柄箱道门。拆除曲柄销轴承的连杆螺栓，取下连杆大端瓦，由气缸上部吊出活塞连杆组件。

（6）拆气缸套。如有滑油导管应旋出，用缸套专用装配工具吊出气缸套。

（7）按顺序放好所有拆卸的零部件，以备清洗、检查和测量。

7.6.2.3　吊缸装复注意事项

（1）在将活塞吊入缸套之前，应摇动气缸注油器，查看各注油点是否有油流出，并沿活塞环及缸套的工作面涂气缸油。

（2）所有拆下的紫铜垫床，在装复前都应回火，使其恢复塑性（新机型垫床已取消）。在拆卸过程中损坏的垫床应予以换新。（常用垫床有紫铜的，也有低碳钢的）

（3）在活塞杆下端，先装上两半型锥形导套作为引导器，以防活塞杆下端凸缘卡断填料函中的密封环。

（4）活塞在装入前，将车盘至上止点再吊活塞。在吊入活塞之前，首先在缸套上放置活塞环导向锥形圈（导套）来引导活塞环进入气缸。在缓慢降落活塞的过程中，要特别注意活塞杆和冷却套管的定位。待活塞杆下端插进十字头后，上部可脱开吊钩，并使十字头与活塞装配服帖，将车盘至下止点然后上紧活塞杆螺母，并锁紧。

（5）装复缸盖之前，要查看活塞顶部是否落入异物、遗留下工具。然后，再盖上缸盖，并均匀地拧紧螺母。

全部装复后，把在吊缸过程中开关过的所有油、水阀门全部恢复原位，而后充水逐气和对高压油泵及喷油器进行泵油逐气，并查看各处有无漏水、漏油的情况。

在情况许可又认为必要时，应与驾驶室联系进行吊缸后的试车，以便早期排除故障。

7.6.3　吊缸检修的检测项目

7.6.3.1　气缸盖的拆卸与检查

在拆卸之前首先应放出所吊气缸的冷却水，拆除与之相连的管子和其他附件，并把所有向上的管口、油孔用麻布包扎好，以免杂物落入管内。对所有的螺栓、零件和垫床都要妥善放好，以免混淆和丢失，给装复造成困难。

然后按对角线交叉顺序逐一拧松缸盖螺母，用起吊工具吊起气缸盖。对咬住不动的缸盖不可用起吊工具来硬拉；可先用撬棒试验一下，看看缸盖是否松动，若黏得很牢，可先把缸盖一侧相邻的两个螺栓上紧，这样使缸盖稍有倾斜而松动。若仍不松动，可用千斤顶顶对面,使缸盖松动,要特别注意避免损伤缸盖和缸体。

卸下的气缸盖应用木板垫好放稳,若不起吊或暂不起吊活塞组件时,用木盖将气缸口盖好,避免杂物掉入缸内。缸体平面上的冷却水孔道用破布或木塞子塞堵。

缸盖吊起后应作如下检查:

(1)检查冷却水空间的情况。通过缸盖上的进出水口检查水道内有无油迹和水垢。在使用防锈油的情况下,可能由于混合不当,防锈油在水柜中被分离出来,污染了冷却空间。油迹、水垢附在传热面上会大大降低冷却效果,可能使缸头出现裂纹。当水垢和水锈的厚度超过2 mm时,缸套的冷却水空间必须进行机械或化学除垢。发现油迹,必须查明原因,及时消除。此外,更应仔细检查通过气缸冷却空间的注油嘴前端的密封与外部垫床和橡皮密封圈的老化,并注意及时更换,以防密封失效。新机型气缸注油器不通过冷却水腔。

(2)检查缸盖下部结合面是否平整,对于柴油机运行中发生过漏气的缸盖(特别是已几次紧过缸盖螺母仍未消除漏气时),更应注意检查密封平面的平直度以及有无其他缺陷。

(3)重点检查气缸盖触火面有无裂纹,要特别注意检查喷油器孔、启动阀孔、安全阀孔和示功阀孔以及缸盖拱形腔至密封平面过渡处是否有裂纹(在这些应力集中的地方最容易产生裂纹)。这样的缺陷在未对缸盖进行清洁之前最易发现。

7.6.3.2　活塞组件的检查

在活塞组件吊出之前,应详细观察气缸套上端是否有磨台(由于活塞没走到而形成的凸台),若有凸台应先磨去,避免在起吊活塞组件时引起活塞环折断。

起吊活塞组件应采用专用吊梁,如图7-16所示。活塞顶上一般都设有安装吊梁的螺孔。

柴油机在工作中,活塞组件受高温高压燃气及摩擦的作用,因此活塞组件经常出现活塞顶部的烧蚀、龟裂、裙部单侧磨损以及活塞环卡死和折断等故障。为此,应特别注意活塞头部和裙部有无上述损伤。然后取下活塞环进行清洁除炭,清洗后把活塞环置入缸套检查其搭口间隙是否正常,以及弹性是否消失。测量每道环槽环搭口附近及搭口

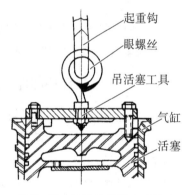

起重钩
眼螺丝
吊活塞工具
气缸
活塞

图7-16　吊运活塞的专用吊具

对面三处的平面间隙,如有一处超过极限都要换新。活塞环槽的积炭是造成活塞环断裂和卡住的重要原因之一,所以应当仔细地对活塞环槽进行清洁。

活塞裙部的减磨环有时会发生偏磨,严重时可能会单面被磨平。只要活塞裙部没有明显的拉缸现象,可不考虑更新减磨环,因为减磨环主要是在柴油机磨合阶段起导向作用。新型柴油机无减磨环。

对于搭口间隙过大的活塞环不要移位使用,因为它在一个新的工作位置重新磨合历经的时间比新活塞环磨合的时间还要长。特别是上两道活塞环不可用下部用过的活塞环来调用。

在更新活塞环时要注意以下几点:

(1)各道活塞环槽中的大部分品种有所不同,不要装错,要对号入座。

(2)为防止环被气口挂断和划伤缸套,环端要进行倒角。但现代新型机不能倒角。

（3）测量活塞环厚度是否符合标准。

（4）将环放入缸套内的最小直径处，测量搭口间隙，取出后按次序置于环槽内测量天地间隙和背向间隙。

在认为一切合适后，将环在槽内左右回转 180°，查看有无卡阻现象，测量环在槽中的平面间隙，然后将各环的搭口错开 120°～180° 布置。

7.6.3.3 气缸套的检查

大多数柴油机中，缸套磨损最严重的位置是在上止点或附近的第一道活塞环所对应的位置，并沿缸套向下磨损逐渐变小。这是因为上止点处的温度最高，润滑条件最差，腐蚀也比较严重。另一方面，气缸上部滑油裂化现象较为严重，生成的炭粒等杂质混入滑油，缸壁上部便受到腐蚀磨损和磨料磨损的联合作用，所以缸套上端磨损也最快。缸套磨损较重时，会产生严重的圆度误差及圆柱度误差，吊缸中应予以检查。

在吊缸检查中有时会发现下述缺陷：

（1）缸套内表面有纵向刮痕和擦伤，甚至发生裂纹。

（2）有拉缸征兆——活塞单面靠缸（多数靠向排气侧）。

（3）扫气孔之间的筋条产生裂纹或断裂。

（4）油线磨损（变浅或磨平），注油孔堵塞。

（5）排气口积炭。

在吊缸检查中应当十分注意缸套有无上述缺陷，并酌情加以修正。另外，在认为必要时，应测量缸套的变形和磨损程度。缸套严重损坏、无法修复时应立即换用备件。

7.6.4 活塞运动部件装复后的校中检验

活塞运动部件吊运上船与气缸固定件装配后，为了保证柴油机可靠运转，要求运动件与固定件有准确的相对位置和合适的配合间隙。在整个行程中它们的中心线基本重合或平行，活塞与气缸间隙、导板与滑块间隙等符合说明书规定。在安装过程中，通过对活塞运动部件在气缸中的横向校中（左右方向）和纵向校中（首尾方向）工艺来达到规定的技术要求。

7.6.4.1 技术要求

柴油机说明书和船舶柴油机安装标准中对活塞运动部件校中技术要求均有规定。我国船舶行业《船用柴油机修理技术标准》规定：

1）活塞与气缸间隙的要求

（1）十字头式柴油机，在未装活塞环的条件下，活塞位于近上下止点位置时，滑块工作面与导板工作面应紧密贴合，用 0.05 mm 塞尺检查插不进的情况下，活塞裙部减磨环处与气缸内孔单边最小间隙：缸径＜700 mm 时，应不小于该处总间隙的 30%；缸径＞700 mm 时，应不小于该处总间隙的 20%。

（2）筒状活塞式柴油机，在未装活塞环的条件下，活塞位于近上下止点位置时，活塞裙部与气缸内孔单边最小间隙应不小于该处总间隙的 25%。总间隙为首尾或左右间隙之和。

（3）活塞在气缸内沿柴油机纵向允许平行偏在一边，但向另一边撬动时，偏移量应能转移过去。活塞与气缸套之间的极限间隙如表 7-4 所示。

表 7-4　活塞与气缸套之间的极限间隙(单位:mm)

气缸直径	四冲程筒形活塞极限间隙		二冲程筒形活塞裙部极限间隙	十字头式活塞裙部极限间隙
	铸铁活塞	铝活塞		
≤100	0.35	0.40	—	—
100~150	0.55	0.60	0.75	—
150~200	0.72	0.80	1.00	—
200~250	0.88	1.00	1.10	—
250~300	1.04	1.20	1.20	—
300~350	1.20	1.40	1.30	—
350~400	1.35	—	1.40	—
400~450	1.50	—	1.60	2.10
450~500	—	—	1.80	2.30
500~550	—	—	1.90	2.50
550~600	—	—	—	2.70
600~650	—	—	—	2.90
650~700	—	—	—	3.20
700~750	—	—	—	3.40
750~800	—	—	—	3.80
800~850	—	—	—	4.00
850~900	—	—	—	4.20
900~950	—	—	—	4.50
950~1 000	—	—	—	4.70
1 000~1 050	—	—	—	4.80
1 050~1 100	—	—	—	5.00

2) 十字头滑块与导板间隙的要求

十字头式柴油机的十字头滑块与导板应均匀接触,安装间隙和极限间隙应符合说明书或标准规定。如表 7-5 所示。

表 7-5　滑块与导板间隙(单位:mm)

十字头销直径	安装间隙		极限间隙	
	工作面	侧面	工作面	侧面
≤75	0.15~0.20	0.18~0.28	0.30	0.50
175~200	0.15~0.20	0.20~0.30	0.30	0.50

(续表)

十字头销直径	安装间隙		极限间隙	
	工作面	侧面	工作面	侧面
200~225	0.16~0.22	0.20~0.30	0.35	0.60
225~250	0.18~0.24	0.20~0.30	0.35	0.60
250~275	0.18~0.24	0.22~0.32	0.35	0.65
275~300	0.20~0.26	0.24~0.34	0.40	0.65
300~325	0.22~0.28	0.26~0.36	0.45	0.70
325~350	0.24~0.30	0.28~0.38	0.50	0.70
350~375	0.26~0.32	0.32~0.42	0.60	0.75
>375	0.28~0.36	0.34~0.54	0.70	0.75

3）连杆大端、小端的轴向间隙要求

一般，小端轴向间隙为 0.3~0.5 mm；大端轴向间隙为 $(0.01~0.15)d$（d 为曲柄销直径）。

7.6.4.2 校中方法

1）活塞与气缸间隙的测量

（1）测量方法。将清洁后不带环的活塞组件装入缸中，盘车使活塞分别处于上止点后 15°~30°、下止点前 15°~30° 的工作状态位置，使滑块在侧推力作用下紧压在正车导板上，有利于提高测量精度。用塞尺测量活塞与气缸在首、尾、左、右 4 个部位的间隙值。

十字头结构

活塞与气缸间隙还可采用照光法进行定性检查。在活塞下方置一强光源，自活塞顶向下观察活塞在近上下止点位置时的漏光情况（一般间隙大于 0.20 mm 光即容易透过）。若活塞周围有一宽度相等的光环，表明活塞与气缸间隙正常，运动部件对中良好；若光环宽度不等，表明间隙不正常，对中性差。照光法仅适于营运船舶吊缸检修，且不适于长裙活塞及中小型柴油机。

（2）测量部位。活塞与气缸间隙测量部位随机型、活塞结构不同而异。长裙活塞一般测量减磨环和裙下部任一点与气缸的首、尾、左、右间隙；短裙活塞测量裙部与气缸间隙或再增测活塞杆与填料函孔之间的间隙；筒形活塞测量活塞头部和裙部与气缸的间隙。每次测量活塞与气缸间隙的部位应保持不变，以便于比较和分析。

2）十字头滑块与导板间隙的测量

滑块与导板间隙的测量同样要求活塞分别处于上止点后 15°~30°、下止点前 15°~30° 位置，正车滑块紧压在正车导板时进行。

双导板柴油机：测量倒车滑块工作面与倒车导板工作面之间的间隙，即左右方向上工作面间隙；测量倒车滑块侧面与倒车侧导板之间的间隙，即首尾方向上的侧面间隙。并使工作面间隙和侧面间隙符合说明书规定。

单导板柴油机：测量活塞位于上下止点附近部位时，滑块倒车工作面与倒车导板的工作面间隙及滑块侧面与侧导板的侧面间隙,而且需测滑块的上部和下部与导板相应位置的间隙。

由于测量数据较多,为了现场记录方便,常采用图 7-17 的记录方式。

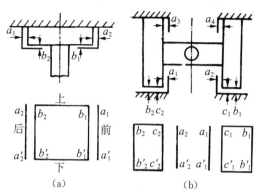

图 7-17　十字头滑块与导板间隙的测量与记录

(a)单导板式;(b)双导板式

3) 连杆大小端轴承轴向间隙的测量

可用塞尺直接测量。注意在船上测量时,由于船首高于船尾,活塞在气缸中后倾,因而可能会出现十字头轴承尾侧的轴向间隙为零。此时,可用小撬杠把十字头向前拨动,能顺利拨过去,说明没问题。

7.6.4.3　活塞运动部件失中

柴油机长期运转后,由于活塞、十字头、连杆等运动部件本身形状的变化,轴承的磨损等,使得柴油机运转中活塞运动部件与固定件之间的相对位置不正确,称为活塞运动部件的失中。活塞运动部件失中不仅加速磨损,而且会导致敲缸、拉缸等故障。失中可分为:①横向失中,活塞运动部件与固定件在左右方向发生不对中的现象;②纵向失中,活塞运动部件与固定件在首尾方向发生不对中的现象。

1) 横向失中及处理方法

横向失中一般发生在十字头式柴油机上。十字头式柴油机由于安装质量不佳或运转中异常磨损造成固定件的导板工作面与气缸中心线不平行或距离不符合设计要求;运动部件的滑块工作面与活塞运动部件的中心线不平行或距离不符合设计要求;或以上两种情况同时存在。图 7-18 是活塞运动部件横向失中举例。其中图(a)为正常情况,即活塞与气缸在左、右方向的间隙和滑块与导板的平面间隙符合柴油机说明书或规定;图(b)为导板工作面与气缸中心线间的距离过大或滑块工作面与活塞运动部件中心线间的距离过大造成在上下止点附近时活塞在气缸中偏左的极端情况;图(c)为导板工作面与气缸中心线间的距离过小或滑块工作面与活塞运动部件中心线间的距离过小造成活塞在气缸中偏右的极端情况。此时,活塞与气缸左右两侧间隙相差悬殊,甚至一侧为零。应调节导板与机架或滑块与十字头之间的垫片厚度使距离符合要求,或采用导板、滑块工作面重浇白合金等措施。图(d)、图(e)为活塞运动部件在气缸中发生倾斜,在上下止点附近时活塞在气缸中分别偏向一侧。这种情况从所测量的活塞与气缸间隙分布明显地反映出来。其原因是导板工作面与气缸中心线或滑块工作与活塞运动部件中心线不平行所致。采用分段调节垫片或刮研白合金的方法消除导板或滑块的倾斜以缓解故障,到港后进厂彻底修理。

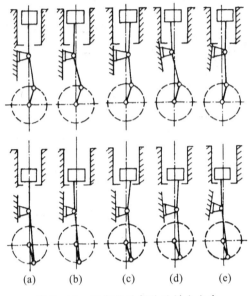

图 7 - 18   活塞运动部件的横向失中

2) 纵向失中及处理方法

纵向失中情况在各类柴油机上均有可能发生,图 7 - 19 为筒状活塞式柴油机活塞运动部件与气缸固定件的纵向失中情况。图(a)为正常情况,活塞运动部件纵向对中良好。图(b)中活塞与气缸的首尾间隙不等,但在近上下止点位置时同侧间隙相等或接近,表明活塞运动部件中心线与气缸中心线平行,但活塞在气缸中偏靠一侧。造成这种情况的原因主要是连杆大端两侧轴向间隙不等或船舶纵倾。调节连杆大端轴向间隙可消除此种失中。图(c),通过测量间隙可以判断活塞在近上止点时在缸中倾斜,而在近下止点时活塞在缸中位

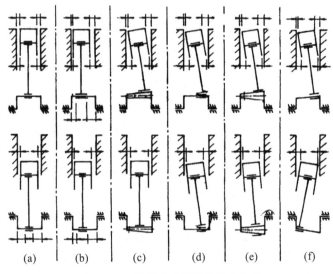

图 7-19   活塞运动部件的纵向失中

置居中,这是由曲柄销颈不均匀磨损产生单面锥度所致。消除曲柄销颈几何形状误差可使活塞在缸中有正确的相对位置。

　　图(d)、图(e)为活塞位于近上下止点位置时在气缸中发生向同一侧倾斜的现象。两图中的失中现象虽然相同,但产生的原因不同。图(d)为连杆大端轴承上瓦偏磨所致,图(e)为曲柄销颈纵向不均匀磨损出现锥度所致。可分别采用刮瓦和修轴措施消除失中现象。

　　图(f)测量值显示出活塞位于近上下止点时,活塞在缸中向首尾不同方向倾斜。这是由曲轴的曲柄销中心线与主轴颈中心线不平行造成的。通过机械加工消除曲轴的位置误差可消除此种失中现象。

　　在实际工作中,柴油机运转中的失中现象往往是复杂的,原因也是多方面综合性的。轮机员在船上遇到失中问题时,应根据实际情况,进行各种测量,收集实际运转的数据和资料,综合分析和判断,找出失中的原因,采取对症措施以消除失中故障。

知识拓展
经典案例分析
练习题

项目 8 柴油机主要零部件的检修

知识目标：掌握气缸盖、气缸套、活塞、活塞环、活塞销和十字头销、活塞杆填料函、曲轴、轴承、精密偶件、气阀、重要螺栓等柴油机主要零件的结构特点、工作条件和主要损坏形式；掌握柴油机主要零部件检测和维修的方法。

技能目标：会检测气缸盖、气缸套、活塞等柴油机主要零部件的形貌，并能判断是否处于适用状态；能够对柴油机典型零部件表面的拉痕、裂纹、磨损、腐蚀等缺陷进行有效修复。

任务 8.1 气缸盖的检修

气缸盖(Cylinder Cover)是柴油机重要的固定机件之一。其结构复杂，孔道繁多，特别是四冲程柴油机气缸盖更是如此。工作条件恶劣，其底面是燃烧室的一部分，直接与高温高压的燃气接触，承受周期性变化的热负荷和机械负荷的作用，产生很大的热应力和机械应力；冷却水腔承受着机械应力和冷却水的腐蚀作用。

气缸盖各部分温度不均，温度梯度大。加上多孔，壁厚不均，热应力极易使应力集中处产生裂纹。因此，它是一个较易损伤的零件。其主要的损伤形式有：裂纹、气阀座面和气阀导管磨损、底面和气阀座面烧蚀、水腔面腐蚀等。

8.1.1 气缸盖裂纹的检修

裂纹是气缸盖的主要缺陷之一，常发生在底面和水腔面，如图 8-1、图 8-2 所示。

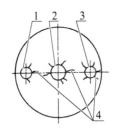

1—安全阀孔 2—喷油器孔；3—启动阀孔；4—裂纹。

图 8-1 RD 型柴油机小缸盖底面裂纹

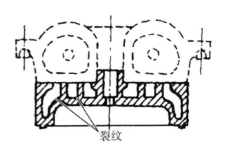

裂纹

图 8-2 MAN 型柴油机气缸盖裂纹

8.1.1.1　气缸盖裂纹的部位

1）气缸盖底面裂纹

气缸盖裂纹主要发生在底面孔与孔之间和孔的边缘过渡圆角处，即有应力集中的地方。具体产生裂纹的部位则随机型、气缸盖的结构和材质不同而异。

船用四冲程柴油机气缸盖结构复杂，底面分布着进排气阀孔、喷油器孔和示功阀孔等，气缸盖的强度被严重削弱，且由于各处壁厚不等、温度不均，以致在底面上孔之间、阀座面上容易产生径向裂纹，裂纹大多自中央的喷油器孔向周围其他孔扩展，如图 8-1 所示。

二冲程柴油机则容易产生以喷油器孔为中心向外呈放射状的裂纹。Sulzer RD 和 RN 型柴油机气缸盖，裂纹大多发生在中央小缸盖底面上喷油器孔、启动阀孔和安全阀孔四周的圆角处，裂纹多沿径向扩展。在外部大缸盖底面则常发生圆周方面裂纹。

2）气缸盖冷却侧裂纹

MAN 型柴油机气缸盖由上下两部分组成。由于下半部缸盖冷却水侧有环形冷却水道，裂纹多发生在冷却水道的环形筋根部有应力集中处，并沿圆周方向和向触火面扩展，导致气缸盖裂穿漏水。图 8-2 为 MAN 型柴油机气缸盖裂纹。

6ESDZ76/160 型柴油机下缸盖的裂纹常发生在两进水口入口对面的支承筋根部的过渡圆角处。裂纹先在水腔面产生，沿圆周方向延伸，然后沿壁厚方向从冷却水侧向触火面扩展，最后裂穿漏水，图 8-3 为裂纹示意图。

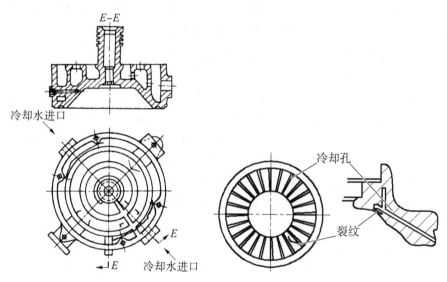

图 8-3　6ESDZ76/160 柴油机下缸盖的裂纹　　图 8-4　钻孔冷却气缸盖冷却水侧裂纹

对于新式钻孔冷却的气缸盖，在冷却水侧钻孔处产生裂纹，并且扩展至底面，如图 8-4 所示。这种裂纹是由淡水中的防腐剂浓度不合适和不良燃烧或者是钻孔冷却区的微生物腐蚀引发的裂纹。

8.1.1.2　气缸盖裂纹产生的原因

气缸盖裂纹产生的根本原因是热应力和机械应力周期作用引起的热疲劳、机械疲劳或高温疲劳，或者是综合的疲劳破坏。另外，因设计的结构不合理、安装不当、铸造缺陷、材料缺陷、操作管理不当等都会引起缸盖产生裂纹。但在柴油机运转过程中气缸盖产生裂纹的直接原因是轮机员的操作管理不当、维修保养不良所致。

1) 操作管理不当

轮机员操作管理不当将会造成零件过热，机械应力或热应力过大引起机械疲劳或热疲劳。柴油机冷车启动或启动后加速太快，使气缸盖等零件触火面与冷却面的温差过大，热应力增加；柴油机频繁启动、停车或长时间超负荷运转使机械应力和热应力增加；冷却和润滑不良或中断、停车后立即切断冷却水等都会使零件过热，热应力增加。

2) 维护保养不良

轮机员未能按照说明书维修保养大纲的要求进行定期吊缸检修，不能及时发现问题和加强保养；柴油机长期运转，对冷却水不进行投药处理或处理不当致使冷却水腔积垢严重，影响零件散热产生过大的热应力；安装气缸盖时未按照说明书的要求上紧气缸盖螺栓或各螺栓受力不均，使气缸盖产生过大的附加应力等。

8.1.1.3　气缸盖裂纹的检验

气缸盖是否有裂纹通常在下列检验中可以被发现：

(1) 按照中国船级社(CCS)的规范要求，营运船舶每5年一次保持船级的特别检验；其中对柴油机气缸盖及其阀件等进行打开检验。

(2) 按照主副柴油机说明书维修保养大纲的要求进行检修气缸盖及其阀件等。

(3) 新造或修理的气缸盖，以及怀疑有裂纹的气缸盖采用观察法粗检，采用无损探伤如渗透探伤、磁粉探伤、超声波探伤和水压试验等精检，判断气缸盖上有无裂纹。

在航行中可根据下列现象判断燃烧室零部件有无穿透性裂纹：

(1) 柴油机运转中，出现气缸或活塞冷却水压力表指针波动或膨胀水箱水位上下波动现象，可判断燃烧室零件有穿透性裂纹。因为当气缸盖或气缸套有穿透性裂纹时，燃烧室中的高压燃气会沿裂纹进入冷却水腔，使冷却水系统压力升高，压力表指针的读数增大和膨胀水位升高；当气缸排气后压力低于冷却水压力，冷却水自裂缝进入气缸大量漏泄，造成冷却水压力急剧降低，压力表指针的读数和膨胀水柜水位则迅速降低。此外，还可从冷却水温升高，淡水消耗量增加，扫气箱有水流出，膨胀水箱的透气管有气泡冒出和冷却水有油星等现象进一步判断。至于是燃烧室中哪个零件裂穿则需进一步判断。

(2) 启动前进行转车和冲车时，打开示功阀有水气或水珠喷出，表明燃烧室零件有穿透性裂纹或喷油器冷却水漏泄。注意！若缸内积水过多直接启动会造成水击事故。

(3) 曲柄箱或滑油柜中滑油量不正常增多或滑油中水分明显增加，或滑油迅速乳化变质。

(4) 吊缸时，活塞、气缸套、气缸盖工作表面有锈痕，或活塞顶部积水。

8.1.1.4　气缸盖裂纹的修理

当气缸盖发生了穿透性裂纹或关键部位的严重裂纹，则应换新。如果船上无备件则采用封缸运行，实施减缸航行的应急措施。当裂纹不太严重时，需对气缸盖上的裂纹进行修理。修理前先进行无损探伤查明裂纹的部位、尺寸和深度等，然后结合气缸盖的材料、结构选用下列不同的修理方法。

1) 钳工打磨

裂纹微小时采用锉刀、油石和风砂轮等工具打磨裂纹处予以消除，经无损探伤或水压试验检验合格后继续使用。否则,继续打磨、检验。若裂纹深超过壁厚的 3% 时,停止打磨,改用其他方法修理或报废换新。

2) 金属扣合

气缸盖底面和其他部位的裂纹采用金属扣合法修理,不仅保证零件的强度要求,还可满足密封性要求。气缸盖底面扣合时应加磷酸-氧化铜无机黏结剂。此法较其他方法可靠。

3) 焊补

焊补前应先在裂纹的两端各钻一止裂孔,并沿裂纹开 U 型坡口,坡口底端应成圆弧形,因为尖角不易焊透,而且焊接应力会使裂纹扩展。对于铸铁缸盖,用镍基铸铁焊条,而铸钢气缸盖则可用耐热钢焊条。用氧-乙炔焰对焊补部位进行较大面积烘烤,预热缸盖。焊补时每次焊补长度范围不得超过 30~40 mm,并趁红热状态用小锤快速轻轻敲击整个焊道,以防止裂纹产生。锤击后立即用氧—乙炔焰对焊缝加热回火,回火时焊缝表面呈暗红色即可。

4) 镶套修理

对于孔壁上的裂纹,如气缸盖上的进排气阀孔壁和喷油器孔壁的裂纹采用镶套修理,衬套的材料一般为不锈钢或青铜,其外圆面与镗大后的孔径配合为 H7/r6。衬套端部与阀孔底部间垫以紫铜垫片以增强密封性,如图 6-4 所示。此法效果好,可使零件继续使用 2 年以上。

5) 胶黏剂修理

对于气缸盖底面上的裂纹可采用磷酸-氧化铜无机胶进行修补。修补前将表面污垢清除干净,然后用有机溶剂清洗,砂纸打磨,烘烤去表面水汽,胶补,再烘烤,加快固化速度,提高修补质量。用此法修补,可使气缸盖在 500 ℃高温下长期工作。

6) 覆板修理

气缸盖外表面裂纹可采用覆板修理。修理时,先在裂纹两端钻止裂孔,涂胶黏剂(如环氧树脂)后将钢板覆盖其上,用螺钉将钢板固紧在气缸盖上。

以上修理气缸盖裂纹的方法亦可用于修理其他有裂纹的零件,应依零件的具体情况选用。修理后,对有密封性要求的零件应进行液压试验以检验修理质量。例如,对气缸盖进行 0.7 MPa 压力的水压试验,如图 4-1 所示。

8.1.2 气阀座的损伤及修理

8.1.2.1 气阀座的损伤

气阀座表面常见的损伤有磨损、烧蚀、凹痕和裂纹。

1) 气阀座的磨损

气阀座磨损主要表现在气阀座面上拉毛的伤痕,磨损严重时,会导致气阀座严重下陷。这是由气阀座受到阀盘的冲击使工作表面塑性变形而产生的。此外,由于爆发压力将迫使气缸盖底部及阀盘产生弹性变形,阀盘与气阀座之间很微小滑动引起微动磨损,如图 8-5 所示。

图 8-5 气阀座磨损

燃烧产物、硬颗粒、金属屑及其他杂质落到气阀座面上,起磨料的作用,引起磨粒磨损;燃料中含有钒、硫等,高温时引起钒腐蚀,低温时引起硫酸腐蚀,使气阀座引起腐蚀磨损;气阀座与阀盘受冲击载荷,因接触疲劳产生表面疲劳磨损。因此,阀盘与气阀座之间存在着上述几种磨损形式的综合作用。

在非增压柴油机上,由于进气阀工作条件较排气阀好,所以进气阀座面的磨损较小。但在增压柴油机上,情况则相反,即进气阀座面的磨损较排气阀座面大。因为增压柴油机的进气压力较高,使得润滑油无法从导管中进入座面,润滑条件差,导致磨损增大。排气阀座靠残留在废气中的滑油、灰末与烟粒组成一层很薄的非金属层,使得气阀工作面不发生金属的直接接触,因而磨损减轻。

2) 气阀座的烧伤

烧伤发生在排气阀座面上,其主要原因是气阀座扭曲变形和积炭,使阀盘与气阀座接触面暴露于高温燃气中引起烧损。当阀盘磨损过大、裂开,阀杆与导管间隙太小及阀盘变形等也能引起气阀座的烧损。燃料与滑油不完全燃烧生成的炭粒,堆积在阀盘与气阀座的接触面上,在阀盘的冲击作用下,它便不稳定而碎裂,部分脱离,从而使燃气经常流过其间。由于长时间燃气吹蚀,导致气阀座面烧损形成麻点及凹坑。

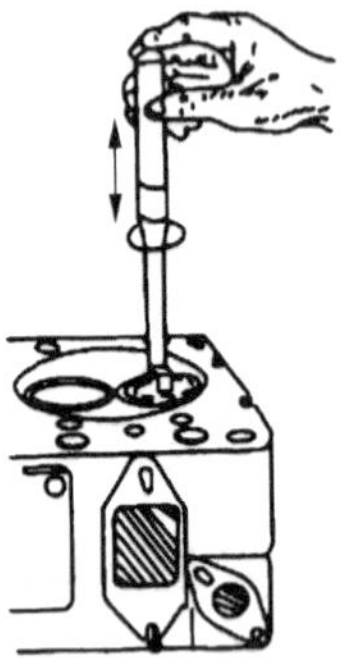

3) 气阀座的裂纹

气阀座在高温下受强烈的冲击载荷,常常使气阀座产生裂纹。由于排气阀座的工作条件差,因此排气阀座开裂的现象更多一些。

上述缺陷会严重破坏气阀的密封性。由于漏气,导致柴油机各缸功率不匀,启动困难,甚至不发火。

8.1.2.2　气阀座损伤的修复

气阀座损伤的修复主要取决于损伤形式及其严重度。通常有以下几种方法。

1) 手工研磨

用于损伤不严重,凹痕很小时。如图 8-6 所示,其方法:将缸盖倒置,利用已经光整过的阀盘锥面,与气阀座面互相研磨,研磨时两者之间涂上一层研磨剂。研磨好后,应做密封性检查。

图 8-6　气阀的手工研磨

2) 机器研磨

磨损不严重时,也可用气阀座研磨机进行修整,如图 8-7 所示。先清洁气阀座圈,以确保导向心轴的绝对中心固定,并从导向衬套上取下 O 形环;将对心垫圈与导向心轴一起插入,并用螺母紧固;将铣头放在涂过油脂的心轴上,拧入滚花高头螺钉,直到阻力变得明显为止;均匀缓慢地旋转气阀座(顺时针)以完成操作。

3) 用气阀绞刀修正

此法用于凹痕较严重,变形或磨损较大时。气阀绞刀一般有 15°、30°、45°、75°四种锥角,通常根据阀锥角度选用 30°或 45°铰刀。若阀锥面位置偏低且宽,则用 15°锥角铰刀修正;若阀锥面位置偏高且宽,则用 75°锥角铰刀修正。气阀绞刀有导向心杆,插在

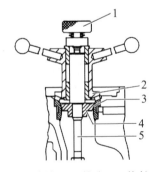

1—螺钉;2—铣头;3—接触区域;4—对心垫圈;5—导向心轴。

图 8-7　气阀座研磨机修复

气阀导管孔内作定位用,保证绞出的锥面与导管孔有较好的同轴度。如图 8-8 所示。

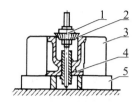

1—绞刀;2—阀座;3—缸盖;4—心杆;5—垫块。

图 8-8　阀座绞刀修正

4) 堆焊

铸钢气缸盖的气阀座面磨损或经过多次修理下凹较大时,可采用堆焊修复,焊后应保温、缓冷,再进行机械加工、互研、密封检查。

5) 镶套修理

当气阀座面损坏严重,如凹痕已超过 2 mm,或有裂纹时,可在气缸盖上镶套或更换座圈。修复后,气阀与阀座配合面上的阀线宽度应符合表 8-1(CB/T 3503—93)规定。

表 8-1　阀线宽度(单位:mm)

阀盘面直径	$D < 50$	$>50\sim75$	$>75\sim125$	$>125\sim175$	$>175\sim250$	>250
阀线宽度	2.0	2.5	3.0	4.0	4.0	4.0~6.0

8.1.2.3　气阀与阀座的密封性检查

气阀与阀座互研后密封性的检查方法有以下几种。

(1) 在气阀锥面上用铅笔每隔 3~5 mm 画一条线,然后将气阀装入阀座,压住阀盘并转动 90°。取下气阀观察其上的铅笔线,若全部被擦掉,表明密封性良好,研磨质量高。也可以在气阀锥面上抹上一层薄红铅油,将气阀装在阀座上轻轻转动 1/4 圈,取出气阀,如阀座的环带上全部沾上了红油,看起来又非常整齐、均匀,则表示气阀密封良好。

(2) 将气阀放入阀座,手动使之起落数次敲击阀座,若座面上呈现一连续光环,表明气阀与阀座密封性良好。

(3) 将气阀放入阀座,在阀座坑内阀盘底面上倒入煤油,5 min 后吸净坑内煤油并迅速提起气阀,观察配合面上有无渗入煤油,没有煤油渗漏,表明密封性良好。

上述检查均是在气缸盖底面朝上放置时进行的,检查配合面密封性是研磨的后续工作。

任务 8.2　气缸套的检修

气缸套(Cylinder Liner)是柴油机重要零件之一,其内圆表面的上部是燃烧室的组成部分,直接受到燃气的高温、高压和腐蚀作用,同时,与活塞组件的相对运动使其承受侧推力和摩擦;气缸套外圆表面与气缸体内壁组成冷却水腔,受到穴蚀和电化学腐蚀作用。所以气缸套是在恶劣环境下工作的零件,是柴油机的易损零件之一。

气缸套常见的损坏形式有:内圆工作表面的磨损、腐蚀、裂纹和拉缸,外圆表面的穴蚀和裂纹。

根据中国船级社对营运船舶保持船级的特别检验要求,对船舶主副柴油机气缸套进行打开检验;柴油机说明书维修保养大纲要求 8 000 h 对气缸套进行检修一次,此外每次吊缸时均应检测气缸套的损坏情况。

8.2.1 气缸套磨损检修

新造气缸套内孔具有一定的尺寸精度、几何形状精度和粗糙度等级。一般几何形状的加工误差,如圆度误差和圆柱度误差应为 $0.015\sim0.045$ mm,粗糙度为 Ra $0.4\sim1.6$ μm。气缸套安装到气缸体上后几何形状误差增大,圆度误差和圆柱度误差应控制在 0.05 mm 以内。柴油机运转时,活塞运动部件在缸套内做往复运动使缸套内圆表面产生不均匀磨损,壁厚减薄,圆度误差和圆柱度误差大大增加。通常,当缸套磨损量超过$(0.4\%\sim0.8\%)D$(D 为缸径)时,燃烧室就失去密封性。所以,气缸套过度磨损会使其工作性能变坏,柴油机功率下降和其他零件的损坏。

轮机员应该依照说明书的要求和柴油机的运转情况对气缸套磨损进行检测,掌握和控制气缸套磨损状况,防止发生过度磨损。气缸套内孔磨损标准如表 8-2(CB/T 3503—92)所示。

表 8-2 气缸套内孔磨损极限(单位:mm)

气缸套内径	内径增量	圆度、圆柱度	气缸套内径	内径增量	圆度、圆柱度
85~200	0.60	0.10	600~700	4.00	0.45
200~300	1.00	0.15	700~800	5.00	0.60
300~400	1.50	0.23	800~900	5.70	0.65
400~500	2.00	0.28	900~1 000	6.40	0.70
500~600	3.00	0.35	1 000~1 100	6.80	0.75

大型低速柴油机铸铁气缸套的正常磨损率小于 0.1 mm/kh,镀铬气缸套正常磨损率在 $0.01\sim0.03$ mm/kh 范围之内。

8.2.1.1 气缸套内圆表面磨损测量

检测气缸套内圆表面的磨损情况的量具有:内径千分尺、内径百分表或随机专用内径百分表、定位样板。通过测量缸径和计算圆度误差、圆柱度误差或内径增量、磨损率并与说明书或有关标准进行比较,最后作出能否继续使用的判断。

1)测量部位

测量气缸套内径是在沿气缸套纵向几个确定的测量点的横截面上测量首尾方向(y—y,即平行曲轴方向)和左右方向(x—x,即垂直曲轴方向)的气缸直径。

中小型四冲程筒形活塞式柴油机如无测量用的定位样板又缺少说明书等资料时,可参考以下四个位置进行缸套磨损测量:

(1)当活塞位于上止点时,第一道活塞环对应的缸壁位置。

(2)当活塞位于行程中点时,第一道活塞环对应的缸壁位置。

(3)当活塞位于行程中点时,末道刮油环对应的缸壁位置。

(4)当活塞位于下止点时,末道刮油环对应的缸壁位置。

还可以根据气缸套磨损规律在以下部位测量缸径：

（1）活塞位于上止点时，第一道活塞环对应的缸壁位置。

（2）第一道环分别在活塞行程的 10％、50％和 100％的位置。

（3）第一道环在距气缸套下端 5～10 mm 的位置。

除上述规定点外，还可依气缸套长短和要求，在气缸套上适当部位增加测量点。

大型二冲程柴油机气缸套磨损测量部位一般在柴油机说明书中有明确规定，并有随机测量用的定位样板，测量时只需将样板分别安放在气缸套的首尾方向和左右方向的位置上，依样板上的定位孔确定的各测量截面，测量其相互垂直的两个缸径。

2）测量、记录与计算

测量时应准确记录各测量点的数据，算出各截面的圆度误差并找出最大圆度误差；计算首尾、左右舷两个纵截面的圆柱度误差并找出最大圆柱度误差；计算内径增量。与上一次测量比较，确定两次测量的间隔时间以便计算出这一段时间内缸套的磨损率。

将计算出的最大圆度误差、最大圆柱度误差或最大内径增量与说明书或标准比较，进而确定磨损程度。

8.2.1.2　气缸套磨损的修复

1）轮机员自修

当气缸套磨损后各项指标均未超过说明书或标准的要求，只是气缸套内圆表面有轻微拉痕或擦伤时，可在船上由轮机员自修。

（1）轻微纵向拉痕（宽 $\not\geqslant 0.2\%D$、深 $\not\geqslant 0.05\%D$、数量 $\not\geqslant 3$ 条，且两条拉痕间隔不小于 $50\,\mathrm{mm}$，D 为缸径）可用砂纸或油石打磨，（与水平成 $20°～30°$ 交叉打磨）形成交叉痕迹，拉痕也不必完全除去，只要使拉痕表面光滑可继续使用。当气缸套内圆表面纵向拉痕超过上述规定时，则应送厂采用机加工方法予以消除或减轻。

（2）较轻擦伤（深度 $\not\geqslant 0.5\,\mathrm{mm}$）时可采用油石、锉刀或风砂轮等手工消除，使表面光滑后继续使用。

2）造船厂修复

当气缸套内孔表面的气孔、缩孔、砂眼、夹渣和机械损伤（较大拉痕、擦伤、磨台和过度磨损）等缺陷超过表 8-3 规定时，应拆下气缸套送船厂修复，主要方法有：

表 8-3　气缸套内孔表面缺陷（单位：mm）

气缸直径	允许存在的缺陷				备注
	上部 2/3 处受力区		非受力区		
	缺陷直径	缺陷深度	缺陷直径	缺陷深度	
85～300	1	0.5	3	2.0	各种缺陷总数不超过 3 个，两缺陷间隔应大于 15 mm，且缺陷周围无疏松现象
300～500	2	1.0	4	2.0	
500～800	3	1.5	5	3.0	
800～1000	4	2.0	6	3.5	

（1）镗缸修复。气缸套内圆表面产生较大拉痕、擦伤和磨台，或者气缸套的圆度误差、

圆柱度误差超过标准,但内径增量尚符合标准时,采用机械加工(即镗缸)方法消除表面损伤和几何形状误差,但镗缸后的内径增量仍应在标准之内。若缸径增大量超过原始直径的1.5%以上时,应对气缸套燃烧室壁进行强度验算。

(2)修理尺寸法。当气缸套内径增量超过标准时,在保证气缸套壁厚强度的前提下进行镗缸。消除气缸套内圆表面的几何形状误差和拉痕、擦伤、磨台等损伤,再依镗缸后的缸径配制新的活塞组件,以恢复气缸套与活塞之间的配合间隙。

(3)恢复尺寸法。当气缸套内径增量超标时,先镗缸消除气缸套内圆表面的几何形状误差和表面损伤,再根据气缸套壁厚要求增加的厚度可选用镀铬、镀铁或镀铁加镀铬的工艺,也可采用喷涂工艺,恢复气缸套原有的直径和与活塞之间的配合间隙。

气缸套修复后,在正常运转前必须进行磨合运转,磨合按说明书要求或视修理状况进行。

8.2.2　气缸套裂纹的检修

气缸套的裂纹是大直径、强载荷的中低速柴油机缸套中常见的一种损坏形式。裂纹主要由热疲劳和机械疲劳等破坏所致。产生疲劳裂纹与气缸套的结构、材料、毛坯缺陷等有关,但在船上工作条件下,轮机员维护保养不良、管理不当是产生裂纹的直接原因。一般来说,气缸套裂纹总是发生在结构设计不合理、强度较差和有应力集中的部位。

8.2.2.1　气缸套冷却侧裂纹

在气缸套外表面上部支承凸缘的根部多发生周向裂纹,严重时扩展到气缸套内表面,即裂穿,甚至整个圆周上裂纹连通,造成支承凸缘以下部分气缸套脱落的严重事故,如图8-9(a)所示。9ESDZ43/82、B&W 高增压柴油机缸套均有过此种损坏。

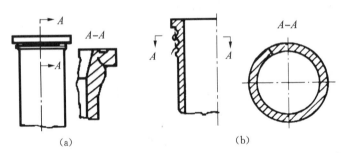

图8-9　气缸套外表面裂纹
(a)外部凸缘根部裂纹;(b)冷却水道根部裂纹

产生这种裂纹的原因多为设计不合理,支承力点布置不当,致使气缸套受力后在其支承凸缘根部产生过大的弯曲应力;加之,凸缘根部过渡圆角太小引起应力集中,在气缸套凸缘根部必然产生裂纹。后经过改进,即改变支承力点位置,减小或消除弯曲应力、增大凸缘根部圆角半径和控制气缸盖螺栓预紧力等措施,使气缸套产生此种裂纹的情况得到改善。

此外,气缸套冷却侧因流道设计结构不良使冷却水流速过高,局部过度冷却引起过大的热应力,再加上冷却水道根部处如有应力集中,在气缸套冷却侧就会产生裂纹,并向内圆表面扩展,造成气缸套内圆表面上部产生纵向裂纹,如图8-9(b)所示。

8.2.2.2　气缸套内圆表面裂纹

由于冷却水侧结垢较厚,水道中有死水区或涡流区时,会使气缸套局部过热产生裂纹,或者由于过大的交变热应力引起热疲劳裂纹。气缸套内圆表面上部纵向裂纹或龟裂严重时会扩展到冷却侧。此外,如果燃油黏度过高或喷射压力较大,使燃油喷射距离加长,炽热的火焰侵袭气缸套内圆表面造成局部过热时,也会使气缸套内圆表面上部产生裂纹,如图 8-10(a)所示。气缸套排气口处附近裂纹是由排气温度过高,排气口附近金属过热所致。此外,拉缸也会使内圆表面产生纵向裂纹和气口处产生裂纹,如图 8-10(b)(c)。

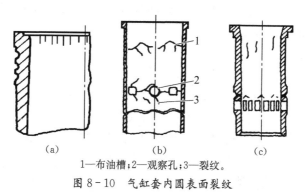

1—布油槽;2—观察孔;3—裂纹。

图 8-10　气缸套内圆表面裂纹

(a)上部纵向裂纹;(b)(c)布油槽、气口处裂纹和纵向裂纹

8.2.2.3　气缸套裂纹的修理

航行中气缸套内表面产生有一定间隔的少量纵向裂纹时,可采用波浪键和密封螺栓扣合法修理,效果较好,采用此法修理后使用时间较长。在裂纹较短的情况下,经验船部门同意,可在裂纹两端钻孔、攻丝、拧入螺栓,以防止裂纹继续扩展,供临时使用。当裂纹较严重或已裂穿时,则应换新气缸套。若航行中气缸套裂纹严重又无备件,则采用封缸措施,实行减缸航行。

8.2.3　拉缸

拉缸是柴油机活塞组件与缸套配合工作面相互剧烈作用,局部发生干摩擦,在工作表面产生拉毛、划痕、擦伤、裂纹或咬死的损伤现象。它是在有润滑条件下产生的程度不同的黏着磨损。在活塞环、气缸套和活塞工作表面上,沿着活塞运动方向,出现条纹状损伤,细看时能看出熔融的粗糙表面,伴有暗红、发蓝等颜色的损伤时,就可以判断气缸套产生了拉缸。拉缸时气缸的磨损率很高,可达正常磨损率的几十倍,甚至几百倍。拉缸严重时会造成咬缸的恶性机损事故。近年来,随着柴油机增压压力和单缸功率的提高,缸套和活塞组件的热负荷和机械负荷的增加,再加上高黏度劣质燃油的使用等使拉缸更易发生。

8.2.3.1　拉缸的主要症状

(1)柴油机运转声音不正常,发出"吭吭"声或"嗒嗒"声。

(2)柴油机转速下降或自动停车,这是因为气缸内摩擦功大增。

(3)曲柄箱或扫气箱冒烟或着火,这是由于缸套和活塞组件温度升高,使曲柄箱或扫气箱空间加热,油被蒸发成油气,当活塞环黏着或断环失落时使燃气泄漏以致着火。

（4）排烟温度、冷却水温度和润滑油温度显著升高。

（5）吊缸检查，可以发现气缸套和活塞环、活塞工作表面呈蓝色或暗红色，有纵向拉痕；缸套、活塞环，甚至活塞裙异常磨损，磨损量和磨损率很高，远远超过正常值。

8.2.3.2　拉缸的种类

一般柴油机拉缸事故多发生在运转初期的磨合阶段和长期运转以后。根据拉缸发生的时间和损伤特点分为以下两类。

1）磨合拉缸

这种拉缸事故发生在新造或修理后的柴油机磨合阶段，损伤部位在气缸套和活塞环工作表面，严重时波及活塞裙外表面。

2）运转中的拉缸

这种拉缸事故发生在柴油机稳定运转较长时间（数千小时）以后，拉缸使活塞裙外表面烧伤、磨损和气缸套内上止点附近壁面严重磨损及气口筋部产生裂纹。铸铁缸套与铝合金活塞发生拉缸时，可使活塞材料熔化并与缸套内表面焊接。

不同的机型，拉缸发生的部位也有所不同，四冲程柴油机拉缸多出现在活塞上止点位置时第一道环附近，而二冲程柴油机在排气口附近易出现拉缸。

8.2.3.3　拉缸的工艺原因

引起拉缸的因素是多方面的，往往是几个因素的综合，但最根本的原因是工作表面间的油膜变薄或遭到破坏。油膜变薄和遭破坏的因素很多，除润滑油品质不佳、供油不足或中断、气缸套冷却不良缸壁过热、超负荷等因素外，柴油机制造与安装精度等工艺方面的原因也不容忽视。

（1）缸套和活塞环工作表面的粗糙度不合适，容易引起运转初期的磨合拉缸。表面初始粗糙度等级过低，表面太粗糙难以在较短的时间内完成良好的磨合；若表面初始粗糙度等级过高，表面太光洁，难以存油而使金属直接接触，造成黏着磨损。新造或经修理的气缸套内表面粗糙度应符合下列要求：高速柴油机不超过 $Ra0.8\,\mu m$；中速柴油机不超过 $Ra1.6\,\mu m$；低速柴油机不超过 $Ra3.2\,\mu m$。

（2）活塞部件安装不正，导板间隙过大，引起活塞和气缸套过度磨损并产生过热，使机件变形增加，同时会产生变形不均匀引起拉缸。

（3）气缸套、活塞组件装配间隙过大或过小。间隙过大，不仅窜气严重，破坏油膜，而且活塞在气缸套内摆动大时，活塞环外圆工作面的上下棱缘与气缸壁接触，使接触压力增大，容易破坏油膜。间隙过小，金属直接接触甚至黏着，随着活塞环的往复上下运动，环和气缸套壁之间可能出现过大的接触压力而黏着，使环胀死，甚至折断。

（4）气缸套变形。例如封水橡皮圈太粗，使气缸套装进机体时过紧，引起缸套内圆表面变形，导致拉缸事故。

（5）材料不匹配，如镀铬环与镀铬缸套不匹配，也容易出现拉缸现象。

8.2.3.4　防止拉缸的工艺措施

（1）保证装配质量，活塞运动装置对中良好。要保证新机在船上的安装质量，使其具有要求的配合间隙值；运转中的柴油机应加强维护管理，减少导板、轴承等的磨损和定期检测及时发现失中现象。

（2）缸套内表面采用波纹加工或珩磨加工，得到合适的粗糙度，并形成沟纹交错的网状，减少活塞环与气缸套接触面积，提高单位面积压力，加快磨合；因网纹可以储油，有利于润滑，尤其在缺油时网纹内的油可以补充，从而减少拉缸的产生。一般大型柴油机气缸套采用波纹加工，中小型柴油机气缸套采用珩磨加工或振动加工。

（3）缸套内表面强化处理，采用松孔镀铬、喷钼、离子氮化、磷化等工艺，提高缸套内表面耐磨性、抗咬合性以减少或防止拉缸。

（4）活塞环外表面强化处理，如镀锡、铅、锌、铜等在活塞环外表面镀覆一层 $5\sim10\ \mu m$ 金属，可加快磨合，提高配合面的密封性、减少窜气和油膜破坏；采用喷钼，可以改善抗咬合性和耐磨性。

8.2.3.5　拉缸时的应急措施

航行中，柴油机一旦发生拉缸事故，轮机员应根据拉缸程度、海况、海域或航道情况、柴油机结构特点等依说明书指导或自行决定应急措施。早期发现拉缸应首先加大气缸注油量，如过热可进行单缸停油、降速、加强活塞冷却，直到过热现象消失；拉缸严重时应迅速降速慢车运行，然后停车并立即进行转车，同时增大活塞冷却液流量（但切勿同时增大气缸套冷却液流量）。例如，当拉缸尚不严重，海面情况不允许停车检修或者距目的港（或任何港口）较近时，可采取简单的减缸航行措施；拉缸较为严重——咬缸或自动停车，并距目的港较远，但海面平静时可吊缸修理；若无备件，可采用完全减缸航行。

任务 8.3　活塞的检修

活塞（Piston）是柴油机燃烧室的组成部分，工作时承受着很大的机械应力和热应力，同时还承受着摩擦。因此，在使用中活塞容易损坏，特别是高速柴油机的活塞。

活塞的主要损坏形式有外圆表面及环槽的磨损、裂纹和破裂，顶部烧蚀等。

8.3.1　活塞外圆表面的磨损检测及修复

8.3.1.1　活塞外圆表面磨损检测

中小型柴油机由于运转中筒形活塞裙部起导向作用并承受着侧推力，因此，活塞裙部外圆表面容易发生磨损。大型十字头式柴油机活塞运动部件的运动是靠导板、滑块起导向作用和承受侧推力，而且活塞与气缸之间的间隙较大，所以正常运转中活塞外圆表面不会磨损，只有在活塞运动装置不正和拉缸等异常情况下才会发生。

活塞裙部外表面磨损后，裙部直径减小，活塞与气缸的间隙增大；横截面产生圆度误差、纵截面产生圆柱度误差，这些都直接影响活塞的工作性能和柴油机的功率。

在船上通常采用外径千分尺或游标卡尺测量活塞直径来检查活塞外圆表面的磨损情况。测量部位主要是裙部，即自裙部上端 $10\sim20\ mm$ 处开始，每隔 $100\sim200\ mm$ 测量一次，有减磨环的活塞应测量每道环的外径。每次测量同一截面内前后、左右两个方向的直径。将测量值记录在表格中，计算出每个横截面的圆度误差、纵截面的圆柱度误差，以其中最大值与说明书或规范标准比较,以确定活塞的磨损程度。表8-4(CB/T 3543—93)为活塞裙部外表面的圆度、圆柱度的磨损极限。

表8-4　活塞裙部外圆磨损极限(单位:mm)

气缸直径	筒形活塞环上裙圆度、圆柱度	十字头式活塞裙部圆度、圆柱度	气缸直径	筒形活塞环上裙圆度、圆柱度	十字头式活塞裙圆度、圆柱度
<100	0.10	—	650~700	—	0.65
100~150	0.12	—	700~750	—	0.75
150~200	0.12	—	750~800	—	0.85
200~350	0.15	0.30	800~850	—	0.95
350~400	0.20	0.30	850~900	—	1.05
400~500	0.25	0.38	900~950	—	1.15
500~550	0.30	0.45	950~1 000	—	1.25
550~600	—	0.50	1 000~1 050	—	1.35
600~650	—	0.60	1 050~1 100	—	1.40

8.3.1.2　活塞外圆表面的修复

活塞裙外圆表面磨损不太严重时,采用光车裙部外圆,消除几何形状误差。光车后仍满足活塞与气缸间隙要求的可继续使用。否则依活塞材料不同采用不同的对策:铝活塞采用换新;铸铁活塞采用热喷涂、镀铁等工艺恢复尺寸;铸钢活塞镀铁、堆焊金属等恢复尺寸。减磨环过度磨损、严重拉伤或松动时应换新。

8.3.2　活塞环槽的磨损检测及修复

活塞环槽端面磨损是活塞常见的损坏形式,尤其以铝活塞为多。环槽端面磨损主要是由于环在环槽中的相对运动,包括环在环槽中往复运动(即环上下运动)、环的径向胀缩运动、环在环槽中的转动和扭曲运动。其次是由于空气中的灰尘硬质颗粒、燃气中的炭粒,尤其是燃用重油时的大而硬的炭粒,这些硬质颗粒在环与环槽端面之间形成磨料加速环槽端面的磨损。此外,如果燃烧室的高温使活塞头部和环槽变形、材料性能下降、环与环槽端面间的油膜破坏时,则环槽磨损更加严重。

环槽端面磨损使其与环的配合间隙增大,这将使活塞环的密封性下降,产生漏气和使压缩压力和爆发压力降低,同时进入环背面的燃气增多,高压燃气将环压向缸壁致使环容易折断。环槽端面磨损使环槽截面形状由矩形变为梯形或出现磨台,且第一、第二道环槽磨损尤为严重,如图8-11所示。一般活塞环槽端面的磨损率小于0.01 mm/kh为正常磨损。

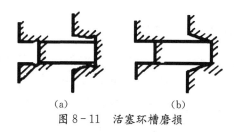

图 8-11　活塞环槽磨损

8.3.2.1　环槽磨损的检测

活塞环槽的测量检查,如图 8-12 所示。按照活塞环槽的标准尺寸,制作一块活塞环槽样板;将样板按平行活塞轴线方向放在槽内,用塞尺测量其间隙值。也可将一只新活塞环作样板装入活塞环槽内,把环紧贴在环槽下端面,用塞尺测量环与环槽上端面之间的距离,即环与环槽的平面间隙。在测量时应沿圆周方向测量 3～4 个位置,注意观察活塞环槽有无因磨损而产生的严重倾斜现象。梯形截面活塞环其端面间隙应以外圆面与活塞外圆表面齐平为测量位置。

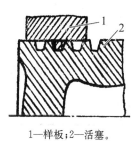

1—样板;2—活塞。

图 8-12　活塞环槽的检验

测量值与说明书或行业标准值比较。当测量值超过极限值时,说明环槽严重磨损,应予以修复。

8.3.2.2　环槽磨损的修复

根据环槽端面磨损情况可选用以下方法修复。

1) 修理尺寸法

光车或磨削环槽端面,依加工后的修理尺寸配制相应加大尺寸的活塞环,保证平面间隙符合原有要求。采用此法将会使槽脊厚度(环槽之间的轴向高度)减小,强度降低。为了不使槽脊过分减薄,要求槽脊减薄量不得超过原槽脊设计厚度的 20%～25%。同时要求同一活塞上不得有两个环槽采用此法修复。因为如果同一活塞上各道环槽均采用此法修复时,由于各环槽的修理尺寸不同,新配制的各道活塞环尺寸不同,这给备件供应和管理带来麻烦。

2) 恢复尺寸法

(1) 光车环槽端面后采用喷焊、堆焊、镀铬等工艺恢复环槽原有尺寸。

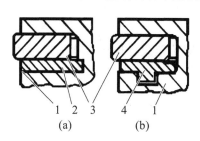

1—活塞;2—死垫环;3—活塞环;4—活垫环。

图 8-13　活塞环镶垫环修复法

(a)镶死环法;(b)镶活环法

(2) 环槽镶垫环。低速柴油机钢制活塞的环槽端面严重磨损可用镶垫环修理:首先光车环槽端面消除几何形状误差,然后在环槽下端面上镶耐磨垫环使环槽恢复原始高度尺寸和恢复与环的配合间隙。垫环采用焊接工艺焊于环槽下端面上形成永久性连接,称为镶死环法,此法连接牢固,使用中不会脱落,但垫环磨损后难以修理;采用过盈配合将环镶于环槽端面上,称为镶活环法,由于环不固定死在端面上便于再度磨损后更换,但也易于松动脱落到缸内引起事故。图 8-13 为活塞环镶垫环修复法。

8.3.3　活塞顶部烧蚀的检测及修复

首先由于活塞顶部直接与燃气和火焰接触，温度很高，尤其当喷油定时不正、喷油器安装不良或冷却侧结垢时使顶部局部过热，温度更高；其次，由于柴油机燃用的重油中含钒、钠过多，会在活塞顶部温度 550 ℃以上的部位产生高温腐蚀。同时，活塞材料过热时发生氧化、脱碳而使其化学成分变化。在以上因素综合作用下，活塞顶部金属产生层层剥落使顶部厚度逐渐减薄，出现钒腐蚀的麻点或凹坑，大小、深浅不一地分布于活塞顶部，这种现象称为活塞顶部烧蚀。严重时可使顶部烧穿。

活塞顶部烧蚀使顶部厚度减薄、强度降低，甚至影响气缸压缩比，降低柴油机的工作性能。

8.3.3.1　烧蚀检测

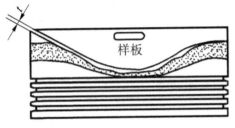

图 8 - 14　S/L60MC/MCE 型柴油机活塞顶部烧蚀测量

活塞顶部烧蚀的程度可用活塞顶部样板和塞尺进行测量，图 8 - 14 为 MAN - B&W S/L60MC/MCE 型柴油机活塞顶部烧蚀的测量。测量时，将样板置于活塞顶部，用塞尺测量样板与活塞顶部之间的最大间隙。测量时，还应使样板绕活塞轴线转动。每转 45°测量一次，取其中最大值。当最大值超过 15 mm 时应换新活塞。

8.3.3.2　烧蚀修复

在缺乏备件或应急情况下可采用下列措施。

1）改变活塞的安装位置

当烧蚀不严重、活塞结构允许的情况下，改变活塞安装角度。例如，B&W 型柴油机活塞顶部烧蚀发生在喷油器喷油方向对应部位，燃油在此部位集中燃烧，且油冷活塞冷却效果不良，导致该部位产生烧蚀。烧蚀尚不严重时，可将活塞安装位置转过 90°角，使烧蚀部位避开喷油方向而继续工作。

2）焊补修理

烧蚀严重时（最大烧蚀量接近规定值）可采用堆焊工艺修补，焊后经机械加工恢复活塞顶部形状。

3）换新

当顶部最大烧蚀量超过说明书规定值或使活塞顶部厚度减至设计厚度一半时应报废换新。

8.3.4　活塞裂纹的检修

8.3.4.1　裂纹部位及原因

1）活塞头触火面裂纹

活塞头部触火面裂纹是指在活塞顶面产生的径向或圆周方向裂纹、起吊孔边缘裂纹及第一道环槽根部裂纹，如图 8 - 15 所示。

活塞头部裂纹主要是热应力引起的，同时还有机械应力的作用。柴油机运转时，活塞顶部温度分布不均:顶部中央或边缘温度最高,铸钢活塞可达 450 ℃,铝活塞可达 300～375 ℃,顶面冷却侧和第一道环槽附近温度在 200 ℃左右。在正常工作条件下,活塞头部各处存在着温差应力和高压燃气作用的机械应力等,而且这些应力又都是周期性的;当喷油定时不正、燃油雾化不良或火焰直接触及活塞顶面时;柴油机超负荷运转或活塞顶部冷却不充分时都会造成顶部局部过热,引起过大的热应力导致裂纹。柴油机频繁启动、停车也会引起热疲劳裂纹。

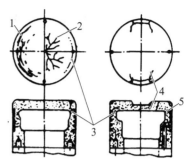

1—周向裂纹;2—径向裂纹;3—冷却侧裂纹;4—顶部尖角处裂纹;5—环槽裂纹。

图 8-15　活塞头部裂纹

活塞顶面裂纹还会因冷却不充分,活塞顶面散热不良所致。例如水冷活塞冷却侧结垢严重或活塞顶面积炭严重时就会使活塞顶面局部过热,导致裂纹。当结垢层或积炭层超过 0.5 mm 时,就会使活塞顶部因过热产生裂纹的可能性急剧增加。所以,为防止裂纹产生,柴油机应定期进行吊缸检修,并加强对冷却水的定期处理等维护保养工作。

此外,活塞顶面的起吊孔边缘和第一道环槽根部会因应力集中产生裂纹。

2) 活塞冷却侧裂纹

活塞顶面冷却侧、筒状活塞的活塞销座处产生裂纹更是常见。主要是由过大的机械应力引起的,同时还会由于设计不良、材质不佳和毛坯制造缺陷等因素,在某些部位形成应力集中而加快裂纹的产生。

8.3.4.2　裂纹修复方法

活塞裂纹可通过观察法或着色探伤法进行检查。钢质、铝质活塞的顶部裂纹较轻时,可采用焊补工艺修理,钢质活塞顶部裂纹严重时采用局部更换。当出现活塞环槽根部裂纹、活塞上穿透性裂纹及无法修理的冷却侧裂纹时,则将活塞报废换新。

8.3.5　活塞验收要求

成品活塞或专门配制的活塞在装机前都必须进行验收,以保证质量合格和装机后正常运转。

当所购置的成品活塞是按照柴油机制造厂的备件编号册订购,由厂家供应的,不需要专门验收审查,厂家负责产品质量,除此之外购置的成品活塞或配制活塞均应对其材料成分、机械性能,尺寸、形状和位置精度及表面粗糙度等进行验收。验收项目及要求如下。

8.3.5.1　材料成分和机械性能符合原设计要求

供应商和制造厂提供活塞材料成分、机械性能检验报告,轮机员应认真审核。

8.3.5.2　活塞的尺寸、形状和位置精度及表面粗糙度等均应符合设计图纸的要求

轮机员除对活塞尺寸、形状和表面粗糙度作一般性检验外,还应对其位置精度进行平台检验。

(1) 活塞销孔中心线与活塞中心线应垂直,垂直度要求 $\not>$ 0.025/100 mm。

(2) 活塞销孔中心线与活塞中心线相交,其位置度要求:活塞直径 $D<200$ mm 时,应 $\not>$ 0.10 mm;活塞直径 $D>200$ mm 时,应 $\not>$ 0.20 mm。

（3）活塞环槽平面与活塞中心线垂直，垂直度应≯0.02 mm。

（4）用样板和塞尺检验活塞顶面形状是否符合图纸要求。

任务 8.4　活塞环的检修

活塞环（Piston Ring）是柴油机燃烧室的组成零件之一，具有保持活塞与缸套之间密封性、调节气缸润滑油和将活塞热量传递给气缸壁的散热等作用。活塞环的密封作用、寿命与其径向弹力分布有关。通常有三种径向弹力分布的活塞环：等压环、苹果形压力环和梨形压力环，如图 8-16 所示。等压环主要用于四冲程中速柴油机；苹果形压力环用于二冲程柴油机，特别是二冲程大型船用柴油机；梨形压力环适用于高速柴油机。活塞环是柴油机的易损件，主要的损坏形式有：过度磨损、折断、黏着和弹力丧失等。活塞环的工作性能直接影响气缸和柴油机的工作性能。为此，应定期地通过扫气口检查和判断其工作情况。

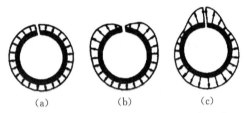

图 8-16　活塞环径向弹力分布形式
(a)等压环；(b)苹果形压力环；(c)梨形压力环

8.4.1　活塞环的工作状况及其检查方法

8.4.1.1　活塞环的工作状况

（1）活塞环工作正常时，活塞环与气缸工作表面光亮、湿润，环在环槽中活动自如，无过度磨损痕迹，环的棱边可能有尖锐但无毛刺。

（2）活塞环工作不正常时，环表面有轻微擦伤，对应棱边尖锐有毛刺，对应缸壁也有轻微磨损；环表面有纵向拉痕；环槽内积炭，环黏着；环断裂；环漏气，使环表面及缸套表面干燥发黑；活塞头、头几道环和环槽内有带颜色的灰状堆积物（由气缸油中碱性添加剂导致，可引起缸套严重磨损）；润滑不良，环及缸套壁上油膜不充分等。

8.4.1.2　检查方法

通过扫气口检查活塞环等零件是获取柴油机运转过程中气缸工作信息的最直接、最简便和最经济的方法。

柴油机停车一段时间，通过扫气箱操纵侧的气缸观察孔观察。将一长柄强光灯泡伸入缸中观察，检查中应保持冷却水或冷却油循环，以便检查有无泄漏。关闭主启动阀和启动空气并啮合盘车机，盘车使活塞处于下止点，再逐渐盘车使活塞上行。在这个过程中，通过扫气口，查看气缸壁、活塞头部、活塞环、活塞裙工作面和活塞杆的情况。

8.4.2　活塞环的磨损检测方法

活塞环随活塞在气缸内做往复运动，使活塞环外圆工作表面磨损，径向厚度减小，活塞环的工作开口即搭口间隙增大；活塞环在环槽内的运动使环的上下端面磨损、轴向高度减小,环与环槽的间隙即平面间隙增大。

正常磨损的活塞环沿圆周方向各处磨损均匀,并仍与缸壁完全贴合。所以,正常磨损的活塞环仍具有密封作用。通常,柴油机正常运转时活塞环的正常磨损率为 0.1~0.5 mm/kh,活塞环的寿命一般为 8000~10000 h。但实际上,活塞环外圆工作表面多为不均匀磨损。活塞环异常磨损大多由维护管理不良造成,例如活塞环换新后磨合不良甚至不进行磨合就投入使用工况运转;柴油机长时间超负荷运转;润滑油品质不佳或供油不充分;燃用劣质燃油、燃烧不良和冷却不足等。活塞环磨损可以通过以下方法来检测和判断。

8.4.2.1　搭口间隙测量

搭口间隙是活塞环处于工作状态且冷态安装时的开口大小。它是活塞环工作时的热胀间隙。若搭口间隙过小,活塞环受热膨胀,使环在环槽内对顶,严重时引起拉缸、环卡死和折断;若搭口间隙过大,会使燃气漏泄。所以说明书或标准中规定了搭口间隙的最小值(装配值)和极限值,如表 8-5(CB/T 3540—94)所示。

活塞环外圆磨损后,径向厚度减小,环的直径变小,但弹力使环仍紧贴缸壁,结果使活塞环搭口间隙变大。

搭口间隙的测量方法如下。

测量前,先将活塞自缸中吊出,取下活塞环并进行清洁。将活塞环依其在活塞上的顺序放入已清洁的缸套下部磨损最小部位或缸套上部未磨损部位,并使环保持水平,然后用塞尺依次测量各道活塞环搭口间隙。

一般要求活塞环搭口间隙值大于或等于装配值,小于极限值。将所测得的搭口间隙值与说明书或标准中的值进行比较,超过极限值时应予以换新。

8.4.2.2　平面间隙测量

平面间隙俗称天地间隙,它是活塞环紧贴环槽下端面时环与环槽上端面之间的间隙。当活塞环与环槽端面磨损后将使端面配合间隙增大。平面间隙过小使环热膨胀受阻和影响环在环槽中的运动;平面间隙过大会使燃气漏泄。说明书和标准中规定了平面间隙的最小值(装配值)和极限值,如表 8-5(CB/T 3540—94)所示。

表 8-5　活塞环平面间隙和搭口间隙(单位:mm)

气缸直径 D		气环											
		二冲程								四冲程			
		平面间隙				搭口间隙				平面间隙			
		顶部二根		其余		顶部二根		其余		顶部二根		其余	
		装配	极限	装配	极限	装配	极限	装配	极限	装配	极限	装配	极限
筒形活塞柴油机	<150	0.15	0.25	0.10	0.25	0.005D	0.015D	0.004D	0.015D	0.10	0.20	0.08	0.20
	150~225	0.30	0.35	0.10	0.35					0.15	0.30	0.12	0.30
	225~300	0.35	0.40	0.30	0.40					0.20	0.35	0.16	0.35
	>300	0.30	0.50	0.25	0.50					0.25	0.45	0.30	0.45

（续表）

气缸直径 D	气环											
	二冲程								四冲程			
	平面间隙				搭口间隙				平面间隙			
	顶部二根		其余		顶部二根		其余		顶部二根		其余	
	装配	极限	装配	极限	装配	极限	装配	极限	装配	极限	装配	极限
十字头式柴油机 400~500	0.20	0.40	0.14	0.40	0.0075D	0.25D	0.006D	0.025D				
550~700	0.27	0.60	0.17	0.50								
700~850	0.34	0.30	0.30	0.30								
>850	0.45	0.90	0.40	0.90								

气缸直径 D	气环				油环							
	四冲程				二冲程				四冲程			
	搭口间隙				平面间隙		搭口间隙		平面间隙		搭口间隙	
	顶部二根		其余									
	装配	极限	装配	极限	装配	极限	装配	极限	装配	极限	装配	极限
筒形活塞柴油机 <150	0.006D	0.015D	0.004D	0.015D	0.05	0.29	0.003D	0.015D	0.035	0.20	0.003D	0.015D
150~225					0.06	0.35			0.05	0.30		
225~300					0.08	0.40			0.065	0.35		
>300					0.09	0.50			0.075	0.45		

平面间隙的测量方法如下。

测量平面间隙时，首先将活塞自气缸中吊出，取下活塞环并分别清洁环和环槽。若活塞环尺寸较大，可将环依次装入各道环槽中，并使环的下端面紧贴环槽下端面，用塞尺沿圆周或在圆周上几点处测量间隙；若活塞环尺寸较小，重量较轻，测量者可一手持环，将环水平局部插入环槽，并使环与环槽下端面紧贴。另一手用塞尺测量，可使环与环槽在圆周上对应几处测量，如图 8-17 所示。将实测平面间隙值与说明书或标准进行比较，超过极限值时可修复环槽或换新活塞环；若实测平面间隙变小，则说明环槽变形或因脏污影响测量的准确性。通常，第一道环的平面间隙较大，其他环依次减小。一般要求活塞环平面间隙值大于或等于装配值，小于极限值。

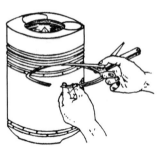

图 8-17　活塞环与环槽平面间隙的测量

8.4.2.3　活塞环径向厚度的测量

活塞环外表面磨损使其径向厚度减小，从而影响活塞环的正常使用。通常采用外径千分尺来测量其厚度。依柴油机说明书规定，当活塞环径向厚度小于某一规定值时换新活塞环。例如，MAN-B&W S/L60MC/MCE 的活塞环径向厚度最小值为 17 mm 时换新活塞环（径向厚度设计值为 20 mm）。

8.4.3 活塞环折断的原因

活塞环折断多是第一、第二道环发生折断,断裂部位大多在搭口附近,活塞环折断后,有的折成几段,有的呈粉碎状态甚至失踪。二冲程柴油机的断环可能被吹到排气管或扫气箱中,甚至吹入增压器涡轮端打坏涡轮叶片。

活塞环折断的原因很多,除材料缺陷和加工质量差外,还与使用中维护管理不良和装配质量差有关,主要有如下几种。

8.4.3.1 搭口间隙过小

搭口间隙小于装配间隙,运转中活塞环受热温度升高,因搭口处无热膨胀余地,使搭口两端对顶弯曲,导致搭口对面折断。高增压柴油机因燃烧室温度更高,尤其要注意搭口间隙。

8.4.3.2 环槽积炭

环槽积炭主要是由燃烧不良、缸壁过热使润滑油氧化或烧损引起。环槽下端面上的积炭较轻或较软时,活塞环在环槽中仍能活动并能保持与气缸的密封性;当积炭增多使环活动受阻时,环与缸壁强力作用刮下的滑油和金属屑混合,在燃气作用下,在环槽下端面形成局部坚硬积炭。环在此坚硬积炭上受到周期性燃气压力作用发生弯曲疲劳折断。一旦活塞环某一处折断,燃气漏泄增加,积炭就会更加严重,并且活塞横摆时的冲击会使环多处折断,呈多段或碎块状,环槽和气缸的磨损更加剧烈。

8.4.3.3 冲击折断

活塞组件与气缸套长期的摩擦作用使气缸套磨损,气缸套磨损后在缸套上部出现磨台。当活塞上行至上止点时,第一道环碰撞磨台受冲击而折断。

8.4.3.4 环槽过度磨损

环槽下端面过度磨损后呈倾斜状,当活塞行至上止点附近时,燃气压力使环紧贴于倾斜的环槽下端面上,环发生扭曲变形;随着活塞下行,燃气压力下降,环扭曲变形减小而又恢复水平状态。活塞环周期性地扭曲、水平变形以至疲劳折断。

8.4.3.5 活塞环挂住气口

由于活塞环开口处张力最大,受热变形大,而二冲程柴油机气缸套上气口之间的筋也易受热变形。当活塞运动时,活塞环与扫、排气口相遇,只要稍稍挂住气口就会使环折断。

8.4.3.6 活塞环径向胀缩疲劳

当活塞组件长时间工作导致活塞环弹力不足或缸套过度磨损时,使环与缸壁不能紧贴,以致高压燃气漏泄将环压入环槽。而当活塞下行气缸内燃气压力降低时,环又从槽内弹出。活塞环不断地径向胀缩而疲劳折断。

8.4.4 活塞环黏着

活塞环黏着又称固着,是环槽内油污和积炭堆积使活塞环不能自由运动的现象。它会导致活塞环与气缸套的密封性下降,引起气缸窜气,柴油机功率下降,活塞环折断和缸套磨损加剧等故障。

其原因大多是活塞和气缸套过热、润滑油过多和燃烧不良等。过热的活塞、缸套使润滑油氧化或烧焦,燃烧不良使缸内积炭严重,以致较多的积炭油污填满环槽使活塞环黏着在槽内。通常第一、第二道环易发生黏着,严重时活塞上所有的环都会发生黏着。

活塞环黏着与否可以通过扫气口观察和用木棒触动活塞环来检查;此外,还可以从活塞环的表面是否变黑来判断环的黏着。因为环黏着时引起燃气下窜使环表面变黑。

黏着的环应报废换新。活塞环黏着后不易取出,切勿用扁铲、凿子等工具强行取出,防止环槽受损伤。应用木棒轻轻敲击活塞环使之松动,或先用煤油浸泡使积炭变软再用木棒敲击,松动后用专用工具取出。

防止活塞环黏着的方法是在日常管理中防止气缸过热和润滑油过多,尤其要防止多余润滑油进入气缸上部。大型二冲程柴油机采用气缸注油器注油润滑,注油量可调节,因此发生环黏着的现象较少见。但因缸径大、燃烧室温度高,如果活塞冷却不良就会使活塞头部变形,环槽随之变形致使环在槽内卡死。为防止环卡死在环槽里,可采用加强活塞冷却和适当增加平面间隙的措施。

8.4.5　活塞环弹力丧失

活塞环长时间工作后产生的不均匀磨损或由于过热、黏着和疲劳等使其弹力部分丧失或全部丧失,造成活塞环的密封作用下降或消失。

8.4.5.1　活塞环弹力的检查

在船舶条件下检查弹力的方法有以下几种。

1) 测量活塞环自由开口

活塞环自由开口是活塞环在自由状态下开口间的距离,其大小直接影响环的弹力。在弹力范围内,开口越大弹力也越大。反之,弹力越小。所以利用改变其自由开口大小来调节环的弹力。活塞环的弹力受其材料和加工方法的限制。一般活塞环自由开口 a_0 与环直径 D 的关系为:

$$a_0 = (0.10 \sim 0.13)D \qquad (8-1)$$

实测活塞环的自由开口 $a_{实测} < a_0$ 或小于新环的自由开口,表明活塞环的弹力部分丧失;若明显减小,表明活塞环弹力全部丧失。

2) 测量活塞环变形后的自由开口

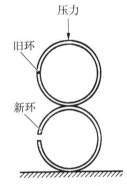

图 8-18　对比法检查活塞环的弹力

吊缸检修时,将活塞上取下的活塞环进行清洁,人为使其自由开口闭合或扩大一倍,松开后测量变形后的自由开口大小。若变形后的开口增大量超过 10% a_0 时,表明活塞环的弹力过小。

3) 新旧环对比法

将新旧环竖立在一起,用力使环开口闭合,如旧环开口已闭合,而新环开口还有一定间隙时,表明旧环弹力不足,如图 8-18 所示。

4) 滑动试验法

吊缸后将活塞环和气缸分别清洁干净,将环装入气缸并用手推动。一般正常弹力的活塞环是不容易装入气缸,装入缸中也难以用手使之滑动。如果旧环易于装入缸中且轻轻用手触动,环即沿气缸壁滑动,表明旧环弹力过小。

8.4.5.2　活塞环弹力丧失的处置

活塞环在弹力部分或全部丧失时应换新。但船上无备件时可采用应急方法暂时恢复环的部分弹力。具体方法是用小锤敲击活塞环内圆表面。从环搭口的对面部位开始重敲,然后逐渐向两侧敲击,且用力逐渐减小,使环的开口增大,增加环的弹力。但应注意不可用力过大,以免将环敲断。

8.4.6　配换活塞环工艺

活塞环是易损件,损坏后一般采用换新处理。为了保证装配质量,在配换活塞环时应注意以下问题。

8.4.6.1　新环检查

1)外观检查

首先清洁新环表面的油脂和锈痕,仔细观察活塞环有无变形和表面碰伤、裂纹等损坏。一般新环上有"直径×宽×高"的尺寸标记和上下端面标记,镀铬端面应为下端面,如无标记,应测量活塞环尺寸并确定下端面。

2)搭口间隙和平面间隙测量

间隙过小时应分别修锉搭口两端和环的上端面,禁止修锉环的下端面,并防止修挫时损伤环表面和环产生变形。

3)测量环的径向厚度和环槽深度

要求环的径向厚度比环槽深度小 0.5～1.0 mm,否则修锉环的内圆表面使其符合要求。

4)检查环的弹力

可采用测量活塞环自由开口来检查。

8.4.6.2　新环修配

(1)修锉搭口:为了防止活塞环搭口两端锋利棱边刮伤缸壁及挂住气口,应将搭口两端修锉成较大圆角,一般圆角半径为 3～5 mm。目前,有的新环在出厂时已将搭口修锉好,故安装前不需修锉。

(2)修锉上下两端的棱边:为了减少气缸的磨损和擦伤及有利润滑,应修锉活塞环上下端棱边的尖锋和毛刺。

(3)新环检查时为满足各种间隙值而进行的修配工作。

8.4.6.3　新环的安装

(1)安装活塞环时应采用随机专用工具——扩张器(见图 7-4)将环的开口扩大,如无扩张器可用结实的绳子套在环的开口两端,用手拉绳将开口扩大装入环槽内。切勿使开口过分开大,以免使环塑性变形或折断。尤其是用绳套时,用力不要过猛。

(2)应把新环装在第一、第二道环槽中,旧环装在其他环槽中。这样既便于新环磨合又能发挥旧环的密封作用。一般情况下,不应一次更换全部旧环,更不可因一环损坏更换所有旧环。

(3)装到活塞上的各道环的开口位置应相互错开 120°～180°,切勿使开口在同一方向上,以免燃气下窜。

(4)装好环的活塞在未吊入缸中之前,应放于木板上妥善保管,以免活塞和活塞环的工作表面受损伤,尤其是小型柴油机更要注意。

8.4.6.4 新环的磨合

活塞环换新后必须经过磨合运转才能投入使用工况运转,一般需经 20~24 h 磨合运转。在磨合期间应使气缸油供油量达到最大值。

8.4.7 活塞环的验收

活塞环验收的主要技术要求如下。

(1) 活塞环尺寸、形状和位置精度及表面粗糙度应符合图纸要求。

(2) 活塞环材料、金相和硬度符合要求。材料可用 HT250、HT300 或钒钛铸铁等合金铸铁。金相组织要求在细片状珠光体或索氏体的基体上均匀分布着细直片状或蜷曲状的小片石墨,磷共晶体呈断续块状分布,分散的细小铁素体晶粒不超过试片总面积的 5%。硬度要求为 HB180~250,同一活塞环上硬度差不超过 HB20。要求活塞环硬度比缸套硬度高 HB10~20,这样既保证缸套不会被很快磨损,又能确保活塞环有较长的寿命。

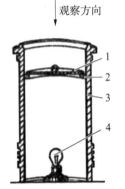

1—盖板;2—活塞环;3—气缸套;4—强光灯。

图 8-19　活塞环漏光检查

(3) 检查活塞环工作表面,要求表面不允许有气孔、裂纹、疏松、夹渣、飞边和毛刺等缺陷,环的两端面及内圆表面上允许有一定大小的气孔。

(4) 检查活塞环的弹力,要求活塞环的自由开口值应为(0.10~0.13)D(D 为活塞环直径)。

(5) 检查活塞环的密封性,通常采用漏光法,如图 8-19 所示。将活塞环放在规定直径的量规中或气缸中未磨损部位,在环的下方用强光灯照射,上方用比气缸套内径小 3~4 mm 的盖板将环盖住,自环的上方观察,检查环与缸壁间的漏光情况。要求一处漏光弧度不超过 30°,几处漏光弧度总和不超过 90°,且搭口附近 30°范围内不允许漏光。漏光处的间隙要求:当活塞环直径 $D \leqslant 500$ mm 时,用 0.03 mm 塞尺检查不应通过;当活塞环直径 $D > 500$ mm 时,用 0.04 mm 塞尺检查不应通过。

任务 8.5　活塞销与十字头销检修

8.5.1 活塞销(Piston Pin)的检修

活塞销的作用是连接筒状活塞与连杆,把活塞所承受的气体力和活塞的往复运动惯性力传递给连杆。活塞销在连杆小端轴承中做摆动运动。因此,活塞销在工作中承受周期性变化并具有冲击性的弯曲作用力,同时其表面还承受摩擦与磨损。活塞销一般为中空的圆柱体。为了满足工作要求,活塞销的材料一般选用低碳钢(如 15 钢、20 钢)、合金渗碳钢(如 20Cr、12CrNi3 等)并经表面渗碳、淬火和低温回火处理,以使之表面硬度高、耐磨性好,心部具有较高的韧性。活塞销的主要损伤是磨损和裂纹。

8.5.1.1 活塞销磨损的测量

用外径千分尺沿活塞销轴线方向 3 个横截面进行测量,如果活塞销与连杆小端轴承配合面较长,可增加 2 个横截面测量,测量每一部位横截面上两个相互垂直的直径 d_1、d_2,并计算其圆度误差和圆柱度误差,要求最大圆度误差和圆柱度误差符合表 8-6(CB/T 3542—94)的规定,活塞销与连杆小端衬套的间隙不得超过表 8-7 所列数值。

表 8-6 活塞销磨损极限(单位:mm)

活塞销直径	圆度、圆柱度	活塞销直径	圆度、圆柱度
<50	0.03	175~200	0.06
50~75	0.04	200~225	0.07
75~100	0.04	225~250	0.07
100~125	0.05	250~275	0.08
125~150	0.05	275~300	0.08
150~175	0.06		

表 8-7 活塞销与连杆衬套的极限间隙(单位:mm)

活塞销直径	磨损极限间隙		活塞销直径	磨损极限间隙	
	灯芯式或滴油式润滑	压力式润滑		灯芯式或滴油式润滑	压力式润滑
<50	0.15	0.18	176~200	0.30	0.35
51~75	0.20	0.25	201~225	0.30	0.35
76~100	0.20	0.25	226~250	0.30	0.35
101~125	0.25	0.30	251~275	0.35	0.40
126~150	0.25	0.30	276~300	0.35	0.40
151~175	0.25	0.35			

8.5.1.2 活塞销裂纹检测

活塞销对柴油机的安全运行极为重要,其上微小的裂纹都有可能导致活塞销断裂,进而引起活塞运动部件打坏机体的严重事故(俗称连杆伸腿的波及性故障),为此应对活塞销进行检查。

(1) 观察法检查。检查活塞销表面有无擦伤、过热氧化变色、渗碳层剥落和表面裂纹等缺陷。

(2) 磁粉探伤。对活塞销进行磁粉探伤,检查表面有无裂纹。要求其工作表面不允许有裂纹和横向发纹,但允许有数量不多于 5 条的纵向发纹,而且同一截面上不多于 2 条。

8.5.1.3 活塞销的修理

活塞销外圆表面过度磨损可采用镀铬、镀铁或其他方法修复。要求镀铬前活塞销表面粗糙度为 Ra 1.6 μm,镀铬层厚度不应大于 0.5 mm,镀后再机械加工。活塞销的修理往往是与活塞、连杆衬套一起综合考虑制定修理方案。活塞销表面有裂纹和渗碳层剥落时应换新。

8.5.2 十字头销的检修

十字头部件由十字头销(Crosshead Pin)和滑块组成,如图8-20和8-21所示。它的作用是连接活塞组件与连杆,构成活塞运动部件,并把活塞的气体力和惯性力传递给连杆。十字头销一般选用优质碳钢(40钢、45钢)或合金调质钢(40Cr、35CrMo)锻造而成。十字头销为短粗的中空圆柱体,刚性好,工作表面粗糙度等级高,一般在$Ra\ 0.2\ \mu m$以下。

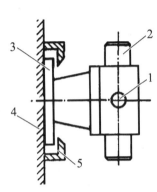

1—活塞杆;2—十字头销;3—滑块;
4—正车导板;5—倒车导板。

图8-20　单滑块式十字头示意图

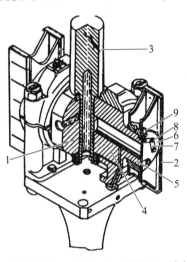

1—十字头销;2—滑块;3—活塞杆;4—内侧轴颈;5—外侧轴颈;6—盖板;7—锁紧片;8—螺栓;9—锁板。

图8-21　双滑块十字头示意图

柴油机运转时,十字头销承受周期性弯曲作用力,并具有冲击性,十字头销颈表面受到摩擦与磨损。十字头销的主要损伤是表面磨损和裂纹。滑块表面会产生磨损、咬伤和烧熔等缺陷。在检修中,必须及时加以修理和调整。

8.5.2.1　十字头销颈磨损的测量

用外径千分尺测量十字头销颈的直径,如图8-22所示。计算其圆度、圆柱度误差,并

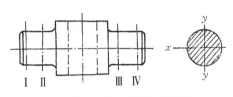

图8-22　十字头销颈磨损测量部位

应符合柴油机说明书或有关的规定。十字头销颈圆度误差过大(即失圆)容易引起十字头轴瓦的裂纹。

十字头销颈中心线与活塞杆孔中心线应垂直、相交。测量垂直度和位置度,要求垂直度偏差应不大于$0.15\ mm/m$,位置度应不大于$0.50\ mm$。此项检验应在车间平台上进行。

8.5.2.2　十字头销颈裂纹检测

1) 观察法检查

检查十字头销颈工作表面、过渡圆角附近有无裂纹、较深的拉痕等损伤。一般不允许有

裂纹、拉痕等。过渡圆角附近表面不允许有发纹,其他表面不允许有横向发纹,允许有个别纵向发纹。

2) 磁粉探伤

必要时做无损探伤检查。

8.5.2.3　十字头销颈的修理

(1) 十字头销颈外圆表面过度磨损后,可采用镀铬工艺修复。要求铬层厚度范围为 $0.20 \sim 0.30$ mm。镀前外圆表面粗糙度在 Ra 1.6 μm 以下,镀层表面不允许有麻点、发纹等缺陷。

(2) 十字头销颈圆柱度误差超过有关规定时,可采用机械加工修复法。

(3) 十字头销颈外圆表面、过渡圆角附近表面产生裂纹并超过规定要求时,应换新。

任务 8.6　活塞杆与活塞杆填料箱的检修

8.6.1　活塞杆的检修

活塞杆(Piston Rod)是用于连接活塞和十字头的连接件,工作中承受气体力和惯性力的作用,一般不受拉力只受压力。活塞杆一般用锻钢制造,表面经硬化处理,杆身剖面呈圆形,很多柴油机沿杆的中线钻有孔道,并在其中插入铜管,形成夹层,作为活塞头冷却液进口的通道。活塞杆的上端制有凸缘,用螺栓与活塞相紧固,其下部则利用锥形(或凸肩)和十字头相配合并用末端的螺母来紧固。图 8 - 23 所示为国产7ESDZ75/160 活塞和活塞杆。它是一种和短裙式活塞连接的活塞杆,杆身是中空的,内插活塞头部冷却油管,上部凸缘用螺栓与活塞连接,下面有圆柱面,用大螺母与十字头紧固。

活塞杆在长期工作以后,可能出现弯曲、变形、磨损、表面裂纹等缺陷。可根据不同的损坏形式采用不同的修复方法。

由于填料箱内衬圈的摩擦,导致活塞杆磨损,其横截面可能变成椭圆形。为了测量活塞杆的磨损,可将活塞杆的长度,按 $100 \sim 200$ mm 分为若干等分,在这些等分点的各横截面上,测量两个互相垂直方向(沿曲轴中心线及垂直曲轴中心线的方向)的直径并计算其圆度误差和圆柱度误差。若最大圆度误差和圆柱度误差超过规定值,可采用镀铬修复,镀铬层每边厚度为 $0.20 \sim 0.30$ mm,也可采用镀铁方法来修复。

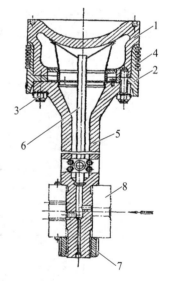

1—活塞头;2—活塞裙;3—连接螺栓;4—活塞环;5—活塞杆;6—冷却油管;7—大螺母;8—十字头。

图 8 - 23　7ESDZ75/160 活塞组件

活塞杆的变形一般在车床上进行检测。根据活塞杆的弯曲变形大小允许在冷态或热态下进行校直。加热温度一般不超过金属相变温度,校直后应进行退火处理。

活塞杆一旦发现有裂纹,应予以换新。

8.6.2　活塞杆填料箱(又称填料函)的检修

填料箱(Padding Box)位于气缸底部的中央,它将气缸的下部与曲轴箱隔开。用以防止燃烧杂质或扫气空气漏入曲轴箱,并阻止活塞杆上的滑油进入扫气箱。

活塞杆填料箱是由上下两部分组成。上部填料函用来密封扫气空气和刮除活塞杆上的污油,以免进入曲柄箱污染润滑油;下部填料函用来防止曲柄箱中飞溅润滑油被活塞杆带入气缸。图 8-24 所示为 Sulzer RTA48 型柴油机活塞杆填料函装置。上部刮油环 3 刮去活塞杆上的油污,密封环 4 用来密封气缸中的扫气空气,防止其漏泄。下部填料函中的第一组刮油环再一次刮除活塞杆上的剩余油污并通过 SR 孔排放。其余三组刮油环则把曲柄箱中飞溅到活塞杆的润滑油刮下来并经 OR 孔流回曲柄箱。

填料函中的刮油环、密封环及下部四组刮油环均是由三段扇形块组成的,并各用两道拉紧弹簧、紧压在活塞杆上,如图 8-24(b)所示。所以,检查或更换填料函中的环时不需拆卸活塞装置。

由于活塞杆与填料函长时间地相对往复运动和环的径向运动,使刮油环、密封环的内圆面产生磨损、划痕、擦伤和端面磨损,致使各部位的环与环槽的配合间隙发生变化。当各部位的间隙接近或超过说明书规定值时,填料函将失去其原有的功能。

当刮油环和密封环过度磨损使规定的间隙接近或超过最大值或当环内表面产生划痕、擦伤等损坏时均应换新环。活塞杆填料函检修时应注意以下两点。

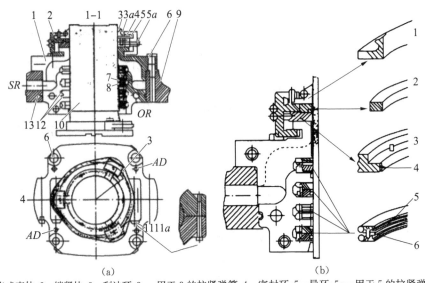

1—两半式壳体;2—锁紧块;3—刮油环;3a—用于 3 的拉紧弹簧;4—密封环;5—导环;5a—用于 5 的拉紧弹簧;6—螺栓;7、8—刮油环;9—气缸体;10—活塞杆;11—螺栓;11a—单耳止动垫圈;12—拉紧弹簧;13—O 形密封圈;AD—螺栓孔。

图 8-24　Sulzer RTA48 型柴油机活塞杆填料函装置

(1) 每次吊缸检修活塞时均应拆下活塞杆填料函进行检查,发现严重磨损的零件或有怀疑的零件均应换新。由于活塞的检修间隔期是 10 000 h,只有在下一次检修活塞时才能再次拆下填料函进行检修,所以每次吊缸必须检修填料函,以保证其处于良好技术状态。

（2）活塞杆填料函的拆、装应按说明书规定的顺序和要求进行，例如，对于活塞杆下端是方形法兰的机型如 B&W，如只需解体活塞杆填料函则不需吊出活塞，在曲轴箱内拆掉填料函的内、外圈固定螺栓，用专用夹具夹住活塞杆，使整个填料函落在夹具的平板上，进行解体。填料函安装完后应保证各部位的配合间隙符合要求。

任务 8.7　曲轴的检修

曲轴（Crankshaft）的作用是把活塞的往复运动变成曲轴的回转运动，汇集并输出各缸功率；同时曲轴还是活塞运动部件的安装基础。因此，曲轴是柴油机的重要零件。曲轴形状复杂、刚性差，其重量占整台柴油机重量的 7%～15%，造价占柴油机造价的 10%～20%。曲轴的技术状态直接影响柴油机的正常运转、船舶的安全性和经济性。所以应加强曲轴的维护保养，减少损伤，尤其应减少曲轴的磨损，控制曲轴的弯曲变形和防止曲轴疲劳断裂。

曲轴的主要损坏形式有磨损、腐蚀、变形、裂纹和断裂、红套滑移等。对曲轴的变形和断裂是通过测量曲轴臂距差予以控制。

8.7.1　曲轴轴颈磨损的检修

柴油机长期运转使曲轴主轴颈和曲柄销颈产生不均匀磨损，导致轴颈尺寸减小，几何形状精度降低，产生圆度和圆柱度误差等。

圆度误差和圆柱度误差是衡量曲轴轴颈磨损程度的主要参数。曲轴轴颈的圆度误差是由柴油机工作循环使曲轴轴颈回转一周时，在圆周方向受到大小和方向变化的力的作用，产生的不均匀磨损所致，圆度误差过大会使轴与轴瓦的配合间隙变化，影响油膜的建立，降低轴承的承载能力；圆柱度误差是由曲轴轴颈受到气体力和运动部件重量作用产生弯曲应力，及活塞运动部件安装不良或失中等使在轴颈长度方向受力不均，产生的轴向不均匀磨损所致。圆柱度误差过大使轴承负荷纵向分布不均，引起活塞运动部件的失中。

所以，新造曲轴应符合图纸上的尺寸、几何形状精度要求；运转中磨损的曲轴圆度误差和圆柱度误差应符合说明书或标准的规定。

8.7.1.1　曲轴磨损的测量

采用外径千分尺或游标卡尺测量主轴颈和曲柄销颈的直径，分别计算它们的圆度误差、圆柱度误差，并用最大圆度误差和最大圆柱度误差与说明书或表 8-8（CB/T 3544—94）比较，判断磨损程度。测量方法如下。

表 8-8 曲轴主轴颈和曲柄销颈磨损极限(单位:mm)

轴颈直径	>500 r/min 筒形活塞式柴油机				<500 r/min 筒形活塞式柴油机				十字头式柴油机			
	主轴颈		曲柄销颈		主轴颈		曲柄销颈		主轴颈		曲柄销颈	
	圆度	圆柱度	圆度	圆柱度	圆度	圆柱度	圆度	圆柱度	圆度	圆柱度	圆度	圆柱度
<75	0.03	0.03	0.03	0.035								
75~100	0.035	0.035	0.035	0.04								
100~125	0.035	0.035	0.035	0.04								
125~150	0.04	0.04	0.04	0.04								
150~175	0.05	0.05	0.05	0.05	0.05	0.05	0.05	0.05				
175~200	0.05	0.06	0.05	0.06	0.06	0.07	0.06	0.07				
200~225	0.06	0.07	0.06	0.07	0.07	0.08	0.07	0.08	0.08	0.08	0.09	0.09
225~250	0.07	0.08	0.07	0.08	0.08	0.08	0.08	0.09	0.09	0.09	0.10	0.10
250~275	0.07	0.08	0.08	0.08	0.08	0.09	0.08	0.10	0.10	0.10	0.11	0.11
275~300	0.08	0.09	0.09	0.09	0.09	0.10	0.09	0.10	0.10	0.10	0.11	0.11
300~325	0.08	0.09	0.09	0.10	0.09	0.10	0.10	0.11	0.11	0.11	0.12	0.12
325~350	0.09	0.10	0.10	0.11	0.10	0.11	0.11	0.12	0.12	0.12	0.13	0.13
350~375					0.11	0.12	0.12	0.13	0.12	0.12	0.13	0.13
375~400					0.12	0.12	0.13	0.14	0.13	0.13	0.14	0.14
400~425					0.13	0.14	0.14	0.15	0.14	0.14	0.15	0.15
425~450									0.15	0.15	0.16	0.16
450~475									0.16	0.16	0.17	0.17
475~500									0.17	0.17	0.18	0.18
500~525									0.18	0.18	0.19	0.19
525~550									0.19	0.19	0.20	0.20
550~575									0.20	0.20	0.21	0.21
575~600									0.20	0.20	0.21	0.21
600~650									0.21	0.21	0.22	0.22
>650									0.21	0.21	0.22	0.22

1) 测量曲柄销直径

航行期间在船上测量曲柄销直径,需先拆除活塞连杆装置。测量时,首先将待测曲柄销转至上止点或下止点位置,清洁轴颈后按图 8-25 所示的三个截面,测量每个截面上的垂直与水平方向的直径并记录读数。

2) 测量主轴颈直径

在船上测量主、副柴油机主轴颈直径前需先拆去主轴承上盖、上瓦和盘出下瓦。测量时,将 1 号缸曲柄销或待测主轴颈相邻的任一曲柄销转至上止点位置,清洁轴颈后按图 8-25 所示三个截面,测量垂直方向和水平方向的直径。图 8-26 为随机专用外径千分尺测量主轴颈直径。

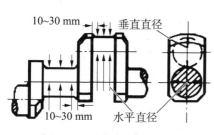 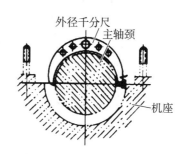

图 8-25 曲轴轴颈测量位置 　　图 8-26 专用千分尺测量曲轴主轴颈

8.7.1.2 曲轴磨损的修理

1) 修理尺寸法

中小型曲轴可在磨床或专用曲轴车床上按分级修理尺寸法进行修理,换上与新尺寸对应的轴瓦。轴径减少量大于 $0.01D$(D 为轴径)时进行强度校核。

大型曲轴,由于受设备的限制,可用手工修锉或采用原位修复装置就地进行修复,一般按最小加工余量原则确定轴颈的修理尺寸。依修理尺寸配制轴瓦,保证配合间隙恢复原值。

修理时,应先加工主轴颈,使各轴颈的同轴度、圆度误差、圆柱度误差在规定要求范围内,然后再修理曲柄销颈。因为主轴颈是修理曲柄销时的基准,这样才能保证两者之间的平行度公差要求。

图 8-27 所示为在船上不拆卸曲轴,就地光车曲柄销和主轴颈的装置示意图。加工曲柄销时,取下连杆大端,装上光车曲柄销工具,如图中(a)所示。由于轴颈与曲柄臂相交圆角处不磨损,保持正确的圆柱形,因此,以此为基准安装工具,可保证加工时曲柄销的圆柱度要求,及其与主轴颈的平行度要求。加工时,用盘车机缓慢转动曲轴,连杆随之运动,宽刀即对曲柄销进行加工。加工主轴颈时,应先取出主轴承,装好假瓦,如图中(b)所示,在上盖处装光车主轴颈工具,缓慢转动曲轴,宽刀即对主轴颈加工修理,加工时车削量由手动螺母调整。

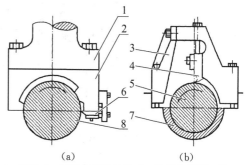

1—连杆;2—光车曲柄销工具;3—光车主轴颈工具;4、6—宽刀;5—主轴颈;7—假瓦;8—曲柄销。

图 8-27 在船上就地加工光车曲柄销和主轴颈示意图

图 8-28 所示为就地磨削主轴颈工具。拆去需磨削的主轴颈上的主轴承盖和上下瓦,装入假瓦,假瓦两端支承在轴颈两端未磨损的圆角部位上,而其中间部位是空的,不与

主轴颈接触。由两半组成的夹具用固定螺栓夹在假瓦上。万向接头装在夹具的V形槽内,可以滑动,并支承拖板,防止拖板转动。电动机固定在拖板上,驱动碗形砂轮高速旋转。

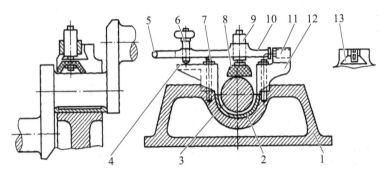

1—主轴承座;2—假瓦;3—主轴颈;4—两半组成的夹具;5—手柄;6—进给螺杆;7—固定螺栓;
8—碗形砂轮;9—电动机;10—拖板;11—万向接头;12—两半组成的夹具;13—V形槽。

图8-28　主轴颈就地磨削工具装置图

拧动进给螺杆就可使碗形砂轮借自重做径向进给,如遇应急情况,提起手柄就可使砂轮与主轴颈表面脱离。曲轴由盘车机带动缓慢旋转。

图8-29所示为曲柄销就地磨削工具装置图,在曲柄销的两端未经磨损的狭窄环面上,分别装上用螺栓连接的定位板,两定位板中间用可伸缩的连接杆隔开并相互连接。在连接杆上安装磨削机构,包括走刀架、电动机和碗形砂轮。走刀架可在连接杆上做轴向移动。通过手轮、丝杆可使砂轮相对于曲柄销做切向运动。调整丝杆使砂轮做径向进给运动。整个磨削机构可以通过链轮和链条围绕曲柄销旋转。

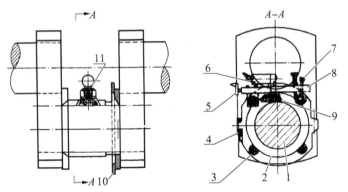

1—曲柄销;2—定位板;3—连接杆;4—螺栓;5—手轮;6—电动机;7—径向进给丝杆;
8—走刀架;9—碗形砂轮;10—链轮;11—丝杆。

图8-29　曲柄销就地磨削工具装置图

无论采用哪种方法均应保证曲轴强度和几何形状精度、表面粗糙度、位置精度符合要求。

2) 恢复尺寸法

采用镀铬、镀铁等工艺恢复曲轴轴颈原有尺寸。目前国内成功地采用无刻蚀镀铁工艺修复大批各类曲轴,尤其可满足要求较大厚度镀铁层的曲轴。

8.7.2　曲轴轴颈擦伤和腐蚀的修理

曲轴轴颈表面的划痕、拉毛和擦伤等主要是由润滑油中的机械杂质或磨损产物造成的。轴颈表面的腐蚀凹坑、锈斑、烧伤等是润滑油中含水分和酸过多产生的电化学腐蚀或漏电等杂散电流引起的静电腐蚀引起的。

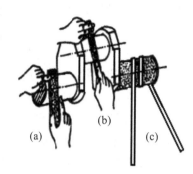

当擦伤、腐蚀不严重,尚未影响轴颈尺寸和几何精度时,一般可采用人工原地修磨方法予以消除。

1) 较深伤痕

用油光锉轻轻修锉,伤痕消除后再用砂纸打光,如图 8-30(b)所示。

2) 较浅伤痕

用油石打磨,伤痕消除后再用砂纸打光,如图 8-30(a)所示。

图 8-30　轴颈表面擦伤、腐蚀的修复
(a)油石修磨;(b)油光锉修锉;(c)砂纸打磨。

3) 轻微擦伤

用麻绳或布条敷细砂纸(0 号或 00 号)缠于轴颈上,人工往复拉动磨去伤痕,如图 8-30(c)所示。

当轴颈表面既有轻微擦伤又存在几何形状误差时,可采用专用磨光夹具进行修磨,如图 8-31 所示。其中(a)适用于小型柴油机曲轴,(b)(c)适用于大中型柴油机曲轴。

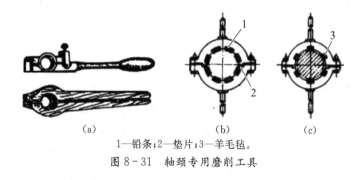

1—铅条;2—垫片;3—羊毛毡。
图 8-31　轴颈专用磨削工具

修磨加工前,应用黄油堵塞轴颈上的油孔,以免脏物落入。修磨时注意不要破坏轴颈的几何形状精度,由于修磨量很小不会影响轴承间隙,但其几何形状精度、表面粗糙度、位置精度应符合标准要求。

8.7.3　曲轴轴颈裂纹与断裂的检修

8.7.3.1　曲轴裂纹的检验

中国船级社的规范中规定:锻钢和铸钢的曲轴毛坯均要进行无损探伤检验。

曲轴锻钢件所有加工表面均应进行磁粉检验,并严格检查整锻曲轴的主轴颈、曲柄销颈与曲柄臂连接过渡圆角处,半组合式曲轴的曲柄销颈表面、曲柄销与曲柄臂连接过渡圆角处。曲轴锻钢件还应进行超声波检测。

曲轴铸钢件均应进行超声波检测,其所有表面均应在最终热处理前和精加工后进行磁力探伤。

对于新购或修理的曲轴依具体情况进行着色探伤、磁粉探伤和超声波探伤,以查明曲轴表面和内部的缺陷情况。

8.7.3.2　曲轴裂纹、断裂的修理

(1)裂纹较小时采用修磨除去裂纹,使裂纹部位修整光洁,与其他表面之间过渡圆滑,并经着色或磁粉探伤确认裂纹消失。此项工作应取得验船师认可或在其监督下进行。

(2)裂纹较深时应更换新曲轴,组合式和半组合式曲轴可局部更换。

(3)曲轴断裂须换新曲轴。航行中发生主机曲轴断裂,需应急焊接修理,在断裂的曲柄臂之间和曲柄臂两侧分别用钢块和钢板进行焊补,将断裂曲轴焊成一体,并对该缸进行封缸,维持主机运转,到达港口后再进行彻底修理。

8.7.4　曲轴红套滑移的修理

8.7.4.1　曲轴红套

红套又称热套,是实现零件过盈配合的一种工艺,利用金属材料热胀冷缩的特性,把轴和孔牢固地连接成一体。

大型柴油机全组合或半组合式曲轴均采用红套工艺把主轴颈、曲柄销与曲柄臂或主轴颈与曲柄连接成一体。

曲轴红套时应保证以下技术要求。

(1)曲柄间轴向距离(即主轴颈的长度)和曲轴轴向长度应符合图纸要求。

(2)曲柄夹角符合要求。

(3)主轴颈与曲柄销颈的平行度符合要求。

8.7.4.2　曲轴红套滑移

全组合式或半组合式曲轴的主轴颈与曲柄臂套合处相对位置发生错动的现象称为曲轴红套滑移。曲轴红套滑移将直接影响滑移曲柄以后的各缸定时、燃烧和功率。滑移方向即滑移曲柄相对主轴颈转动的方向,其方向不同将使曲柄夹角增大或减小。

曲轴红套滑移主要是曲轴受到过大的冲击扭转作用。过大的扭矩超过了曲柄臂对主轴颈的紧固力,导致配合面间发生相对转动。航行中螺旋桨打到礁石、缆绳、冰块;气缸中发生咬缸、水击;柴油机飞车或超负荷等都会产生过大的扭矩而导致曲轴红套滑移。曲轴红套质量不佳,如过盈量太小、加热温度不足、配合表面太粗糙或不清洁等均会使紧固力不足,即便正常运转也会产生滑移。

8.7.4.3　曲轴红套滑移的检查

曲轴发生红套滑移时的征兆:柴油机气缸定时不正,严重时有后燃、冒黑烟现象;柴油机振动剧烈;停车后再不能启动等。

在船上,轮机员可把红套时所划的曲柄臂中心线(即曲柄对称线)或曲柄臂上的安装臂距表的冲孔作为检查基准,检查它们相对主轴颈纵向垂直平面的位置变化便可确定滑移的方向和角度。

8.7.4.4　曲轴红套滑移的修复

（1）航行中曲轴发生滑移时，如果滑移角度不大，一时又无法进厂修理，可降低柴油机功率并对定时做适当调整后，仍可暂时继续使用。

（2）滑移不严重时可采用就地温差法修理：用加热曲柄臂（用丙烷加热）和冷却轴颈（用液氮或液氢）的方法，使其原有过盈量消失并产生一定间隙，然后对曲柄臂施加扭矩使之反向转动滑移角度后复位。

（3）进厂修理，将产生滑移的那段轴颈或曲柄更换，重新红套进行修复，使红套处的箍紧力恢复到设计要求。但这样做工程量大，修理周期长。

8.7.5　曲轴弯曲的日常检修

8.7.5.1　曲轴弯曲的原因

曲轴弯曲是指曲轴发生塑性变形，表现在曲轴各主轴颈的同轴度误差、主轴颈与曲柄销平行度误差的增大。前者使得曲轴轴线状态变坏，引起过大的附加应力，导致曲轴产生疲劳裂纹甚至折断、轴承合金磨损加快；后者使活塞工作时产生敲缸现象，活塞组件对中不良。

曲轴弯曲主要是由于各主轴承轴线的同轴度受到破坏，如机座、船体的变形；主轴承与轴颈的配合间隙过小，或润滑油中断等原因，使轴承烧损、咬死轴颈，导致曲轴局部温度很高，产生塑性变形；刚性较差的大、中型曲轴在拆卸、安装过程中起吊不当，或与其他物体相撞；柴油机各缸负荷相差较大，并经长期运转或超负荷工作，以及定时不对；连杆螺栓突然折断，曲轴受冲击等都会引起曲轴的弯曲。

8.7.5.2　曲轴弯曲的修理

（1）当主轴颈与曲柄销的不平行度及弯曲变形较小时，可结合轴颈的圆度误差、圆柱度误差一起修复，用车削、磨削或手工锉削等加工方法予以消除。

（2）当曲轴弯曲度较大，或虽弯曲度较小，但为了减少主轴颈的机械加工量，常采用塑性变形修复法。小型曲轴的弯曲变形采用敲击法或机械校直法进行校直；大型曲轴或弯曲度较大的曲轴采用热校法或加热-机械校直法进行校直。

8.7.6　曲轴臂距差

曲轴是一个结构复杂、刚性差的重要零件，容易产生弯曲变形，即便自重也会使其产生变形。新造柴油机曲轴安装在机座主轴承上，因各道主轴承孔中心在同一直线上，安装在主轴承上的曲轴轴心线也呈直线状态。柴油机长期运行后，由于各道主轴承下瓦的不均匀磨损，导致各道主轴承中心不等高，致使坐落其上的曲轴轴线发生弯曲变形，引起曲轴产生弯曲应力。因此，柴油机正常运转情况下，曲轴轴线状态主要取决于主轴承下瓦的高低。反之，曲轴轴线状态也反映了各道主轴承高低，也就是反映了各道主轴承下瓦的磨损情况。

8.7.6.1　曲轴臂距差的概念

1）曲轴的变形

运转中的柴油机主轴承位置高低不等使其上的曲轴产生弹性变形，整根曲轴的变形为宏观的整体变形，每个曲柄的变形为局部的微量变形。曲柄微量变形是曲柄臂之间的距离在曲轴回转一周中产生的微量变化。

2）运转中的曲柄

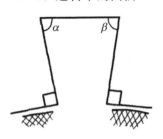

图 8-32 对运转中曲柄
变形的假定

为了便于分析曲柄的微量变形,简化问题,对运转中的曲柄进行 3 个假定。

（1）主轴颈与曲柄臂之间为刚性连接,夹角为 90°并保持不变。

（2）主轴颈、曲柄销颈和曲柄臂均为刚性,运转中形状不变。

（3）曲柄销颈与两曲轴臂之间夹角 α、β 不仅相等且变化相同,即保持 $\alpha=\beta$,如图 8-32 所示。

3）曲柄微量变形、曲轴整体变形与主轴承位置高低的关系

当曲轴发生整体变形时,分析曲轴任一曲柄的微量变形。如图 8-33（a）所示,当某一曲柄的两个主轴承低于相邻主轴承时,该曲柄的两主轴颈轴线向下弯曲呈塌腰形。此时,将曲柄销转至上止点位置时,曲柄两臂向外张开,曲柄臂间距离增大;将曲柄销转至下止点位置时,曲柄两臂向内收拢,曲柄臂间距离减小。当曲柄的两主轴承高于相邻主轴承时,该曲柄的主轴颈轴线向上弯曲呈拱腰形,如图 8-33（b）所示。此时,曲柄臂间距离变化与塌腰形相反。

同样,将曲柄销分别转至左右水平位置时,曲柄两臂间距亦会发生相应变化。

运转中的柴油机曲轴因主轴承高低不等而产生整体变形。曲轴回转一周时,曲轴上的每

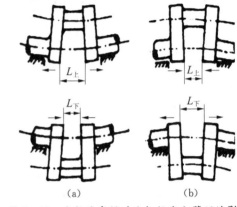

图 8-33 主轴承高低对曲柄轴线和臂距的影响

（a）主轴承低时轴线呈塌腰形；（b）主轴承高时轴线呈拱腰形

个曲柄都会随之产生不同的微量变形,曲轴整体弯曲变形越大,曲柄的微量变形也越大。曲轴在装合状态下的整体变形即轴线弯曲度,难以直接测量,然而单个曲柄的微量变形是可以定量测出的。所以,可通过测量每一个曲柄臂距的微量变化来了解曲轴整体的轴线状态。

曲柄的两个曲柄臂之间的距离称为臂距值,用 L 表示,俗称拐档值。曲柄销分别在上下止点位置时（或曲柄销分别在左右水平位置时）对应臂距值的差,称为臂距差（Crank Web Deflection）,俗称拐档差,用符号 Δ 表示。

$$\Delta_\perp = L_上 - L_下 \qquad (8-2)$$

$$\Delta_- = L_左 - L_右 \qquad (8-3)$$

式中：$\Delta_\perp$、Δ_-——分别为垂直平面、水平平面内的臂距差,mm;

$L_上$、$L_下$——分别为曲柄销在上下止点位置时的臂距值,mm;

$L_左$、$L_右$——分别为曲柄销在左右水平位置时的臂距值,mm。

根据图 8-33 可以得出：

$\Delta_\perp = L_上 - L_下 > 0$，即 $\Delta_\perp = (+)$，曲轴轴线呈塌腰形或下弧形弯曲，即呈"⌣"形。

$\Delta_\perp = L_上 - L_下 < 0$，即 $\Delta_\perp = (-)$，曲轴轴线呈拱腰形或上弧线弯曲，即呈"⌢"形。

这种关系从表 8 - 9 中可清楚看出。

同样，在水平平面内亦可得出：

$\Delta_- = L_左 - L_右 > 0$，即 $\Delta_- = (+)$，曲轴轴线呈右弧线弯曲，即呈")"形；

$\Delta_- = L_左 - L_右 < 0$，即 $\Delta_- = (-)$，曲轴轴线呈左弧线弯曲，即呈"("形。

曲轴臂距差值的大小表明曲轴弯曲变形的程度；臂距差值的符号表明曲轴轴线弯曲变形的方向。一般来讲，水平平面内臂距差较小，不是研究的重点。

表 8 - 9　臂距差、轴线状态与主轴承位置的关系

图形	臂距差 $\Delta_\perp$	$\Delta_\perp$ 与轴线状态和轴承位置的关系
$L_上$ $L_下$	+	低
$L_上$ $L_下$	-	高

4）臂距差的意义

臂距差的存在说明两个曲柄臂之间的距离在曲轴回转一周的过程中发生了变化，即曲柄臂时而张开时而收拢的微量变形，导致曲轴的过渡圆角处（特别是曲柄臂与曲柄销连接处）产生时拉时压的交变应力，长期运转后使曲轴产生疲劳裂纹或断裂。所以，测量臂距值、计算臂距差就是为了了解和控制曲轴轴线的变形程度和主轴承的磨损情况，以防止曲轴的疲劳破坏。用修刮主轴承等方法把臂距差控制在说明书或规范允许的极限值以内，使各主轴承中心基本同轴，确保曲轴轴线处于良好的状态，保证船舶安全航行。

8.7.6.2　臂距值的测量

1）测量点

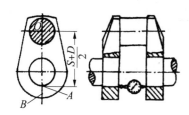

图 8 - 34　臂距表安装部位

臂距值大小与测量位置有关。规定的测量点设在距离曲柄销中心线 $(S+D)/2$ 处（S 为活塞冲程，mm；D 为曲轴主轴颈直径，mm）。如图 8 - 34 所示。为了便于迅速、准确地装表，一般在制造曲轴时在曲柄臂的内侧中心对称线上 $(S+D)/2$ 处打上冲孔，即图中 A 点。有的大型柴油机为了测量方便，测量点选在靠近曲柄臂底部的 B 点，为了便于与标准比较，可按下式进行换算：

$$\Delta_A = \Delta_B \cdot OA/OB \qquad (8-4)$$

式中：OA——测量点 A 至曲柄销中心线的距离，mm；

OB——测量点 B 至曲柄销中心线的距离，mm。

2）测量工具

专用的测量工具，即拐档表，是一种特殊的百分表，测量精度为 0.01 mm。

3）测量条件

为了测量精确，应尽量消除影响测量精度的因素，准确地反映曲轴轴线状态。因此，测

量时应满足以下条件：

（1）夜间、清晨或阴雨天气时测量：海水、气温直接影响船体变形，进而影响曲轴臂距差值。轮机员测量时应注意环境温度对曲轴臂距差的影响，避免船舶在太阳暴晒下测量。

（2）柴油机冷态下进行测量：即当机件温度降低到环境温度条件下进行测量。如柴油机停机后立即测量，随着温度的不断降低，先后测量时的温度影响不同，所以测量值不稳定、不准确。

（3）船舶装载条件相同的情况下测量：船舶装载条件不同船体变形不同，致使曲轴臂距差不同。为了便于比较，应在相同的装载条件下进行测量。通常新造船舶和修理船舶都在空载条件下测量臂距差。

4）测量的要求

（1）一次装表完成全部测量：测量过程中不允许改动拐档表的位置，拐档表安装后，应完成测量曲轴回转一周中各要求位置的臂距值。当曲轴未安装活塞运动装置时，测量 0°、90°、180°、270°四个位置的臂距值，可从任一位置开始装表测量；当曲轴上已安装活塞运动装置时，由于曲轴转至下止点时，活塞运动装置的位置恰好居中，不能安装臂距表，生产中就用曲柄销位于下止点前后各 15°（以表不碰连杆为准）位置，即 165°和 195°位置，故此时应测量 0°、90°、165°、195°、270°五个位置的臂距值，从 195°位置开始装表测量，如图 8-35 所示。

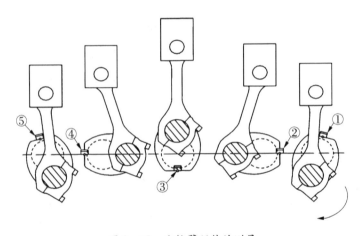

图 8-35 曲轴臂距值的测量

（2）柴油机正车回转进行测量：按柴油机正车运转方向进行，回转一周完成规定点的测量，使测量值符合实际情况，精度高。

5）记录

盘车使曲轴正车回转一周，分别读出曲柄销在上止点、左平、下止点、右平位置的臂距值（4 点法）；或 195°、270°、0°、90°、165°五个位置的臂距值（5 点法），并记录在专门表格中。现场测量值可按以下方式记录：

（1）按曲柄销所在位置（俗称销位法）记录读数。

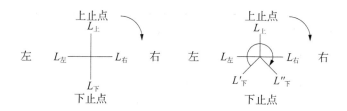

（2）按拐档表所在的位置（俗称表位法）记录读数。

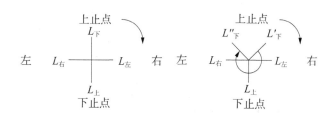

注意：虽然记录方式不同，但臂距差的概念不变，均按公式 $\Delta_\perp = L_上 - L_下$，$\Delta_- = L_左 - L_右$ 计算；采用 5 点法时，$L_下 = (L'_下 + L''_下)/2$。此外，不要将表的位置与曲柄销的位置搞混，两者的位置正好相反。

6）测量数据可靠程度的判断方法

曲轴臂距差的精度与臂距表的精度、安装精度、读数误差和测量技术等有关。将测得的上下止点臂距值之和与左右水平臂距值之和比较，二者差值在 ± 0.03 mm 内，即 $(L_上 + L_下) - (L_左 + L_右) < \pm 0.03$ mm，表明测量基本准确。如果几次测量结果均超过 ± 0.03 mm，表明曲轴存在严重变形。

8.7.6.3　臂距差的标准

各船舶主机都有本机的标准；各个生产厂家和各国的船检部门也都有相应的规范和标准。归纳起来主要有如下几种。

1）柴油机说明书

曲轴臂距差随柴油机机型、结构、尺寸和计算方法不同而异。各类柴油机说明书中均对其曲轴臂距差测量方法、安装值和极限值有明确规定。MAN-B&W 型柴油机测量点在 $(S+D)/2-10$ mm 处，表 8-10 为其冷态时的标准。

表 8-10　MAN-B&W 型柴油机曲轴臂距差标准

机型	对于新机或刚修理过的主机的正常值		须重新对中的推荐值		最大的允许值	
	1*	2	1	2	1	2
L50MC/MCE	0.17	0.34	0.45	0.51	0.68	0.68
S50MC/MCE	0.23	0.46	0.61	0.69	0.92	0.92
L60MC/MCE	0.20	0.40	0.54	0.61	0.81	0.81
S60MC/MCE	0.27	0.55	0.73	0.82	1.10	1.10

（续表）

机型	对于新机或刚修理过的主机的正常值		须重新对中的推荐值		最大的允许值	
	1*	2	1	2	1	2
L70MC/MCE	0.24	0.48	0.63	0.71	0.95	0.95
S70MC/MCE	0.32	0.64	0.85	0.96	1.28	1.28
L80MC/MCE	0.27	0.54	0.72	0.81	1.08	1.08
S80MC/MCE	0.36	0.73	0.97	1.10	1.46	1.46
K80MC/MCE	0.24	0.48	0.64	0.72	0.96	0.96
L90MC/MCE	0.30	0.60	0.81	0.92	1.22	1.22
K90MC/MCE	0.27	0.54	0.72	0.81	1.08	1.08

1—正常值；2—曲轴上装有扭振减振器、调频轮、弹性联轴节等时，首尾两个曲柄的允许值；*—也用于判断曲轴变形测量的正确性。

2）中国海事局标准

在《海船法定营运船检验技术规程》(2011)中规定曲轴臂距差测量点在$(S+D)/2$处。曲轴与轴系连接后冷态下的臂距差标准如表 8-11 所示。

表 8-11　曲轴臂距差标准

状况	Δ/S 每米活塞行程的臂距差（mm/m）	
经修理试车后	≤0.125	
营运中允许范围	0.125～0.25	＞0.25 应限期修理
最大极限	≤0.36	＞0.36 应立即停航修理

3）中国修船标准

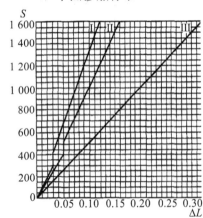

图 8-36　曲轴臂距差 Δ 标准的测量

《中华人民共和国船舶行业标准》CB 3364—91、CB/T 3544—94 分别对船舶副柴油机和船舶主柴油机曲轴臂距差的规定。

CB 3364—91 规定：曲轴臂距差测量点为$(S+D)/2$处，曲轴与发电机连接后冷态臂距差标准：

正常值不大于 $0.000\,125\,S$，即 $1.25S/10\,000$。

修理中飞轮端控制值不大于 $0.000\,15S$，即 $1.5S/10\,000$。

飞轮端如为弹性联轴节可适当放宽至不大于 $0.000\,175S$，即 $1.75S/10\,000$。

CB/T 3544—94 规定：船用主柴油机整体式和组合式曲轴臂距差值应符合图 8-36 要求，测量点在$(S+$

$D)/2$ 处。图中Ⅰ线左上方为在车床或平台上最佳值;在Ⅰ、Ⅱ线之间为曲轴安装中的优良值;在Ⅱ、Ⅲ线之间为柴油机运转中的合格值;Ⅲ线为柴油机的最大允许值。

8.7.6.4 影响曲轴臂距差的因素

影响营运船舶主柴油机曲轴臂距差的因素很多,影响的情况也各不相同。了解这些影响因素对减少和防止曲轴疲劳破坏,分析曲轴损坏原因,以及修理、安装等都有很大的意义。主要影响因素如下。

1) 机座变形或下沉

船体变形、机座底脚螺栓和贯穿螺栓松动或重新预紧等均会使机座产生无规律的变形;柴油机机座与底座间垫铁松动或磨损变薄等使机座相应部位下沉。机座变形或下沉都会使曲轴轴线发生弯曲变形,臂距差发生无规律的变化。

新造船舶主柴油机在船上安装或船舶进厂修理时,严禁用调节底脚螺栓或贯穿螺栓预紧力的方法来调整曲轴臂距差。

2) 主轴承下瓦的不均匀磨损

机座上各道主轴承因柴油机各缸功率、轴承负荷及轴承间隙、润滑等的不同,导致各道主轴承下瓦磨损程度不同,使坐落其上的曲轴轴线发生弯曲变形,臂距差发生变化。因下瓦的磨损无规律,所以,主轴承下瓦磨损使曲轴轴线状态、臂距差的变化也无规律。

3) 船舶装载的影响

船体如弹性梁,受力产生变形,船体刚性差则变形就更加严重。货船装载不同,船体的变形也不同,曲轴轴线状态和臂距差也会随之变化。船体刚性随船龄增加不断降低,曲轴变形和臂距差变化也会随之增大。

机舱、货舱在船上的位置不同,其装载对船体变形和曲轴臂距差的影响程度也不同。

中机舱船舶:货舱布置于机舱前后,船舶装载后船体中部上拱,使曲轴轴线朝拱腰形变化,臂距差向负值增大方向变化。如果空载时臂距差就为负值,轻、满载时负值继续增大;如空载时臂距差为正值,轻、满载时正值减小向负值变化。

艉机舱船舶:船舶装载后对臂距差的影响与中机舱船舶基本相同,只是影响程度轻些,仅波及曲轴首端曲柄,臂距差也是朝负值增大方向变化。

营运船舶应科学合理地配载,对于刚性差的船舶尤为重要。因装载引起船体过大变形以致在每次装载后需测量曲轴臂距差,以检验船体和曲轴变形情况。当臂距差超过规定值时需重新配载,重新装货。

船厂在新造船舶时,主机安装中采用反变形安装工艺,即令安装曲轴有一定的预变形,以克服船体结构带来的无法避免的影响。如中机舱船舶,安装曲轴时使其轴线具有塌腰形状态,以抵消装载后船体上拱变形的部分或全部影响。

4) 活塞运动装置和爆发压力的影响

活塞运动部件的重量使曲轴轴线朝塌腰形变化,大型柴油机的影响较为明显。船用二冲程柴油机气缸爆发压力较高,目前最高已达 18 MPa,通过活塞连杆作用于曲轴,使曲轴轴线呈塌腰形变化,且以曲柄销位于上止点时影响最大。以上两种因素均使曲轴轴线呈塌腰形变化,臂距差朝正值增大方向变化。

5）飞轮的影响

飞轮装于曲轴尾端，使曲轴尾部轴线朝拱腰形变化，臂距差值向负值增大方向变化，而对曲轴其他曲柄的影响自尾向首逐渐减小。飞轮越重影响越大，对中小型柴油机的影响也较大。安装曲轴时亦可采用反变形工艺以减小飞轮的影响。

6）轴系连接误差的影响

船舶主柴油机曲轴与轴系采用法兰刚性连接，轴系安装误差直接影响曲轴尾端轴线状态和臂距差的变化。要求曲轴尾端法兰与第一节中间轴首端法兰连接误差：偏移值不大于0.1 mm，曲折值不大于0.1 mm/m，以使曲轴尾端臂距差符合要求。

当轴系安装误差较大，使轴系轴线高于曲轴轴线、两法兰呈下开口时，连接后使曲轴尾端轴线呈塌腰形，臂距差朝正值方向增大，如图8-37（a）所示；当轴系轴线低于曲轴轴线、两法兰呈上开口时，连接后使曲轴尾端轴线呈拱腰形、臂距差朝负值方向增大，如图8-37（b）所示。

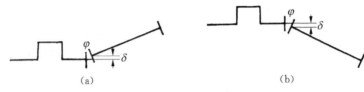

图8-37 轴系连接误差对臂距差的影响
(a)朝正值方向增长；(b)朝负值方向增大

此外，大气、海水温度和船舶进坞坐墩等对船体变形和臂距差的影响、主轴承安装质量对臂距差的直接影响等在轮机管理工作中均应注意。

船舶航行期间应将曲轴臂距差始终控制在要求范围内，一旦超过标准应及时进行复测、全面分析和采取措施，以防造成曲轴裂纹和断裂的事故。

8.7.6.5 须测量曲轴臂距差的情况

测量曲轴臂距差是对船舶大、中型柴油机曲轴状态的重要技术检验，而对活塞行程小于200 mm的小型柴油机，因其曲轴刚性较好，故不必检验。除此之外，不论是制造、安装、修理和运转中的柴油机此项检验均必不可少，且各自在不同的情况下进行测量。

（1）新造柴油机。在台架组装试验期间和在船上安装期间进行多次测量。例如，在机座安装后、活塞运动部件安装后、主机与轴系或副机与发电机连接后等。

（2）主副柴油机进厂修理。随修理规模、类别的不同有不同情况下的测量。通常在修理前、在曲轴与轴系或发电机脱开后、拆去飞轮后、拆去活塞运动装置后、松开贯穿螺栓和修理后安装过程中的相应情况下测量曲轴臂距差。

（3）营运期间。按照说明书规定或船级社要求的各种检验中的规定进行测量。此外，柴油机吊缸检修时或发现问题时应进行测量。

（4）特殊情况。当船舶发生搁浅、碰撞等海损事故后或船体刚性差的船舶每次装载后，以及主轴瓦拂刮或换新、贯穿螺栓或底脚螺栓重新预紧后等情况下均应进行测量。

8.7.7 主轴承高度的判断方法

柴油机正常运转中曲轴轴线弯曲状态主要取决于主轴承下瓦不可避免的磨损。了解和控制主轴承下瓦的磨损、确定各道主轴承的高低,从而了解曲轴轴线弯曲变形的程度。轮机员可及时采取措施,防止曲轴过大的弯曲变形引起附加弯曲应力增大所致的曲轴裂纹和断裂,也可避免引起活塞运动装置的失中。主要有以下几种判断方法:

8.7.7.1　分析法

通过对臂距差、轴线状态和轴承位置的基本关系分析,判断主轴承高度。

当测得臂距差 $\Delta_\perp > 0$,表明该曲柄轴线呈塌腰形状态,两主轴承低于相邻轴承;反之,若 $\Delta_\perp < 0$,表明轴线呈拱腰形状态,两主轴承高于相邻轴承。

利用上述基本关系判断主轴承高度是最基本的方法,可以根据臂距差迅速作出判断,生产中普遍应用。

8.7.7.2　桥规法

柴油机长期运转后,主轴颈和主轴承下瓦均会发生磨损,以致使主轴颈相对机座上平面的位置发生变化。各道主轴承下瓦和对应主轴颈磨损量不同,各道主轴颈下沉量不同。因主轴颈硬度高磨损量很小,故可略去。这样可将主轴颈下沉量视为主轴承下瓦的磨损量。因此,相对于一段时间的前后两次测量的桥规值之差即为这段时间内主轴承下瓦的磨损量。

桥规值反映了曲轴各道主轴颈相对于机座上平面的位置,亦即反映了整根曲轴轴线相对于机座上平面的状态。所以可利用各道主轴颈的桥规值作出垂直平面内的曲轴轴线状态图。作图步骤如下:

(1) 首先画一水平线 OO 代表机座上平面。

(2) 在 OO 线上等距画出垂线 1、2、……8,代表各主轴颈(或主轴承)的中线。

(3) 分别在各主轴承中线上自 OO 线向下截取相应主轴颈的桥规值长度 a_1、a_2……a_8,连接各线段的端点得到曲轴在垂直平面内的轴线状态图,如图 8-38 所示。

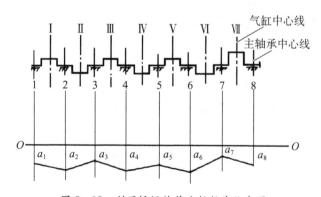

图 8-38　利用桥规值作曲轴轴线状态图

从图 8-38 可以看出垂直平面内曲轴轴线状态和各道主轴承的高度。其中第六道主轴承位置较低,说明磨损较为严重;第七道主轴承位置较高,磨损较轻。通过拂刮轴瓦和换瓦调整曲轴轴线状态。

8.7.7.3　臂距差法

根据臂距差直接判断主轴承位置高度或作曲轴轴线状态图,进而判断各主轴承位置的高度,方法如下。

1) 经验判断法

我国修船厂根据多年的生产实践经验,总结出了判断曲轴各道主轴承高度的规律,不需作图直接依所测臂距差值判断。现摘录以下几点:

(1) 曲轴自由端曲柄或拆去飞轮端的曲柄,当臂距差值为"+"值,一般表示端部主轴承较相邻主轴承位置高;当臂距差值为"—"时,一般表示端部主轴承较相邻主轴承位置低。

(2) 若曲轴相邻两曲柄臂距差值均为"+"时,表示中间主轴承位置最低,臂距差值越大,中间轴承位置越低;若臂距差值均为"—"时,表示中间主轴承位置最高,臂距差值越大则中间轴承位置越高。

2) 简单作图法

利用曲轴各曲柄在垂直平面内的臂距差 $\Delta_\perp$ 作出曲轴轴线状态图,进而判断各主轴承位置高度。现以一台 7 缸柴油机为例作图,其 $\Delta_\perp$ 列于表 8 - 12 中。

表 8 - 12　7 缸柴油机曲轴臂距差(单位:mm)

曲柄号	I	II	III	IV	V	VI	VII(尾)
臂距差 $\Delta_\perp$	+0.12	+0.02	+0.14	−0.17	−0.12	+0.07	+0.05

作图步骤如下。

(1) 作横坐标,在其上等距画出各气缸中心线 I、II、III······VII;作纵坐标为臂距差 $\Delta_\perp$,且令原点以上为负值,原点以下为正值。

(2) 分别将所测各缸臂距差值 $\Delta_\perp$ 标于各缸中心线上。

(3) 连接各缸中心线上的点,所得折线便近似表示垂直平面内曲轴轴线状态,但未画出首尾两端主轴轴线状态,如图 8 - 39 所示。

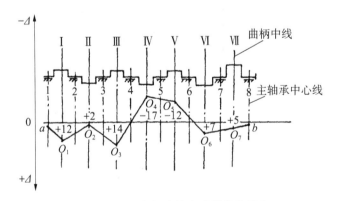

图 8 - 39　曲轴轴线状态的简单作图法

(4) 用经验法中的第一条判断,第 1、第 8 道主轴承分别高于第 2、第 7 道主轴承。

(5) 作各道主轴承中心线 1、2、3······8,它们与曲轴轴线的交点即为各道主轴承的高度,再依上述原则画出分别高于第 2、第 7 道主轴承的第 1、第 8 道主轴承,连 aO_1、O_7b,则获完整的曲轴轴线状态图。

从图中可以看出,第 5 道主轴承位置最高,第 3、第 2、第 7 道主轴承位置较低。

3) 复杂作图法

现介绍 MAN-B&W 型柴油机曲轴轴线状态的作图方法(仍以上述 7 缸柴油机为例):

(1) 作各缸中心线 Ⅰ、Ⅱ、Ⅲ……Ⅶ,如图 8-40 所示。

(2) 在第 1 道主轴承下方取任意方向线段 A_1,图中选取水平方向。线段 A_1 与第 Ⅰ 缸曲柄中线交于 O 点。

(3) 延长 A_1 与第 Ⅱ 缸曲柄中线交于 a_1 点,将第 Ⅰ 缸曲柄臂距差 $\Delta_\perp = +0.12\,\text{mm}$ 标于第 Ⅱ 缸曲柄中线上,自 a_1 向上截取 $a_1 b_1 = +0.12\,\text{mm}$。

(4) 连接 $O b_1$ 并延长与第 Ⅲ 缸曲柄中线交于 a_2 点,向上截取 $a_2 b_2 = +0.02\,\text{mm}$。

(5) 连接 $b_1 b_2$ 并延长交于第 Ⅳ 缸曲柄中线上 a_3 点,……,以此类推,臂距差为负值时则自交点向下截取线段。

(6) 连接 $b_5 b_6$ 并延长时,应补画一曲柄中线,二者交于 a_7 点,截取 $a_7 b_7 = +0.05\,\text{mm}$。

(7) 连接 $b_6 b_7$ 后获得垂直平面内曲轴轴线状态 $O b_1 b_2 b_3 b_4 b_5 b_6 b_7$ 折线,为使其更符合轴线实际状态,将此折线修正圆滑成曲线状态。

为了判断各道主轴承的高度,需先确定该曲轴轴线相对应的基准线,以其相对于基准线的距离判断各道主轴承的位置高低。基准线可按以下几种方法确定。

(1) 利用桥规值作基准线:过首尾端主轴承中点作主轴承中线,分别与曲轴轴线相交于一点,自该点分别向上截取线段等于各自的桥规值,连接首尾桥规值线段终点的直线即为基准线。它相当于机座上平面,依其确定各道主轴承位置较为准确、合理。

(2) 以曲轴轴线上位置最低的两道主轴承处的连线作基准线,图 8-40 中以第 2、第 7 道主轴承的连线 XX 作为基准线,各主轴承位置均较高,第 5 道主轴承最高,即磨损最小,此法简便合理。

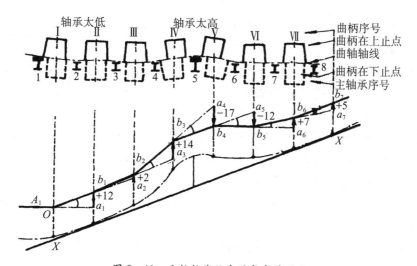

图 8-40 曲轴轴线状态的复杂作图法

(3) 用首尾主轴承中线与曲轴轴线的交点连线作为基准线。此法简便,为近似方法。

（4）利用曲轴轴线状态图上首尾主轴承与气缸中心线的交点连线作为基准线来判断主轴承的高低。

用桥规法或臂距差法判断的结果应该是一致的，若两者不一致，可能是机座上平面发生了变形。以上作图方法亦可作出水平平面的曲轴轴线状态。

8.7.8   曲轴的验收

曲轴质量应从以下方面进行校验。

（1）新造曲轴应由制造厂提供材料成分、机械性能、金相组织和无损探伤等检验报告，造船厂应进行无损探伤等的复查。

（2）曲轴尺寸精度、几何形状精度和表面粗糙度等级应符合图纸要求。

（3）检验主轴颈与法兰的径向跳动量。检验可在车床或平台上进行，平台检验时用 V 形铁支承曲轴，用百分表测量每段主轴颈首、尾两个界面上的跳动量和法兰的跳动量。曲轴回转一周时，同一直径对应两个位置（0°、180°）的百分表读数差值即为径向跳动量。

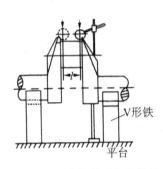

图 8-41   曲柄销颈与主轴颈
平行度检验

（4）检验曲柄销颈与主轴颈平行度。将曲轴置于平台 V 形铁上，调整曲轴使与平台平行。转动曲柄销至上止点，用百分表测量曲柄销颈上相距 l 的两点的相对值 a、b，然后将曲柄销转至下止点，测量对应两点的相对值 c、d。则曲柄销颈与主轴颈的平行度误差 Δ：

$$\Delta = (a - b + c - d)/2l \qquad (8-5)$$

同样方法测量水平平面内的平行度误差，可在平台上进行新造或修理曲轴的平行度检验，如图 8-41 所示。曲轴置于平台 V 形铁上，调整曲轴使其与平台平行。要求平行度误差不大于 0.15 mm/m。

（5）检验曲柄夹角，可采用平台画线法、光学象限仪法等进行检验。平台画线法如图 8-42 所示。曲轴置于平台 V 形铁上使其轴线与平台平行。将曲柄 I 转至左平或右平位置，测量曲柄销颈上最高、最低点至平台的距离 h_1、h_2，二者的平均值 h 即为该曲柄销中心线至平台的距离，将此高度 h 用划针划于预先装在曲轴法兰端面的圆盘上。同样，将曲柄 II、III 的曲柄销中心高投影于圆盘上，连结圆心与各点的连线，用量角器测出各圆心角的数值即为曲柄夹角值，应符合图纸要求。

（6）检验曲轴臂距差，可在车床或平台上检验新造或修理曲轴的臂距差。

（7）曲轴的平衡试验，一般中低速柴油机曲轴进行静平衡试验，高速柴油机曲轴进行动平衡试验。

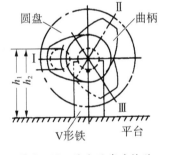

图 8-42   平台画线法检验
曲柄夹角

任务 8.8　轴承的检修

船舶柴油机的曲轴主轴承、曲柄销轴承、十字头销轴承和活塞销轴承等均为滑动轴承。滑动轴承是由轴承座、轴承盖和上、下轴瓦等组成。轴瓦是由瓦壳(瓦背)与瓦衬(耐磨合金层)构成。常见滑动轴承的轴瓦形式有以下三种：

(1) 两半式厚壁轴瓦：轴瓦厚度 t 较大，一般 $t \geqslant 0.065D$(D 为轴承直径，mm)，合金层的厚度为 $3 \sim 6$ mm。此种轴瓦壁厚，刚度大，可以保证轴承孔的尺寸和几何精度；在上下瓦结合面之间有调节垫片用以调整轴承间隙；轴瓦损坏可以重浇合金和拂刮修复。

通常瓦壳材料可选用青铜、黄铜或铸钢，目前广泛采用钢瓦壳。瓦衬材料主要采用锡基或铅基巴氏合金。厚壁轴瓦广泛应用于中、低速柴油机和一些辅机的轴承上。

(2) 两半式薄壁轴瓦：轴瓦厚度 t 较小，一般 $t = (0.02 \sim 0.065)D$(D 为轴承直径，mm)。此种轴瓦壁薄、刚度差，易变形。轴承孔尺寸和几何精度由轴承座孔和瓦壁厚度加工精度来保证；轴瓦的互换性好，装入轴承座孔后不允许修刮，损坏后也不能修复，只能换新。

通常瓦壳材料采用低碳钢，瓦衬材料采用铜铅合金或铝基轴承合金。薄壁轴瓦广泛用于中高速柴油机，大型低速柴油机的十字头轴承，甚至有些柴油机的主轴承和曲柄销轴承也改用薄壁轴瓦。

(3) 整体衬套式轴瓦：采用青铜或碳钢制成套筒式，有的在衬套上面浇有 $0.4 \sim 1.0$ mm 厚的耐磨合金层。中小型柴油机连杆小端轴承、摇臂轴承广泛采用锡青铜或铝青铜衬套式轴瓦。

此外，轴瓦按金属的层数分为单层、双层、三层和四层轴瓦。单层轴瓦为一种合金制成的整体衬套式；双层轴瓦是钢壳上浇注或压上减摩和抗咬合的轴承合金层；三层轴瓦或称三合金轴瓦是在双层轴瓦上再镀上一层极薄的表面镀层，以改善表面性能或抗疲劳性能，例如镀 $0.02 \sim 0.04$ mm 的铅、锡、铟等；四层轴瓦是由钢背、高疲劳强度的轴承合金、表面性能良好的轴承合金、表面镀层组成。

8.8.1　轴承的损坏形式

轴承损坏主要发生在轴瓦的耐磨合金层上，其主要损坏形式有过度磨损、裂纹和剥落、腐蚀和烧熔。

8.8.1.1　轴瓦的过度磨损

柴油机运行一段时间后使主轴承下瓦、曲柄销轴承上瓦和十字头轴承下瓦产生过度磨损，如图 8-43 所示。轴瓦的过度磨损将会使轴承间隙增大，引起冲击和加剧磨损。轴瓦过度磨损主要与轮机员日常的维护管理不良有关，具体表现如下。

(1) 润滑油净化不良，含机械杂质和水分

图 8-43　轴瓦的过度磨损

较多。

（2）轴颈表面的粗糙度等级太低、几何形状误差过大和曲轴变形等。

（3）柴油机起、停频繁和长时间超速、超负荷运转。

以上各点要么是使得轴承润滑油膜不能建立，要么是由于磨粒、轴颈表面状态不良或过大的轴承负荷破坏已形成的油膜，造成轴瓦的异常磨损。

8.8.1.2 轴瓦的裂纹和剥落

裂纹和剥落主要发生在白合金厚壁轴瓦上。最初由于种种原因在轴瓦工作表面产生微小疲劳裂纹，随着柴油机的继续运转，轴瓦上的裂纹扩展、延伸，以致使轴瓦上的耐磨合金呈片状脱落，即剥落，如图 8-44 所示。轴瓦的裂纹和剥落主要与轴承受力、轴瓦合金材料的性能及管理等因素有关，具体表现如下：

图 8-44 轴瓦的裂纹和剥落

（1）白合金材料的疲劳强度低，在交变载荷作用下容易产生疲劳裂纹。

（2）轴颈的几何形状误差过大和轴瓦过度磨损都会使轴瓦受到过大的冲击负荷，导致轴瓦产生裂纹。

（3）柴油机超负荷运行使轴承负荷过大造成轴瓦裂纹。

（4）轴瓦浇铸质量差，如合金层与瓦壳结合不良或二者间嵌有异物等，在交变载荷作用下使轴瓦裂纹和合金层剥落。

（5）龟裂（chap）是白合金轴瓦常见的一种疲劳损坏。由于柴油机运转时轴瓦受到周期性交变负荷作用，特别在轴承负荷过大和轴向负荷分布不均匀时，使轴与瓦之间难以建立连续而又分布均匀的润滑油膜。以致局部产生金属直接接触，经过一段时间运转后在轴瓦表面上局部产生细微裂纹，称为发裂。发裂在柴油机台架试验时就可能产生。轴瓦产生发裂后仍可继续运转很长时间，直到发展成龟裂报废。十字头轴瓦龟裂如图 8-45 所示。

图 8-45 十字头轴瓦的龟裂

轴瓦上的发裂会使润滑油渗入，在轴承负荷作用下滑油无处逸出，形成油楔，使发裂逐渐扩展、延伸并且彼此连接成封闭网状。所以，当轴瓦受到过大的轴承负荷和轴向负荷不均时使轴瓦上产生发裂，进而在油楔作用下扩展形成许多封闭的裂纹称为龟裂。当龟裂面积较大并扩展至轴瓦端面或合金剥落时，轴瓦应换新。

8.8.1.3 轴瓦腐蚀

轴瓦的腐蚀包括电化学腐蚀、穴蚀和静电腐蚀。润滑油中含水或滑油氧化、燃气或燃油的混入使滑油变质都会使轴瓦工作面产生宏观或微观电化学腐蚀麻点。船上的杂散电流是电器漏电引起的，它使轴瓦内外表面产生局部麻点的静电腐蚀。

8.8.1.4 轴瓦烧熔

轴瓦合金烧熔是滑动轴承常见的严重损坏。主要由于轴承间隙过小、滑油油压不足或失压使油膜不能建立;轴颈表面太粗糙或几何形状误差过大等破坏油膜。油膜不能建立或被破坏均使轴与瓦的金属直接接触,干摩擦产生高温使合金熔化。

8.8.2 轴瓦的检修

8.8.2.1 轴瓦的安装要求

1) 轴瓦与轴承座孔的配合

轴瓦安装最关键的是下瓦安装,应使下瓦外圆面与轴承座孔内圆面紧密贴合和均匀接触,用 0.05 mm 塞尺插不进。这样,运转时轴瓦就不会产生变形和裂纹,也有利于散热。

(1) 厚壁轴瓦的下瓦与轴承座孔内的贴合情况可采用色油法进行检查。在轴承座孔涂上一层薄薄的色油后与轴瓦互研,检查瓦背。若轴瓦背面色油沾点少,说明接触不良,可用铜锤敲击或修锉瓦背,但任何情况下都不允许修锉轴承座孔面。要求在 25×25 mm^2 面积内色油沾点不少于 3 点时为好,即小型柴油机接触面积不少于 85%,大中型柴油机不少于 75%。

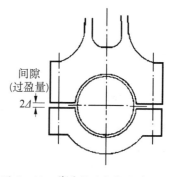

图 8-46 薄壁轴瓦与轴承座孔的过盈配合

(2) 薄壁轴瓦的下瓦与轴承座紧密贴合是通过轴瓦与轴承座孔的过盈配合来实现。薄壁轴瓦在自由状态下具有一定的弹性,其瓦口直径比名义直径稍大,二者之差为扩张量。当下瓦装入轴承座内,轴瓦两端均高出轴承座端面 Δ,也即是轴瓦外圆周长较座孔周长大 4Δ,如图 8-46 所示。螺栓上紧前,在轴承剖分面处的间隙为 2Δ;当螺栓上紧后间隙消失,借助薄壁轴瓦的弹性变形和过盈量 δ,使轴瓦紧压在轴承座孔中。轴瓦端面超出轴承座的高度 Δ 与过盈量 δ 的关系:$\Delta = \pi\delta/4$(mm),轴瓦凸出高度 Δ 与轴承孔直径 D 的关系:$\Delta = 0.0006\pi D/4$(mm),薄壁轴瓦瓦口处自由状态下的扩张量,通常推荐值为:

无翻边瓦:$0.3 \sim 1.0$ mm;翻边瓦:$0.1 \sim 0.4$ mm。

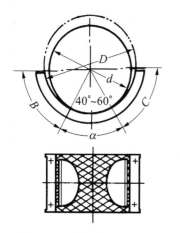

图 8-47 曲轴轴颈与轴瓦的接触角

2) 轴颈与轴瓦的配合

轴颈与轴瓦应在一定的角度内均匀接触,接触面积应大于 75%。柴油机主轴颈与主轴承下瓦接触角应在机体中心线两侧 $40 \sim 60°$ 范围内;曲柄销颈与大端轴承上瓦的接触角应在连杆中心线两侧 $60 \sim 90°$ 范围内,如图 8-47 所示。

3) 轴承间隙

轴与轴瓦之间的径向最大配合间隙称为轴承间隙。合适的轴承间隙是形成润滑油膜、实现液体动压润滑的重要条件。轴承间隙过大,润滑油流失和产生冲击,使轴瓦合金层裂纹、碎裂;间隙过小,油膜不能建立,轴与瓦衬直接接触,产生大量热,以致合金熔化。所以要求轴与轴瓦之间的轴承间隙 Δ 在安装间隙 $\Delta_安$ 和极限间限 $\Delta_极$ 之间,即:

$$\Delta_安 \leqslant \Delta < \Delta_极 \tag{8-6}$$

柴油机说明书和柴油机修理技术标准中对主轴颈与主轴承、曲柄销颈与连杆大端轴承的轴承间隙均有具体规定。表 8-13 为柴油机主轴承间隙。

表 8-13 柴油机主轴承间隙(单位:mm)

轴颈直径	十字头式柴油机		筒形活塞式柴油机 <500 r/min		筒形活塞式柴油机 >500 r/min			
					锡基轴承合金		铜铅合金	
	装配间隙	极限间隙	装配间隙	极限间隙	装配间隙	极限间隙	装配间隙	极限间隙
≤100	—	—	—	—	0.06～0.08	0.20	0.08～0.10	0.20
100～125	—	—	—	—	0.08～0.11	0.25	0.10～0.12	0.25
125～150	—	—	—	—	0.11～0.15	0.30	0.13～0.16	0.30
150～200	—	—	0.14～0.18	0.30	0.16～0.20	0.40	0.17～0.23	0.40
200～250	—	—	0.18～0.22	0.40	0.20～0.24	0.50	0.24～0.28	0.50
250～300	0.17～0.21	0.40	0.22～0.26	0.50	0.24～0.28	0.60	—	—
300～350	0.21～0.25	0.50	0.26～0.30	0.60	—	—	—	—
350～400	0.25～0.30	0.60	0.30～0.34	0.70	—	—	—	—
400～450	0.30～0.35	0.70	0.34～0.38	0.80	—	—	—	—
450～500	0.35～0.40	0.80	—	—	—	—	—	—
500～550	0.40～0.45	0.90	—	—	—	—	—	—
550～600	0.45～0.50	1.00	—	—	—	—	—	—
600～650	0.50～0.55	1.10	—	—	—	—	—	—
650～700	0.55～0.60	1.20	—	—	—	—	—	—
>700	0.60～0.65	1.30	—	—	—	—	—	—

8.8.2.2 轴承间隙的测量

1) 塞尺法

测量主轴颈与主轴承的轴承间隙时,先拆去轴承盖上的滑油进油管和盖内的油管,再用长塞尺从端面插入进行测量,如图 8-48 所示,尽量使用柴油机随机专用长塞尺进行测量。一般每运转 3 000 h 检查一次轴承间隙。

使用此法时,轴承间隙应为测量值加上 0.05 mm 的修正值(因为塞尺平直,而轴承间隙为弧形)。此法简便,但精度不高且使用受轴承结构限制,可作为轴承间隙的粗检。

2) 压铅法

利用置于轴承间隙处的铅丝在轴承螺栓上紧后被压扁的厚度来反映轴承间隙实际大小的测量方法。此法精度高,但操作麻烦,适用于厚壁轴瓦轴承。具体测量步骤如下。

(1) 拆去主轴承上盖和上瓦或连杆大端轴承的下盖和下瓦。

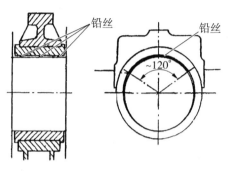

图 8 - 49　压铅法测量主轴承间隙

(2) 选直径为$(1.5\sim2.0)\Delta$(Δ 为轴承安装间隙),长度为$120°\sim150°$轴颈弧长的铅丝 2~3 条。沿轴颈首轴、中轴、艉轴向位置周向安放铅丝,并用牛油黏住,如图 8-49 所示。

图 8 - 48　MAN B&W 型柴油机随机专用长塞尺测量主轴承间隙

铅丝的塑性和直径对测量精度影响很大。铅丝直径小于轴承间隙,铅丝未被压扁,轴承间隙不能测出;铅丝直径过大,上紧螺栓后铅丝被压产生硬化可能被压入白合金层内,亦不能准确测量。

(3) 装复主轴承上盖和上瓦,按规定值上紧螺栓,此时切勿盘车。

(4) 打开轴承,取出铅丝进行测量和记录。注意铅丝对应的测量位置,切勿弄混。

(5) 用千分尺测量铅丝两端和中间的厚度。中间厚度为轴承间隙值,两端厚度为轴承两侧间隙,应小于轴承间隙,且两侧间隙差不超过 0.05 mm。

3) 比较法

此法常用来测量薄壁瓦的轴承间隙。用内外径千分尺分别测量轴、孔的对应部位直径,二个直径之差即为轴承间隙。一般应测量对应于曲柄销在上下止点位置时的轴、孔直径,且在轴向首、中、尾三处测量求其平均值进行比较。

8.8.2.3　轴瓦磨损量检测

(1) 主轴承厚壁瓦下瓦:可用桥规测主轴颈下沉量的方法;或直接测量下瓦厚度并与新瓦厚度比较的方法来确定其磨损量。

(2) 连杆大端轴承上瓦:可用直接测量法检测其磨损量。

(3) 薄壁轴瓦:当其轴承间隙超过说明书或标准时即表明其下瓦(或上瓦)磨损严重,无需测量磨损量,应换新。

8.8.2.4　轴瓦合金层脱壳检查

轴瓦合金层浇铸质量不高就会使结合面局部有缝隙,运转后就会产生合金层脱落现象。因此,对厚壁轴瓦备件可采用听响法或渗透探伤法进行检测。轴瓦工作表面可用低倍放大镜或渗透探伤法检验有无裂纹。

8.8.2.5　轴瓦的修理

轴瓦的修理主要是针对厚壁轴瓦,依损坏形式和程度不同采用局部修刮、焊补和重浇合金等方法。薄壁轴瓦损坏一般是换新。薄壁轴瓦的合金层损坏也可采用喷涂工艺进行修复。

1）局部修刮

局部修刮适用于修理轴瓦工作表面上的小面积擦伤、腐蚀或早期发裂,用刮刀修刮,并使修刮面与周围瓦面圆滑过渡。滑油中含水量较多时会使瓦面上生成黑色氧化锡硬壳,也可用刮刀刮去。

2）焊补

焊补适用于轴瓦工作面上较深的裂纹、局部合金脱落或腐蚀等修理。

焊前要用汽油或煤油清洗、擦干,修刮损坏部位使露出金属光泽后进行焊补。焊补常采用氢氧焰或焊烙铁将瓦面损坏处合金熔化,再用与轴瓦白合金牌号相同的焊条进行焊补。

3）重新浇瓦

有下列情况之一者,应熔去轴瓦上的合金,重新浇铸相同牌号的白合金。

（1）轴瓦合金烧熔。

（2）轴瓦过度磨损且合金层厚度小于 2 mm 时。

（3）轴瓦合金层脱壳或大面积剥落。

（4）轴瓦龟裂严重,扩展到轴瓦端面或裂纹深及瓦壳时。

8.8.3　主轴承下瓦的换新

当轴瓦损坏后,船上条件下只能更换备件。换瓦的工艺实际上就是新瓦的安装工艺过程,其质量仍然是保证柴油机安全可靠运转的关键。薄壁瓦安装工艺较为简单,下面介绍厚壁瓦的安装过程及注意事项。

8.8.3.1　新瓦的检验及安装

1）新瓦（备件）的检验

检查新瓦有无变形、合金层与瓦壳结合情况、油槽和垃圾槽情况等,测量和记录轴瓦厚度等。

2）盘瓦

将旧瓦自瓦座内盘出,并以同样方法将新瓦盘入瓦座。为便于盘瓦,通常在新瓦背上镀 0.002～0.003 mm 的锡或铜,镀层均匀光滑;或涂以均匀的二硫化钼润滑剂。

3）新瓦安装质量的检验

由于备件在放置过程中可能产生变形,所以新下瓦装入瓦座后应检查下瓦背面与瓦座孔的贴合情况。用色油法进行检查。

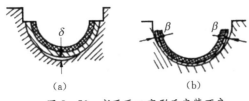

图 8-50　新瓦瓦口变形后安装不良

(a)瓦口扩张;(b)瓦口收拢

（1）若下瓦背两侧面有色油沾点而瓦背底面无色油沾点,说明新下瓦瓦口产生向外张开的变形,在底部产生间隙 δ,如图 8-50（a）所示,此时新下瓦卡在轴承座上,没有"落底"。可采用修挫瓦背或用铜锤敲击瓦口外侧使之向内收拢的方法修理。

（2）若下瓦背两侧面无色油沾点而瓦背底

面有色油沾点,说明新下瓦瓦口产生向内收拢的变形,使在瓦口两侧产生间隙 β,如图 8 - 50(b)所示。此时新下瓦在轴承座内"晃荡"。应采用木槌敲击瓦口内侧使向外张开的方法修理。

8.8.3.2　主轴颈与主轴承下瓦接触检验

新的主轴承下瓦安装合格后,主轴颈与之接触情况也应符合要求。检验时,在轴上均匀涂上色油,使轴回转观察下瓦色油沾点的多少和分布。如不合格,用刮刀拂刮下瓦上的色油点,再次使轴回转,并检查沾点和拂刮,直到符合要求为止,具体拂刮轴瓦的方法有以下几种:

(1) 样轴拂刮轴瓦:样轴又称假轴,使其代替曲轴,轻便,容易操作,效率高。假轴采用钢管或铸铁管制成,外径 $D = d + \Delta$(d 为主轴直径,Δ 为轴承间隙),长度等于机座全长或为 3～4 个主轴承座的长度,此种刮瓦方法容易建立油膜,但必须制作专用样轴和吊出曲轴,适用于船厂小批修理或船上小型柴油机。

(2) 曲轴拂刮轴瓦:船厂和船上均可使用,根据主轴颈与主轴承下瓦研配时的色油沾点拂刮主轴承下瓦,直到符合接触角内均匀接触为止。此法方便,不需制作样轴和吊出曲轴,但盘瓦较麻烦。

(3) 根据臂距差拂刮轴瓦:此法利用臂距差和色油沾点拂刮主轴承下瓦。首先在换新轴瓦的主轴承两侧曲柄上安装拐档表,并在主轴颈上涂色油。然后盘车测量两个曲柄的臂距值。根据臂距差值和主轴承下瓦的色油沾点情况进行下瓦的拂刮。垂直平面内的臂距差值检查瓦底,水平平面的臂距差值检查瓦口。拂刮轴瓦时不可一次刮削很多,应少量、多次拂刮、多次研配,逐渐达到要求,否则会造成刮削过量难以合格的局面。

注意下瓦两侧垃圾槽附近瓦口部位的拂刮:拂刮过量,造成漏油,影响油膜建立;拂刮不足,瓦口与轴颈直接接触引起轴承发热,甚至在瓦口处咬死。一般瓦口处要有 0.05 mm 的间隙。主轴承上瓦先开油线然后进行拂刮。

8.8.3.3　轴承间隙的测量与调节

以上检验合格以后再测量主轴颈与主轴承装配后的轴承间隙。当所测轴承间隙与说明书或标准不符合时,采用抽减或增加上下瓦配合面处的垫片进行调节。

厚壁轴瓦上、下瓦结合面处有一组紫铜或黄铜垫片,其形状与结合面形状相同,不会妨碍轴的回转及瓦口处的垃圾槽。垫片的厚度为 0.05 mm 的整倍数,如 0.10 mm、0.15 mm 等,便于间隙调节。两边的垫片数量和厚度应相同,而且垫片数目尽量少。

轴承的检修

调节轴承间隙时,轴瓦两边要同时抽减或增加厚度和数目相同的垫片,以免使轴承上盖、上瓦歪斜和轴承间隙变化。

任务 8.9　精密偶件的检修

柴油机燃油系统中的高压油泵,包括柱塞(Plunger)与套筒(Barral)、出油阀与阀座两对偶件;喷油器包含针阀与针阀体偶件。高压油泵和喷油器是极为精密的零件,称为精密偶件。它们都是经过极精细的机械加工,尺寸和形位精度高、表面粗糙度等级高、偶件的配合精度高。例如,柱塞与套筒的圆度、圆柱度误差不超过 0.001 mm,两者的配合间隙为 0.002～0.003 mm,工作表面的粗糙度为 Ra 0.1～0.05 μm。同时这些偶件还应该具有较高的耐磨性、耐蚀性和尺寸稳定性。

精密偶件是在高压燃油中工作,受到高压、摩擦和腐蚀等作用,使偶件配合面极易产生磨损、腐蚀等损坏。所以轮机员在日常管理中应特别关注这三对偶件。

8.9.1　精密偶件的主要损坏形式

8.9.1.1　柱塞与套筒

1) 圆柱配合面的过度磨损

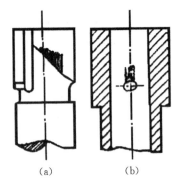

图 8-51　柱塞和套筒的严重磨损部位
(a)柱塞;(b)套筒

高压油泵工作一段时间后,在柱塞和套筒的工作表面产生磨损,柱塞螺旋槽附近的工作表面磨损最为严重,套筒的最大磨损部位一般在油孔的上部,如图 8-51 所示。配合面的磨损使两者配合间隙增大,高压油泵的泵油压力降低,供油定时滞后,导致雾化不良,燃烧恶化;由于各缸油泵的柱塞-套筒偶件磨损不同,高压油泵的泵油压力不同,各缸喷油量不等,以致各缸功率不等,柴油机工作不稳定。

2) 柱塞工作表面的穴蚀

穴蚀是由于燃油喷射终了时,螺旋槽的边缘将回油孔打开的瞬间,套筒内的高压油急速冲出,使套筒内压力骤然降低。螺旋槽边缘的油压低到该处温度对应的燃油蒸发压力时,燃油汽化形成气泡。随后的高压燃油或其压力波使气泡溃灭,强大的冲击波作用使该处金属剥蚀,即产生穴蚀。穴蚀主要发生在柱塞螺旋槽附近的工作表面上。

3) 圆柱配合面上的拉痕和咬死

柱塞和套筒工作表面上还会产生纵向拉痕、磨损,柱塞与套筒卡紧甚至咬死,这两种损坏主要是由于燃油净化不良,燃油中含有较多坚硬的机械杂质、配合间隙过小和偶件材料热处理不当等引起的。

8.9.1.2　出油阀与阀座

出油阀与阀座是高压油泵中的另一对精密偶件,在高压油泵中起着蓄压、止回和减压的作用。等容卸载式出油阀偶件的结构如图 8-52 所示。

(1) 工作表面过度磨损:出油阀主要在导向面、减压凸缘、密封锥面处产生磨损,出油阀座的锥面和内孔产生磨损。偶件配合面的过度磨损会使配合间隙增大、泵油量增多,造成不完全燃烧。密封锥面的磨损导致密封性下降,高压油回流,泵油压力下降。

(2) 阀与座的卡紧、咬死或关闭不严而使出油阀处于常开的故障。

8.9.1.3　喷油器针阀与针阀体

1) 圆柱配合面和锥面配合面的过度磨损

针阀偶件圆柱配合面过度磨损后,使配合面的间隙增大、喷油压力降低和雾化不良等。各缸喷油器针阀偶件磨损程度不同使各缸的喷油量不等,从而影响柴油机功率平衡和低负荷运转的稳定性。

针阀偶件的锥面配合面是重要的密封面。在正常工作时,为了密封和迅速切断燃油,有如下要求。

(1) 针阀的锥角 θ' 较针阀体座面的锥角 θ 大 $0.5\sim1°$,如图 8-53(a)所示。

(2) 偶件锥面配合面上狭窄的环形密封带——

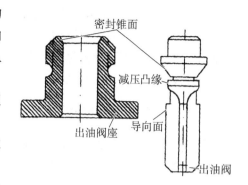

图 8-52　出油阀-阀座偶件

阀线,其宽度 h 一般为 $0.3\sim0.5\,\mathrm{mm}$,如图 8-53(b)所示。环形密封带越窄,压强越大,锥面的密封作用和燃油喷射终了时切断燃油的性能就越好。

柴油机运转一段时间后,喷油器针阀偶件的锥面配合面产生过大的磨损,使针阀下沉、环形密封带变宽或不连续或模糊不清,针阀升程加大,针阀与阀座的撞击力增强,使锥面配合面的磨损与损伤更加严重。锥面过度磨损后使针阀下沉,即针阀位置下移,如图 8-53(c)所示。

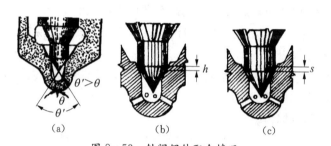

图 8-53　针阀偶件配合情况

(a)锥面配合角度要求;(b)锥面正确配合;(c)锥面磨损后的配合

2) 针阀体端面腐蚀

喷油器的结构不同,有的针阀体头部带喷孔,另一端为平面,与喷油器本体端面相结合;有的针阀体两端都是平面,一端平面与带喷孔的喷油嘴结合,另一端面与喷油器本体结合。

针阀体端面长期使用会因燃油、冷却水使其发生微观电化学腐蚀,从而使与喷油器本体或喷油嘴结合面处的密封性下降,产生燃油漏泄和油压降低,雾化不良等。

针阀体端面腐蚀可以从喷油器冷却水循环水箱中的油星、油迹等现象进行判断。

3) 喷孔磨损与堵塞

针阀体或喷油嘴上分布着细小的喷油孔,孔径一般在 $0.12\sim1.0\,\mathrm{mm}$ 范围之内,喷孔数目约 $1\sim12$ 个。喷油器上的喷孔直径、数目和分布随机型而异。喷孔直径和喷孔的长径比对燃油的雾化影响很大。

喷油器经过一段时间使用后,由于高速高压燃油的冲刷使喷孔磨损,孔径变大;由于燃烧不良,积炭严重又会使喷孔堵塞,孔径变小。喷孔直径增大,雾化细度下降,油束射程增加,锥角减小;喷孔直径减小,雾化细度提高,油束射程减小,锥角增大。所以,不论喷孔的磨损或堵塞都破坏了燃油雾化及与燃烧室的配合,不利于燃油与空气的混合。

针阀体喷孔周围积炭严重时形成炭花,这是由于针阀偶件锥面磨损后密封不良或针阀关闭不及时,致使喷孔漏油黏附于喷孔四周,高温作用下形成炭花。喷孔周围积炭影响燃油雾化质量,并使针阀体过热损坏。

8.9.2 精密偶件的检验

在精密偶件的各种损坏形式中磨损是一种最常见故障。对精密偶件磨损的检验,由于偶件极为精密,难以用常规方法——测量尺寸变化量来了解磨损情况,同时有些部位也很难进行测量。所以,对于精密偶件磨损的检验是通过密封性检验来了解其磨损程度和判断能否继续使用的。检验前先将高压油泵、喷油器解体,清洗后再检验。

8.9.2.1 清洗

采用常规清洗(轻柴油或煤油)清洗偶件,清洗时应注意:

(1)针阀体或喷油嘴等外表面积炭采用钢丝刷清除。清除喷孔周围积炭时切勿损伤喷孔,如喷孔被积炭堵塞应采用专用通孔工具或钻头疏通喷孔。通孔时,切勿用力过大,以免通针或钻头断在喷孔内。

(2)偶件配合面应使用软毛刷或软布进行擦洗。清洗干净后用清洁纸或丝绸擦干,不可用棉纱头或破布擦,以免灰尘或棉纱毛头黏在偶件工作表面上。

(3)清洗后的偶件放于清洁的专用容器中保存;偶件不具有互换性,不能分开乱放。

8.9.2.2 观察法检查

清洁后,借助低倍放大镜观察偶件工作表面有无明显的磨损、腐蚀、裂纹等缺陷。如有发现,应依实际情况决定修复或报废。

8.9.2.3 偶件的磨损检验

偶件配合面磨损使其配合精度下降,燃油漏泄,压力降低。船上通过检验偶件的密封性和燃油雾化质量来了解配合面的磨损部位与磨损程度。偶件配合面密封性试验是利用喷油器试验装置来完成,如图 8 - 54 所示。检验柱塞偶件时,将高压油管接到准备好的待检油泵上。检验针阀偶件时,将待检喷油器装于试验装置中,试验时,用手动泵供油。具体检验方法如下:

1)密封性检查

(1)滑动试验法是最简便、常用的定性检验方法,用以检验柱塞与套筒、针阀与针阀体圆柱配合面的密封性。

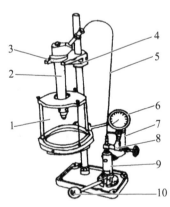

1—玻璃罩;2—喷油器;3—支架;4—支杆;5—高压油管;6—压力表;7—贮油器;8—截止阀;9—手动泵;10—手柄

图 8 - 54 喷油器试验装置

先用滤净的轻柴油清洗和润滑偶件,然后将偶件倾斜45°,把柱塞(或针阀)抽出 1/3 配合面长度后,让偶件借助于本身的重量自由下滑,要求在任何位置都能缓慢自由地下滑,不许有卡滞现象。若下滑速度缓慢、均匀,表明配合面无明显磨损,密封性较好。若下滑速度较快或很快,表明配合面磨损较大或严重,密封性不良,若将柱塞(或针阀)转动 90°再次试验,针阀下滑缓慢、均匀,表明偶件产生偏磨损。

(2) 油液降压试验法(燃油漏损定量法),也是检验偶件密封性的一种方法。此外,还有油液等压试验法。

油液降压试验法是用通过偶件的油液压力下降一定值时所需要的时间作为检验密封性的标准,或者是用在一定时间内油液漏损量作为检验密封性的标准。

① 柱塞偶件油液降压试验法:试验时将油液自套筒上端泵入,套筒端面应密封。此时柱塞相对于套筒回油孔的角度位置,应相当于喷油泵额定供油量时,油压从 30 MPa 降至 5 MPa 的时间应不少于 20 s,表明柱塞圆柱面密封良好。

② 针阀偶件圆柱配合面密封性油液降压试验法:试验前先进行数次喷油,以排净系统内的空气。试验时燃油从喷油器进液孔进入,允许将喷油器启阀压力调整到比规定值高 2~3 MPa。在启阀压力的油压作用下检查针阀偶件有无渗油现象,用手背擦拭针阀体头部喷孔周围,若手背无油,表明针阀偶件圆柱面密封良好。

③ 针阀偶件密封锥面密封性油液降压试验法:试验时,要求在燃油压力比规定的启阀压力低 2 MPa 的油压作用下,在 10 s 内不得有渗漏,允许针阀体喷孔周围有少许湿润,但不得有油液集聚现象。针阀偶件锥面密封性检验可与其圆柱面密封性检验同时进行。

2) 雾化检验

喷油器雾化试验是对其偶件密封性的综合检验,可与上述密封性检验同时进行。试验时,将启阀压力调至规定值,然后以 40~80 次/min 的速度进行喷雾试验,喷雾质量应符合以下要求:

(1) 喷出的燃油成雾状,无肉眼可见的飞溅油粒、连续油柱和局部浓稀不均匀的现象。

(2) 喷油开始和终了时声音清脆,喷油迅速、利落。

(3) 喷油开始前和终了后不得有渗漏,允许喷孔周围有湿润现象。当针阀直径大于 10 mm 时,允许喷孔周围有油液聚集,但不得有滴漏现象。

喷油器雾化试验十分重要,根据试验时雾化的形状、分布和油粒的细度等检验喷油器的质量和分析发生故障的原因。图 8-55 的几种不同雾化状况分别反映了不同的成因。(a)图为雾化不良,是由于喷孔部分堵塞产生滴油现象;(b)图为针阀动作不良产生喷雾方向偏单,油粒粗大;(c)图为针阀锥面磨损,密封性差,在喷雾的同时有滴油现象;(d)图为正常喷射,雾化良好,雾花均匀分布,喷孔周围无滴油现象。

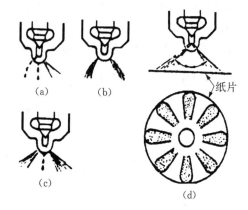

图 8-55　几种雾化状况
(a)喷油孔堵塞;(b)针阀动作不良;(c)滴油;(d)喷油雾化良好

8.9.3　精密偶件的修理

8.9.3.1　柱塞偶件的修复

1) 尺寸选配法

将一小批磨损报废的柱塞、套筒分别精磨和研磨,消除几何形状误差后,按加工后的尺寸重新选配,在保证要求的配合间隙下互研成一对新偶件。

此法成功率较低,一般约为20%,并且在零件数量较少和船上条件下不宜采用。但此法可使部分报废零件重新获得使用。

2）修理尺寸法

保留套筒,对其进行机械加工消除几何形状误差,按修理后的套筒尺寸配制柱塞,互研后达到要求的配合间隙。

3）镀铬修复

采用镀铬工艺修复偶件,使其恢复原有要求的配合间隙。通常采用偶件之一进行镀铬,即将套筒内孔加工获修理尺寸,使柱塞外圆面镀铬达到修理尺寸,互研成对,恢复原有要求的配合间隙和性能。此法效率高,可使90%以上的偶件恢复使用。

套筒端面腐蚀密封不良时可在平板上按"8"字形研磨。

8.9.3.2　针阀偶件的修复

针阀偶件圆柱配合面磨损可采用柱塞偶件的修复方法。锥面配合面磨损后,针阀锥面上的环形密封带出现变宽、中断或模糊不清等现象。可使用研磨膏进行偶件的互研或不加研磨膏的互研,使环形密封带恢复正常为止。清洗后,进行密封性检验。

有时针阀偶件每次研磨修复但又很快磨损失去密封性,这可能由于材质不佳或热处理不当造成的。

针阀端面腐蚀采用平板研磨修复。

任务 8.10　气阀的检修

四冲程柴油机的进、排气阀和二冲程直流扫气柴油机的排气阀均是燃烧室的组成零件,直接受高温高压燃气的作用,承受着很高的热负荷和机械负荷,尤其是排气阀还受排气气流的冲刷和加热,温度更高。在高增压柴油机上,排气阀阀盘的温度可高达650～800 ℃;进气阀由于新气的冷却作用,温度略低一些,可达450～500 ℃。

8.10.1　气阀的损坏形式

气阀的常见损伤形式有气阀阀盘锥面与阀杆的磨损、阀面的烧伤与高温腐蚀、阀盘与阀杆的裂纹及变形等。

柴油机工作时,阀盘锥面和阀座座面周期性相互撞击,致使阀面产生塑性变形,出现凹坑、拉毛及反边等现象。高温下金属更易变形,阀面损伤更加严重。又由于在高压燃气作用下,爆发压力还会使阀面与座面产生微小错动,使气阀阀面产生磨损。当有磨损产物、灰分和炭粒等时,磨粒磨损加剧使阀面磨损更加严重。特别是柴油机燃用重油时,还会由于燃油中含有较高的V、Na等元素而使阀面产生高温腐蚀。正是由于气阀在高温、高压、撞击、腐蚀等的恶劣条件下工作,所以会产生磨损、烧伤、高温腐蚀和断裂等损坏。

8.10.2 气阀的检修

8.10.2.1 气阀阀面磨损的检修

气阀阀面磨损后,可以通过将气阀彻底清洗干净后检查发现,阀面上有磨损凹坑、阀线变宽超过规定值(见表 8-1)。阀线变宽或模糊不清,使气阀与阀座关闭不严、燃气漏泄引起阀面和阀座的烧伤、柴油机功率下降等一系列危害。

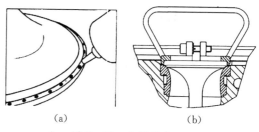

图 8-56 气阀研磨
(a)涂研磨膏喷稀释剂;(b)用气阀研磨装置手工研磨

阀面磨损较轻时可采用阀与阀座的研磨使阀线恢复,如图 8-56 所示。阀面磨损严重时,应采用手工电弧焊进行堆焊修复。

8.10.2.2 阀杆磨损检修

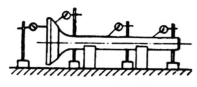

图 8-57 气阀检查的示意图

气阀阀杆在气阀导管内做往复运动,使阀杆和导管产生磨损,二者的配合间隙增大,产生冒烟、漏气或机油沿导管进入燃烧室,不仅机油消耗量增加,而且使燃烧室积炭加重。

气阀阀杆的磨损检测可在平台上或车床上对气阀阀杆外圆进行测量,如图 8-57 所示,计算出阀杆的圆度误差和圆柱度误差,并与表 8-14(CB/T 3503—93)标准比较。当超过标准要求时,可采用镀铬或镀铁工艺修复阀杆,也可以采用热喷涂工艺修复。

表 8-14 气阀阀杆磨损极限(单位:mm)

柴油机转速/(r/min)	圆度	圆柱度
<250	0.06	0.08
250~750	0.04	0.06
>750	0.03	0.03

8.10.2.3 气阀阀面的烧伤和高温腐蚀的检修

气阀阀盘锥面上产生麻点腐蚀或阀盘边缘出现烧穿的孔洞等均是由于阀与阀座关闭不严,高温燃气漏泄使气阀过热、氧化或金属中元素烧损造成,以及燃用重油和气阀温度过高引起的高温腐蚀的结果。

气阀阀面烧穿出现边缘孔洞或在气阀头一侧由高温腐蚀造成的凹形烧蚀"S"超过 1.5 mm 时应换新,如图 8-58 所示。出现麻点、腐蚀时可采用机械加工修复,也可采用电弧堆焊、热喷涂等工艺修复。修复后气阀装入阀座,要求与锥面接触面积不得少于原接触面积的 1/3,如图 8-59 所示。气阀阀面的机械修整可以利用专用的磨阀机磨光,也可以利用如图 8-60 的装置磨光。

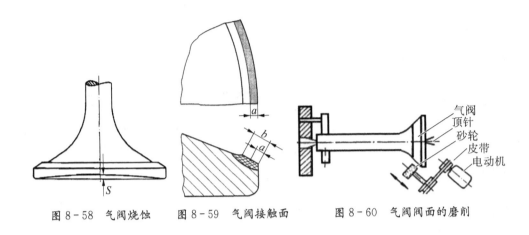

图 8-58　气阀烧蚀　　图 8-59　气阀接触面　　图 8-60　气阀阀面的磨削

8.10.2.4　气阀阀盘和阀杆的断裂与变形的检修

阀盘与阀杆过渡圆角处和阀杆上端凹槽处易出现裂纹和断裂。气阀断裂后掉入气缸将会引发波及性故障：击碎气缸盖、活塞和气缸套等。阀盘和阀杆裂纹用肉眼外观检查，不允许有直观裂纹存在；阀杆直径大于 20 mm 时，允许有长度不大于 20 mm 的发纹，但在纵向同一截面上不得有多于两处的发纹。

阀盘与阀杆产生裂纹或断裂，应换新气阀。

阀盘的变形和阀杆的弯曲变形可在平台或车床上用百分表校验，如图 8-57 所示。阀杆弯曲变形超过要求时可采用机械校直法予以校正。气阀阀面的严重变形及反边应予以换新。

任务 8.11　重要螺栓的检修

船用柴油机上的重要螺栓主要有：气缸盖螺栓、组合式活塞的连接螺栓、连杆螺栓、主轴承螺栓、贯穿螺栓和底脚螺栓等。这些螺栓不仅要保证连接强度，而且还要承受安装时和柴油机运转时的各种力的作用。为了确保螺栓的紧固连接和柴油机可靠运转，这些重要螺栓的材料常选用优质碳钢和优质合金钢，如 45 号钢、40Cr、35CrMo 等钢。下面着重介绍连杆螺栓、贯穿螺栓和底脚螺栓的检修。

8.11.1　连杆螺栓的检修

连杆螺栓是连接连杆大端轴承座与轴承盖的重要螺栓。连杆螺栓受到装配时的预紧力作用，四冲程柴油机运转时连杆螺栓还受到往复惯性力的作用。因受到曲柄销直径和连杆大端外廓尺寸的限制，连杆螺栓的直径较小。

连杆螺栓虽小，但是特别重要。因为连杆螺栓一旦断裂，将会引发柴油机的波及性故障，造成气缸盖、气缸套、活塞和连杆的损坏，甚至机体被打破。此外，连杆螺栓因锁紧零件失效而脱落，如开口销损坏或脱落也会造成上述事故。

连杆螺栓常见的损伤形式有：螺纹的变形与损坏、螺栓拉长或形成颈缩、螺栓弯曲变形、裂纹、螺栓与螺母配合松动等。连杆螺栓或螺母损坏后应成对更新。

8.11.1.1　连杆螺栓的检测

（1）外观检查。检查螺栓表面有无肉眼可见缺陷，不允许有碰伤、拉毛、变形、裂纹、螺纹损坏和配合松动等缺陷。

（2）裂纹检验。采用放大镜、着色探伤或磁粉探伤等方法检查螺栓的各圆角、螺纹之间的过渡处有无裂纹。

（3）测量螺栓长度。测量螺栓长度以发现螺栓的永久变形。四冲程柴油机连杆螺栓伸长量超过原设计长度的 2% 时应换新。

螺栓伸长或出现颈缩大多是安装时用力过大所致，或因柴油机发生拉缸、咬缸时使连杆螺栓受到过大拉应力的结果。安装螺栓时，应严格按说明书要求上紧，切勿认为螺栓旋得越紧越好，以致过分拧紧螺母，造成螺栓拉长或断裂。

8.11.1.2　安装连杆螺栓时的注意事项

为了防止连杆螺栓因安装不当引起变形或断裂，安装时应注意以下几点。

（1）安装前，应认真进行外观检查和清洁，并检验螺栓与螺母的配合情况，应无卡阻和松动现象。

（2）拧紧螺栓的方法和预紧力的大小，均应按柴油机说明书的规定进行。因为预紧力的过大或过小、各螺栓的预紧力不均匀等均不能保证其工作的可靠性。

（3）检修中不可随意调换连杆螺栓与其原装配孔的关系，因为连杆螺栓与装配孔是过渡配合，需用小锤轻轻敲入螺栓，随意调换将影响配合关系，如过紧、过松均会影响连杆螺栓的可靠工作。

8.11.2　贯穿螺栓的检修

在十字头式柴油机中，贯穿螺栓（Tie Rod）把气缸体、机架和机座连接成一个整体；在筒状活塞式柴油机中，贯穿螺栓把机体和机座连接成一个整体。贯穿螺栓是柴油机中最长和最重的螺栓。贯穿螺栓常见的损伤形式有：贯穿螺栓松动、螺母锈死和螺栓伸长变形等缺陷。

8.11.2.1　贯穿螺栓松动检查

贯穿螺栓松动将会引起柴油机的振动和曲轴臂距差的变化，使柴油机不能正常工作。一般柴油机每运转一年左右的时间就应对全部贯穿螺栓的上紧程度进行一次检查。检查步骤如下。

（1）拆除全部贯穿螺栓上的保护罩，清洁中间环的上平面。

（2）将两只液压紧固装置分别安装在对称的贯穿螺栓上，开动油泵至规定压力，并保持不变。

（3）用塞尺通过检查孔测量贯穿螺栓上螺母与上中间环之间的间隙：如有间隙，应用圆棒拧紧上螺母，直至间隙消失；如无间隙则表明贯穿螺栓已拧紧，达到要求的预紧力。释放油压并拆除拉伸器。

（4）贯穿螺栓螺纹涂防腐油和安装保护罩。

8.11.2.2　贯穿螺栓的安装

安装前先将上螺母和上中间环的接触部分、贯穿螺栓螺纹部分清洁并涂以二硫化钼,再将贯穿螺栓装入贯穿螺栓孔内,按要求拧紧贯穿螺栓。

(1)贯穿螺栓的拧紧。拧紧贯穿螺栓之前,应先测量曲轴臂距差和松开主轴承上的螺栓或撑杆螺栓;测量贯穿螺栓的外露部分的长度 X,再用液压紧固装置按说明书规定的预紧力分两次上紧贯穿螺栓,如图 8 - 61(a)所示。

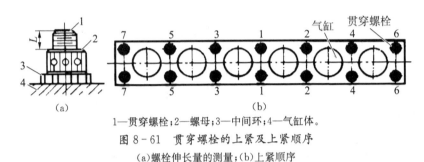

1—贯穿螺栓;2—螺母;3—中间环;4—气缸体。

图 8 - 61　贯穿螺栓的上紧及上紧顺序

(a)螺栓伸长量的测量;(b)上紧顺序

第一次拧紧:按某机型说明书规定的预紧力 35 MPa 拧紧全部贯穿螺栓后,测量各螺栓的外露部分长度 X_1,则螺栓受力后的伸长量 ΔX_1 为:

$$\Delta X_1 = X_1 - X \tag{8 - 7}$$

RTA38、RTA48 型柴油机贯穿螺栓第一次预紧后螺栓伸长量 ΔX_1 为 2.4~2.6 mm。

第二次拧紧:按说明书规定的预紧力 60 MPa 拧紧全部贯穿螺栓,测量各螺栓外露部分的长度 X_2,则螺栓总的伸长量 ΔX_2 为:

$$\Delta X_2 = X_2 - X \tag{8 - 8}$$

RTA38、RTA48 型柴油机贯穿螺栓第二次拧紧后螺栓伸长量 ΔX_2 为 4.4 mm。

如无液压拉伸工具,则按拆卸时所作的记号拧紧到位。

(2)贯穿螺栓拧紧顺序。为了防止机座、机架和气缸体因受力不均产生变形,除要求按说明书规定的预紧力拧紧外,还要注意拧紧的顺序;要求成对拧紧,并从柴油机中央开始,依次交替向两端进行,如图 8 - 61(b)所示。并记录油压和螺栓伸长量等数值,以备检查和比较。

8.11.2.3　贯穿螺栓的检修

贯穿螺栓除了容易发生松动外,还会发生裂纹和断裂的事故。贯穿螺栓产生裂纹和断裂除了与材质和制造质量有关外,最主要还是与安装中的预紧力是否符合说明书规定及各螺栓的预紧力是否均匀等有关。为了防止贯穿螺栓断裂,轮机员在安装时应注意以下几点:

(1)严格按照说明书规定的预紧力的大小和拧紧顺序安装贯穿螺栓。拧紧时一定要成对进行,不准单个螺栓拧紧或松开。

(2)按照说明书的规定每年检查一次贯穿螺栓的预紧力。

(3)贯穿螺栓应与螺栓孔同心,以防止贯穿螺栓受到附加弯曲应力的作用。

(4)加强贯穿螺栓的日常维护管理。

8.11.3　底脚螺栓的检修

柴油机机座安装在船体双层底上或焊于船体双层底的底座上。底脚螺栓的作用是将机座固定在底座上,以防止由于柴油机运转中的剧烈振动、船舶航行中的猛烈摇摆引起的机座位移。主柴油机的机座在机舱中的位置经校中定位后,用底脚螺栓将机座、底座和它们之间的固定垫块、活动垫块连接在一起,固定在船体双层底上。这种刚性连接方式结构简单、安装方便、工作可靠,但是劳动强度大、效率低。

为了防止紧固的主柴油机在运转时产生位移,要求全部底脚螺栓中的 15% 以上的螺栓采用紧配(定位)螺栓。如果采用环氧树脂垫块,可不用紧配螺栓。对于安装紧配螺栓的底脚螺栓孔应进行铰孔,根据铰孔后的直径,按 $\dfrac{H7}{K6}\left(\dfrac{D}{gc}\right)$ 配合配制紧配螺栓。

底脚螺栓(包括紧固螺栓和紧配螺栓)全部装好后,检查螺母和螺栓头的接合平面处有无间隙,用 0.05 mm 塞尺应插不进。全部螺栓拧紧是采用手动工具或液压紧固装置,按照说明书规定的预紧力要求和拧紧顺序进行操作。拧紧后,用小锤敲击螺栓,声音清脆为合格。

底脚螺栓松动将会使机座下面的垫铁磨损,从而使机座局部下沉,导致曲轴臂距差的变化,影响曲轴的受力状态;当松动的螺栓数量增多时,还会引起主机的振动、位置变化等。所以应加强对底脚螺栓的维护管理,发现有松动或损坏的螺栓,应及时按要求拧紧或予以更换。

经典案例分析
练习题

项目 9　船舶动力装置主要部件检修

知识目标:掌握增压器的结构特点、工作条件和主要损坏形式;熟悉轴系的组成、工作条件和主要损坏形式;熟悉螺旋桨和舵系工作条件和主要损坏形式;掌握柴油机动力装置主要部件检测和维修的方法。

能力目标:能正确拆装增压器,检测增压器的缺陷或故障;会利用平轴法对船舶轴系进行校中;能对螺旋桨做静平衡试验,会判断螺旋桨是否平衡;会测量螺旋桨螺距;能用拉线法检测舵系中心线状态。

任务 9.1　增压器的检修

废气涡轮增压器的工作条件较差,它是在高转速、高温及大流量、大流速的情况下工作的。一般废气的压力为 0.25~0.45 MPa,废气温度为 500~600 ℃;转速随增压器尺寸不同而不同,一般大尺寸增压器的最高转速达 10 000 r/min,小尺寸增压器的最高转速可达40 000~50 000 r/min。另外,涡轮增压器的静动部分之间的间隙很小,所以,废气涡轮增压器属于精密机械。

废气涡轮增压器容易产生的故障有涡轮壳体腐蚀、轴承损坏、叶片损伤、气封损坏和增压器振动等。

9.1.1　增压器主要零件损坏的检修

9.1.1.1　涡轮壳体的腐蚀与修理

废气涡轮增压器涡轮壳体是由废气进气壳与排气壳组成的。进气壳与排气壳通常采用合金铸铁制成,分为冷却式和非冷却式。冷却式壳体为双层,形成水夹层。进气壳与排气壳内表面经常与具有腐蚀性的高温废气和水接触。壳体内部冷却水腔的冷却水自底部引入,经上部排出。为了防止电化学腐蚀,除用淡水冷却外,还在淡水中加防锈剂和在壳体上安装防腐锌块等。

1) 腐蚀部位

涡轮壳体内表面与废气接触发生腐蚀,特别是在排气壳的底部处常发生腐蚀烂穿,导致突发故障的发生,造成增压器不能继续运转,需停航修理。由于突然故障需临时紧急订购备件,造成很大的经济损失。

2）腐蚀原因

壳体腐蚀的原因主要是硫酸腐蚀、高速气流的冲刷引起的腐蚀和冷却水腔的电化学腐蚀等。

柴油机在燃用含硫较多的重油时，会产生含有 SO_2、SO_3 和水蒸气的废气。废气进入涡轮端进气壳的温度可达 $500 \sim 600 ℃$，水冷的排气壳体内壁面温度一般为 $150 ℃$ 左右，低于硫酸露点($170 ℃$)。所以，当废气流过排气壳内壁面时，在壁面上生成亚硫酸或硫酸，并顺壁面流至底部，聚集在排气壳底部的硫酸溶液使铸铁壳体受到强烈的电化学腐蚀，甚至腐蚀烂穿。另外，为清洗废气涡轮增压器压气机端和涡轮端喷嘴、叶片及通道，需采用喷水清除污垢。压气机端是在柴油机全负荷运转下清洗，涡轮端是在低负荷下喷水清洗，清洗时间每次约 $10 \, min$，一般每周清洗一次。而低负荷下废气温度较低，会产生更多的酸附在壁面上。同时喷水后若未彻底清除排气壳底部积水，就会加剧壳体的腐蚀。因此，清洗完后，涡轮端应在低负荷下、压气机端在全负荷下运行 $5 \sim 10 \, min$，使增压器完全干燥。

柴油机排气以高速气流流入增压器进气壳，排气中含有未燃尽的炭粒与壳体壁面接触造成对壁面的侵蚀，特别是在气流方向改变处，离心力使炭粒冲击壁面。受到侵蚀的壁面裸露在气流中受到更大的腐蚀作用。涡轮端进气壳和进气道附近壁面的穿孔大多属于这种腐蚀。

3）壳体腐蚀的防止与修理方法

（1）防腐蚀的方法。防止涡轮端壳体腐蚀的主要方法有：提高冷却水进口温度防止硫酸腐蚀；彻底清除涡轮端喷水清洗后的残水；选用非冷却式增压器等。在进排气壳内表面容易腐蚀部位钎焊一层耐热耐蚀合金，可使其壳体寿命从 $3 \sim 6$ 年延长至 10 年以上。

（2）修理。①壳体腐蚀后，其最小壁厚大于设计壁厚的 50%，壳体冷却水腔经 1.5 倍工作压力(不少于 $0.4 \, MPa$)水压试验，合格后可继续使用。②壳体腐蚀后，其局部最小壁厚小于设计壁厚的 50% 或破损时，允许焊补或用无机胶黏剂修补，经 1.5 倍工作压力的水压试验，合格后可继续使用。

9.1.1.2　轴承的检修

增压器轴承是在高温、高速和轻负荷条件下工作的，其主要作用是保证转子固定在准确的位置上并安全可靠地高速回转。涡轮增压器轴承分为滚动式和滑动式，船用增压器多为滚动轴承，另外还有止推轴承。

滚动轴承摩擦系数小，产生热量少，润滑油消耗量少，一般采用透平油，只要设置油池和自带油泵。滚动轴承拆装方便，检修更换轴承时无需拆装转子。使用滚动轴承启动性能好，在低负荷时效率比滑动轴承高。但受其使用寿命限制，一般累计工作时间达 $8\,000 \, h$ 进行检修，更换压气机端和涡轮端的轴承。

滑动轴承结构简单，造价低，效率高，保养间隔期延长至 $20\,000 \, h$ 以上，可与柴油机使用同一个润滑系统或专设一套重力式外供油装置，使维护管理要求高；检修更换轴承时需拆装转子，因此拆装不方便。

1）滚动轴承的检修

压气机端轴承多采用成对双列向心推力轴承，起支承转子和止推作用；涡轮端轴承采用单列向心球轴承或单列向心短圆柱滚子轴承，起支承转子作用。增压器工作时，滚动轴承应转动灵活、无异常声音、无过热,轴承的各零件应无损伤、腐蚀、裂纹和松动等缺陷。

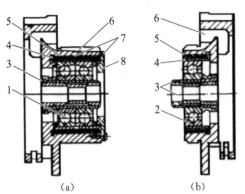

1—成对双联向心推力球轴承;2—单列向心球轴
承;3—轴承内套;4—轴承外套;5—径向弹簧片;6—轴
承座;7—轴向弹簧片;8—轴承盖。

图 9-1 废气涡轮增压器的滚动轴承

(a)压气机端轴承;(b)涡轮端轴承

滚动轴承中装有减轻振动的弹性减振装置,它是由一组带孔的减振弹簧钢片组成的。润滑油在钢片之间形成油膜,产生阻尼作用,吸收和缓冲转子的振动,以便延长轴承的寿命和使增压器平稳运转。在压气机端的轴承中装有径向和轴向两组弹簧片。径向弹簧片安装在滚珠座圈与轴承外套之间,弹簧片间有 0.25～0.55 mm 的间隙,用以减轻径向振动;轴向弹簧片安装在轴承的前后端处,由数个薄钢片组成,片间有 0.13～0.18 mm 的间隙。除用以减振外,还具有调整和确定转子轴向位置的作用,如图 9-1 所示。涡轮端轴承中只有径向减振弹簧片。

滚动轴承减振片的弹性应具有良好的均匀性,无咬毛、过度磨损和断裂等缺陷。如产生上述缺陷或间隙超过规定值时应予以换新。新换的减震片的材料、技术性能应与原来的相同。船上条件下无法更换减振片,只能成套换新轴承。

2)润滑与润滑油泵

增压器转子两端的轴承均设有自带油泵,自带油泵将高质量的无酸矿物透平油或高质量的含或不含清净添加剂的柴油机油喷至轴承,保证轴承充分润滑。为了保证油泵的正常工作,根据说明书的要求,定期检查油泵的磨损和漏泄情况。例如,VTR 型增压器每隔 12 000～16 000 h 进行一次检查。油泵工作的可靠性与其安装质量有关,故在安装油泵时应保证油泵的轴线与增压器转子轴心线同轴,泵端的径向跳动量不应超过 0.02 mm。

9.1.1.3 叶片的检修

1)叶片损伤形式

涡轮叶片和压气机叶片的损伤形式主要是碰撞引起的叶片变形、裂纹和断裂。

涡轮叶片变形主要是由异物撞击所致。如吊缸检修时由于粗心使工具等物品、特别是尺寸不大的工具或螺帽等遗漏在气缸中,或者活塞环折断后的碎块,甚至由于安装不良使喷油头落入气缸中等。当柴油机运转时,这些异物被排气自排气口吹至排气管和增压器涡轮进气壳,这些高速飞来的异物冲破废气进口处的金属隔栅进入涡轮,与高速回转的涡轮叶片相撞击,轻者使叶片变形、裂纹,重者造成叶片折断,并随之碰撞其他叶片导致涡轮叶片的大部分乃至全部损坏。

压气机叶片损伤是由于轴承严重磨损、吸入硬质颗粒、增压器振动等造成,或者发生碰撞破坏了转子与壳体间的正常间隙等造成撞击或摩擦,使叶片擦伤、变形或裂纹。

2)修理

(1)叶片变形:检查有无裂纹存在,如有裂纹,须换新。海上条件下更换叶片不便时,可将断叶取出,并将其对称位置的叶片取下,以保持转子的动平衡性,减少增压器的振动。如叶片有轻微变形可进行冷校。压气机叶轮叶片发生弯曲变形,若是钢制的,加热矫正;铝制的则予以换新。

(2) 撞击伤痕:叶片表面碰伤深度不超过所在叶片厚度的 3%,其余部位碰伤深度小于 0.5 mm 时,可继续使用;如碰伤深度在 10% 以内,直径不大于 1.0 mm,且小于 5 点/cm²,以及其他部位碰伤深度不超过 1.0 mm,伤痕长度小于 5 mm,且每一叶片不多于 2 处,则经手工修光后,也可继续使用。磨去深度不得超过相应部位叶片厚度的 1/6,磨去的面积符合规定要求。叶片上的上中部区域内的一定缺陷允许焊补修复(详见 CB/T 3563—94)。

(3) 涡轮叶片的腐蚀:深度较浅(<0.2 mm)、腐蚀点不密集时,用砂轮、砂布打磨;如较深(>0.2 mm)时,换新。

增压器的转子或叶片经修理或换新后均应进行动平衡试验,并使之符合要求。

9.1.1.4 密封装置的检修

1) 密封装置

废气涡轮增压器的密封装置包括气封和油封两种。

气封的作用是防止压气机端的压缩空气和涡轮端的燃气漏泄。压气机端的压缩空气大量漏泄使增压效率降低,涡轮端燃气漏泄造成涡轮功率下降,高温燃气漏入轴承箱污染滑油和损坏轴承。

油封的作用是防止增压器轴承箱中润滑油的漏泄。滑油漏泄不仅增加润滑油的消耗量和造成轴承润滑不良,还会因润滑油漏至涡轮进气壳使燃气温度升高以致涡轮叶片烧毁。

密封装置按结构不同可分为接触式、活塞环式和迷宫式三种。活塞环式密封装置如图 9-2 所示,常用于小型废气涡轮增压器中作为油封。迷宫式密封装置有轴向密封装置和径向密封装置两种如图 9-3 所示,常作为气封使用。

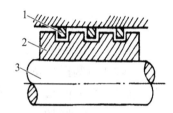

1—活塞环;2—轴套;3—转子轴。

图 9-2 活塞环式密封装置

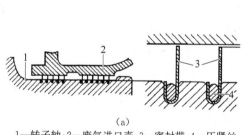

(a)

1—转子轴;2—废气进口壳;3—密封带;4—压紧丝。

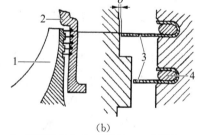

(b)

1—压气机叶轮;2—隔热墙;3—密封带;4—压紧丝。

图 9-3 迷宫式密封装置

(a)轴向式;(b)径向式

2) 密封装置的安装部位

涡轮端:转子与废气进气壳体之间有一定的径向间隙,为防止废气进入轴承箱和润滑油泄入废气排气壳,在转子轴上安装迷宫式轴向密封装置作为气封和活塞环式密封装置作为油封;为了防止增压空气自压气机叶轮背部与隔热墙之间的间隙漏入涡轮端使转子的轴向推力增大,所以在压气机叶轮背面和隔热墙之间安装迷宫式径向密封装置。

压气机端:在转子与进气壳体之间的间隙安装迷宫式轴向密封装置作为气封和活塞环式密封装置作为油封。

3）密封装置的检修

密封装置的损坏,大多是在增压器拆装过程中不慎碰伤密封带,或增压器运转中的剧烈振动,或者安装间隙不符合要求等造成。

密封带顶部有较轻的弯曲变形时,可用平嘴钳将其夹直校正;若损伤严重时则应换新密封带和压紧丝。在船上条件下更换新的密封带可按增压器说明书中规定的要求和步骤进行。

9.1.2　增压器振动的检修

废气涡轮增压器是做高速回转的精密动力机械,要保持平稳、无振动运转的条件:其一是动平衡精度符合要求,即转子的重心在其回转中心线上或具有要求的偏心距;其二是增压器的安装精度高,对中性好,即转子与壳体的对中精度符合要求;其三是运转中良好的管理与正确的操作。增压器运转中由于种种不能满足以上条件的原因使增压器产生剧烈振动。

9.1.2.1　振动原因

（1）压气机喘振。喘振是由于压气机流通部分出现气流与叶片强烈撞击与脱流现象的结果。增压器喘振主要是由增压系统流道阻塞引起的。管理中注意压气机进气滤器、叶轮、扩压器、空气冷却器、进气口和排气口、涡轮喷嘴环、叶片等流通部分的清洁,能有效防止和消除喘振,使振动消失。

（2）轴承损坏。轴承长时间使用后产生磨损、变形、裂纹和烧伤时,使摩擦力矩增大,转速下降,振动和噪声大增。轴承中的减振弹簧片的磨损、变形或断裂等使转子安装位置发生变化,转子对中不良产生强烈振动。

为此应按轴承规定的使用期按时更换轴承,发生损坏时更应及时更换轴承。

（3）转子弯曲变形。若船舶停航时间较长,增压器转子长期不运转,由于自重作用使其产生弯曲变形,破坏了转子与壳体、气封与壳体等的配合间隙,使转子失中。转子工作时摩擦严重,转动困难;运转时产生很大的离心力使增压器产生剧烈振动。

所以,船舶长时间停航,应注意增压器的管理,不定期地转动转子以防止转子变形。

（4）转子动不平衡。增压器经过一段时间的运转,由于涡轮叶片上严重积炭或叶片变形、折断;压气机叶轮、叶片变形或损坏等都会使转子质量分布发生变化,改变了转子原有的重心位置,破坏了转子原有的动平衡精度,造成转子动不平衡。当增压器运转时,由于转子动不平衡而产生剧烈振动,工作不平稳。

（5）增压器装配、修理质量差。增压器在自修或厂修时,因修理质量差或修后装配不良,会导致增压器运转时转子与壳体或气封与壳体相碰,产生摩擦引起振动。例如,气封、油封安装不正、轴承安装不正确或转子轴线不对中等。尤其是轴承安装问题切不可忽视。例如,减振弹簧片安装不正确或产生变形、断裂都直接影响轴承的位置,因而与转子轴线对中不良,各配合间隙不符合要求,增压器运转时产生振动。

此外,排气管振动、增压比过高等也会导致增压器振动。

9.1.2.2 振动检修

1）清洗

利用增压器上的喷水装置清洗涡轮端和压气机端的叶片和通道,减轻或完全消除由此引起的振动。

2）轴承换新

若产生振动时轴承已接近换新时间,则可能是因轴承损坏引起的振动,故应首选更换轴承的措施来消除增压器振动。增压器轴承中,由于涡轮端轴承温度高、工作条件差而先损坏,所以应首先更换涡轮端轴承,然后再换压气端轴承。

3）检查转子的磨损和变形

增压器解体抽出转子检查压气机和涡轮的叶轮、气封和工作轴颈外圆表面有无擦伤、变形和磨损。必要时吊入车间在平台上检测转子轴线状态,以判断转子的弯曲变形和变形程度。

4）检测转子的动平衡

在专用动平衡试验机上检测转子的平衡精度,依测量出的不平衡质量的大小与位置进行修理,除去不平衡质量后再次检验,直至达到要求的平衡精度为止。

5）检查安装间隙

安装间隙反映了转子与增压器壳体的对中情况。先进行粗检:手动转子使之回转、听声音判断对中情况;再精检:测量 L、M 等配合间隙,如图 9-4 所示,精确判断对中情况。注意:如果发生压气机进气道壳体下沉也会影响对中性,这种情况虽少见,但在 BBC VTR631-1N型增压器上曾出现过,而且一般不易发现是由此引发的振动故障。

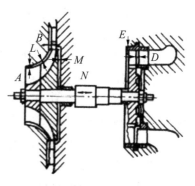

A——压气机端导风轮与壳体的径向配合间隙;

B——扩压器与壳体的轴向配合间隙;

L——压气机叶轮前方与壳体之间的间隙;

M——压气机叶轮背面与气封板间的轴向间隙;

N——转子的轴向串动量;

D——涡轮叶片与喷嘴叶片间的轴向间隙;

E——涡轮叶片与喷嘴外环间的径向间隙。

图 9-4 增压器的装配间隙

9.1.3 增压器拆装和校中测量

9.1.3.1 拆装要求

(1) 仔细阅读增压器说明书,结合实际掌握增压器内部结构。

(2) 正确使用随机专用拆装工具,按照规定的拆卸顺序和要求进行,不可破坏零部件原有的精度与表面粗糙度,尤其是轴承和轴颈工作表面,应清洁、上油、防止生锈。

(3) 在拆卸每一零部件前,要注意其接合面有无定位记号。若无,则应做出相应记号,使装复时易于还原。特别是转子在壳体内的轴向位置,在拆卸前一定要仔细检查、记录。

(4) 严格按照说明书的安装顺序和要求、规定的装配间隙进行增压器的组装,并按照一定的方法进行间隙检验与调整,以保证转子与壳体的对中性,保证增压器可靠地运转。

9.1.3.2 拆装顺序

在对增压器结构进行了解、要求明确的基础上进行拆卸和安装。在船上拆装增压器,不必拆下增压器壳体,只需拆下转子进行检修。下面以 VTR400 为例简要说明拆下和安装转子的顺序。

（1）拆卸压气机端：拆开放油旋塞，放出润滑油；拆下轴承端盖；拆下油泵（自带油泵式）；拆下整个轴承组，并用蜡纸包好，以免弄脏。

（2）拆卸涡轮机端：拆下放油旋塞放出轴承箱中的润滑油；拆下轴承端盖；拆下油泵（自带油泵式）。

（3）拔出轴承的内部零件：轴向减震弹簧片组、滚柱轴承外座圈等。

（4）拆下压气机端的空气进气壳。

（5）把转子从压气机端抽出并用两个木墩支承使之立放。

在重新安装前应清洁轴承箱、准备好轴承备件、检查自带油泵轴线。按与拆卸相反的顺序进行安装。最后测量压气机端的 K 值，并应符合要求。

9.1.3.3　增压器的主要装配间隙

增压器的主要装配间隙如图 9-4 所示。

（1）间隙 N：压气机端推力轴承与转子轴端面之间的轴向间隙，即转子的轴向串动量。保证转子轴向热膨胀的情况下不会产生压气机叶轮或气封与增压器壳体相碰；

（2）间隙 L：压气机叶轮前方与壳体之间的间隙；

（3）间隙 M：压气机叶轮背面与气封板之间的轴向间隙。

各间隙大小随机型而异，具体数值在增压器说明书中均有明确规定。

注意：拆装时，转子轴上的运动件的位置不可变动，轴上的零件也不允许随意更换，以免破坏动平衡精度和与固定件的配合间隙。

9.1.3.4　增压器的校中

通过测量推力轴承处的轴向间隙 N 和测量压气机叶轮前后与壳体的间隙 L 和 M，使之符合说明书的技术要求，这就是增压器的校中。总装后，检查运动件与固定件之间的相对位置是否正确，特别是压气机叶轮在壳体中的位置。校中分粗检和精检，粗检是手动增压器转子使之回转，倾听转动时有无擦碰声音。如果有擦碰说明转子对中不良，应查明原因予以消除。精检是在粗检合格后采用测量方法进行校中检验。

（1）测量 N：测量前首先取下增压器两端的轴承端盖，分别在转子轴的左右端施以轴向推力，使转子轴分别处于左右两个极端位置，分别测出转子轴端面至压气机壳体端面之间的距离 K_3、K_4 值，则止推轴承轴向间隙 $N=K_3-K_4$，如 VTR630 型增压器的止推轴承轴向间隙 $N=0.17\sim0.23\,mm$。

（2）测量 K：为了测量压气机叶轮前后的间隙 L 和 M，先使转子轴恢复到不受轴向力作用的状态，然后测量出转子轴右端面至压气机壳体端面的距离 K，如图 9-5 所示。

（3）测量 L：旋出压气端的连接螺钉的长度约 5 mm，在涡轮端转子轴上施以轴向推力，使转子轴向右移动，间隙 L 消失，测量转子轴右端面至压气机壳体端面的距离 K_1，则压气机叶轮前方与壳体之间的间隙 $L=K-K_1$。VTR631 型增压器 $L=1.055\sim1.665\,mm$。

（4）测量 M：将螺母及甩油环拆下，在转子轴左端装一吊环螺钉，将转子轴向左拉动，使间隙 M 消失，测量转子轴左端面至压气机壳体端面的距离 K_2，则压气机叶轮背面与气封板之间的间隙 $M=K_2-K$。VTR631 型增压器 $M=0.275\sim1.185\,mm$。

当各间隙值符合要求时说明增压器转子与壳体对中性良好，否则应查明原因，调整后再

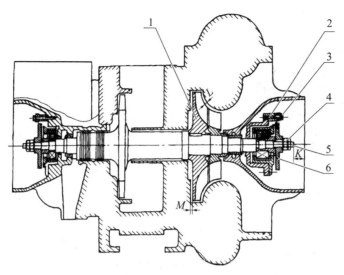

1—压气机叶轮；2—连接螺栓；3—止推轴承；4、5—螺母；6—甩油环。

图 9-5 增压器校中测量

次测量。

9.1.4 增压器转子的平衡试验

对于经过平衡计算并安装了平衡重量的回转件，由于计算、制造和安装的误差以及材料的不均匀、毛坯缺陷等，使回转件实际上仍然存在不平衡。因此必须通过平衡试验来测定不平衡质量的大小和方位，然后再用加重或减重的方法予以平衡。营运船舶的增压器转子上零部件经修理或更换后也必须进行平衡试验。

根据回转件的结构和转速，平衡试验分为静平衡试验和动平衡试验，如表 9-1 所示。

表 9-1 平衡试验

平衡试验	回转件直径 D 与其长度 L 的比值	工作转速
静平衡	$D/L \geqslant 5$	任何转速
动平衡	$D/L \leqslant 1$	$N > 1\,000\ \mathrm{r/m}$

9.1.4.1 静平衡试验

静平衡试验是为了测定 $D/L \geqslant 5$ 的回转件不平衡质量的大小和方向，确定平衡质量的大小、位置并进行调整，使之达到静平衡要求，这种测量方法称为静平衡试验法。

静平衡试验是将回转件安装在专用心轴上，然后一并装于静平衡试验架上（导轨式或轴承式）。若回转件重心偏离回转轴则产生静力矩并作用于回转轴上，使回转件在导轨上滚动或在轴承支架上转动，待运动停止后重心部位处于最低位置。由此确定重心偏离方位，在其反向加平衡质量，逐步试验调整平衡质量的大小和位置，直至回转件随遇平衡。最后在质量大的部位去掉实测的重量，使回转件达到静平衡。

9.1.4.2 动平衡试验

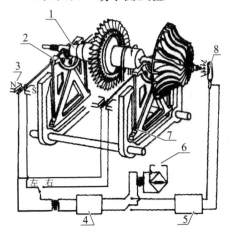

1—转子;2—支承;3—磁钢;4—选频放大器;5—脉冲功率放大器;6—指示电流表;7—钢丝;8—闪光灯。

图 9-6 动平衡机原理示意图

动平衡试验是为了测定 $D/L \leqslant 1$ 的回转件不平衡质量的大小和方位。由于不平衡质量不是在一个回转平面内且不平衡惯性力偶矩不可忽略,必须在任意两个回转平面内分别加一适当的平衡质量才能达到平衡。利用动平衡试验机使回转件在其上试验,测定两个选定平面内所需加的平衡质量或重径积的大小和方位,从而使回转件达到动平衡。

一般机械式动平衡试验机是利用补偿重径积法求不平衡重径积的原理,如图 9-6 所示。此外,还有利用电子技术测量校正回转体内不平衡量的各种动平衡试验机。激光动平衡试验机、带真空筒的大型高速动平衡试验机和整机平衡测振动平衡仪等,为高速、高精度、高生产率和大型挠性回转件的动平衡试验提供了先进的测试技术。

9.1.4.3 动平衡指标

回转件通过平衡试验后,已将不平衡惯性力及其引起的动力效果减少到相当低的程度,但还会有些残存的不平衡存在。这种残存的不平衡愈小,不平衡惯性力的不良影响就愈小,回转件的平衡状况就愈好。所以,把回转件经平衡后的不平衡程度称为平衡精度,它是用来度量回转件不平衡程度的物理量。

1) 不平衡度

对于质量分布在同一平面内,轴向长度较小的回转件,假定其为一重心与回转中心重合的薄圆盘,当距回转半径为 R 处有一不平衡重量 F(或不平衡力 F)时,回转件的不平衡度为 $F \cdot R (N \cdot m)$,或称为重径积。它反映了不平衡惯性力的大小和方向。

2) 平衡精度

不平衡惯性力造成的不良影响由其在轴承中引起的附加负荷和振动振幅来衡量。轴承附加负荷与回转件的重径积、回转角速度有关;振动振幅与重径积、轴承刚度和回转件整机质量有关。所以仅仅依据回转件的重径积大小是不足以表达不平衡惯性力所造成的不良影响。用重径积表示回转件的不平衡度,没有反映出其与回转件质量的关系。因为同一不平衡度相对于不同质量的回转件来说,精度是不同的。所以,应采用回转件的不平衡度(重径积)与其质量中心上的重力之比来表示回转件的平衡精度,即:

$$e = FR/G \qquad (9-1)$$

式中:e——偏心距或偏移量,mm;

G——回转件的重力,N。

偏心距 e 是回转件重心相对于回转中心的距离,或称平衡精度。例如,当回转件的偏心距 $e = 10^{-6}$ m 时,说明回转件重心相对于回转中心偏移 $1 \mu m$ 或 $0.001 mm$。

对于做动平衡试验的回转件,因其质量分布不在同一回转面内,所以应以两个选定平面上的代替重量和平衡重量的总重心的偏心距 e 和回转件角速度 ω 的乘积表示惯性力的不良影响，即平衡精度。

目前，我国尚未定出平衡精度的标准，一般均是以回转件的许用偏心距 $[e]$ 与回转件的角速度 ω 的乘积 $[e]\cdot\omega$ 表示回转件的平衡精度，并按 $[e]\cdot\omega$ 分级。

任务 9.2　轴系的检修

船舶轴系是从主机输出端法兰起至艉轴间的所有轴和轴承的统称，其连接主机和螺旋桨，如图 9-7 所示。对于直接传动的推进系统，主要有：推力轴（Thrust Shaft）和推力轴承、中间轴（Intermediate Shaft）和中间轴承、艉轴（Stern Shaft）和艉轴承以及其他附件等；对于间接传动的推进系统，除有上述传动轴和轴承外，还有离合器（Clutch）、弹性联轴器和减速齿轮箱等部件。

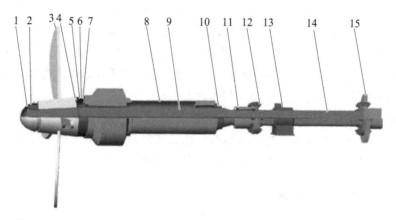

1—导流罩；2—液压螺母；3—螺旋桨；4—防渔网割刀；5—防渔网环；6—保护罩；7—艉管后密封；8—整体艉管；9—螺旋桨轴；10—艉管前密封；11—液压联轴节；12—液压紧配螺栓；13—中间轴承；14—中间轴；15—主机输出端法兰。

图 9-7　船舶轴系示意图

船舶轴系的作用是将主机发出的功率传递给螺旋桨，并将螺旋桨产生的轴向推力传递给船体，使船舶克服水的阻力前进。船舶轴系是船舶动力装置中的重要组成部分。

9.2.1　船舶轴系的种类及轴系故障

9.2.1.1　轴系种类

1) 单轴系

单轴系轴线布置在船体的纵剖面上，并平行于船体的基线，多用于大型海船。单轴系的长度主要由中间轴数目来决定，而中间轴的数目则取决于机舱位置。中机舱的中间轴数量多，轴系长。凡具有两节或两节以上中间轴的轴系称为长轴系（又称柔性轴系）；艉机舱的中间轴数量少甚至没有中间轴，轴系较短。凡具有一节中间轴或无中间轴的轴系称为短轴系

（又称刚性轴系）。所以目前造船趋势都是采用艉机舱或近艉机舱的船舶结构。

单轴系的特点：直接传动、结构简单可靠、传动损失小，便于操纵。单轴系多用于大型海船、拖轮及内河中小型船舶等。

2）双轴系

双轴系的两条轴线分别平行对称布置在船体中纵剖面的两侧，相对船体基线略向后倾斜（一般倾斜角 $\alpha \leqslant 5°$），以保证螺旋桨充分没入水中。由于船体结构的限制，螺旋桨至艉轴管的距离较远，艉轴较长，需在船体外架设人字架，将船外部分的艉轴托起。为了便于拆装，将艉轴分为两段制造，中间用联轴器连接。在船体艉轴管内的轴段仍称为艉轴；悬伸在船体外的轴段与螺旋桨连接，并由人字架支承，这段轴称为螺旋桨轴。

双轴系船舶具有高速、机动性好和生命力强的特点。但双轴系结构复杂、配套设备多，如双轴系为双机双桨；建造和修理工作量大、费用高。一般多用于客船和军用舰船。

9.2.1.2　轴系故障

船舶轴系虽然结构简单，但其主要零件——中间轴、艉轴等尺寸大、重量大，一般轴长 L 与轴径 d 之比均超过 10，所以是挠性轴，容易产生变形。轴系位于船体水线以下部位，运转时不仅受到主机传递的扭矩作用、轴系和螺旋桨的自重引起的弯曲变形，而且还受到螺旋桨产生的阻力矩和推力作用。此外，还受到船体变形、船舶振动及螺旋桨的不均匀水动力等引起的附加应力的周期作用。船舶主机的紧急停车及频繁的机动操车，或在大风大浪中强力摇摆时，上述情况就更加严重，并使轴承负荷加重。传动轴工作表面与轴承的相对运动还会产生过度磨损，在海水和滑油介质中受到腐蚀。

所以，船舶轴系在运转中会产生声音异常、振动、轴承温度升高、传动轴磨损加剧、密封装置漏泄等故障，严重时甚至产生断轴事故。而轴系的修理工作往往要使船舶停航进坞，造成较大的经济损失。因此，必须加强对船舶轴系的维护管理。

9.2.2　轴系状态的检查

为了准确地确定修理范围、修理项目、修理方案和修理工作量，在修理前必须对轴系进行各种检验。包括有针对性的航行检查和拆卸中及拆卸后的检查。

9.2.2.1　轴系校中状态的检查

轴系校中状态的检查包括轴系中心线偏差度和轴系两端同轴度偏差的检查。检查时，为了提高测量精度，减少温度、振动与船体变形的影响，要求在夜间或阴雨天气和平潮时进行检测，并要求船舶排水量应不小于船舶空载总排水量的 85%，各水舱压载要均匀，船上无集中负荷的迁移及停止敲打和振动性作业。

1）轴系中心线偏差度的检查

轴系实际中心线与轴系理论中心线的偏差即为轴系中心线的偏差度。相邻轴两连接法兰的轴心线不同轴但平行的现象称为偏移，偏移的数值称偏移值（Sag of Couplings），用符号 δ 表示；相邻轴两连接法兰的轴心线相交的现象称为曲折，相交角度的大小称为曲折值（Gap of Couplings），用符号 φ 表示。相邻轴连接法兰上的偏移值和曲折值统称为偏中值。轴系发生弯曲变形将会影响传动轴之间连接法兰的相对位置的变化，使连接法兰处产生偏移和曲折。图 9-8 所示的相邻轴连接法兰处的四种相对位置情况。

9-8(a)图为相邻轴两连接法兰的轴心线在同一直线上,即相邻轴同轴,法兰处的偏移值 δ 和曲折值 φ 均为零;

9-8(b)图为相邻轴两连接两法兰的轴心线平行但不同轴,即相邻轴轴心线发生了偏移,法兰处的偏移值 $\delta \neq 0$,但曲折值 $\varphi = 0$;

9-8(c)图为相邻轴两连接法兰中心对准,但轴心线相交成一定角度,即相邻轴轴心线发生了曲折,法兰处的曲折值 $\varphi \neq 0$,但偏移值 $\delta = 0$;

9-8(d)图为相邻轴两连接法兰中心不对准且轴中心线相交成一定角度,即相邻轴轴心线同时发生偏移和曲折,法兰处的偏移值 $\delta \neq 0$,曲折值 $\varphi \neq 0$。这是一种最常见的情况。

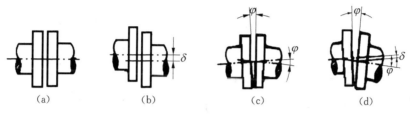

图 9-8　连接法兰的相对位置

由于轴系的实际变形难以直接检测,所以通过测量轴系各对法兰上的偏移值和曲折值,或者采用光学仪器来检验轴系中心线的偏差度,来了解轴系的实际变形情况。测量偏移值 δ 和曲折值 φ 的方法有以下两种:

(1) 直尺—塞尺法(Alignment of Shafting by Straightedge-feeler Method)。采用钢直尺和塞尺测量相邻轴连接法兰上的偏移值和曲折值。测量时,将直尺依次紧贴于法兰外圆面的上、下、左、右 4 个位置上,用塞尺依次测量直尺与另一个法兰外圆面的间隙 $Z_\text{上}$、$Z_\text{下}$、$Z_\text{左}$、$Z_\text{右}$ 4 个数值,如图 9-9(a)所示。通过下列公式计算求出偏移值 δ。

在垂直平面内相邻轴连接法兰上的偏差值 $\delta_\perp$ 为:

$$\delta_\perp = \frac{Z_\text{上} + Z_\text{下}}{2} \tag{9-2}$$

在水平平面内相邻轴连接法兰上的偏移值 δ_- 为:

$$\delta_- = \frac{Z_\text{左} + Z_\text{右}}{2} \tag{9-3}$$

用塞尺分别在相邻轴连接法兰的上、下、左、右 4 个位置测量两法兰端面之间的间隙 $Y_\text{上}$、$Y_\text{下}$、$Y_\text{左}$、$Y_\text{右}$ 4 个数值。通过下列公式计算求出曲折值 φ。

在垂直平面内相邻轴连接法兰处的曲折值 $\varphi_\perp$ 为:

$$\varphi_\perp = \frac{Y_\text{上} - Y_\text{下}}{D} \tag{9-4}$$

在水平平面内相邻轴连接法兰处的曲折值 φ_- 为:

$$\varphi_- = \frac{Y_\text{左} - Y_\text{右}}{D} \tag{9-5}$$

式中：D—法兰直径，m。

此法简单、方便、灵活，但精度较低，尤其在法兰外圆面、端面腐蚀、粗糙时或两法兰直径不等时精度就更低，甚至无法测量。

（2）指针法（Alignment of Shafting by Indicating Needle Method）。将两对指针对称地安装在相邻轴两法兰的外圆上测量偏移值和曲折值，如图 9-9（b）所示。

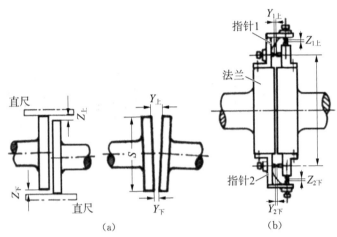

图 9-9 偏移值和曲折值的测量方法
(a)直尺-塞尺法；(b)指针法

测量时将相邻两根轴同时、同方向、同角度回转，每转 90°用塞尺分别测量两对指针间的径向间隙 Z 和轴向间隙 Y。上、下两对指针分别以注脚 1 和 2 标记，可测得垂直方向 $Z_{1上}$、$Z_{1下}$、$Z_{2上}$、$Z_{2下}$，$Y_{1上}$、$Y_{1下}$、$Y_{2上}$、$Y_{2下}$ 和水平方向 $Z_{1左}$、$Z_{1右}$、$Z_{2左}$、$Z_{2右}$，$Y_{1左}$、$Y_{1右}$、$Y_{2左}$、$Y_{2右}$ 间隙。通过下列公式计算出垂直平面内的偏移值 $\delta_\perp$ 和曲折值 $\varphi_\perp$ 分别为：

$$\delta_\perp = \frac{(Z_{1上} + Z_{2上}) - (Z_{1下} + Z_{2下})}{4} \tag{9-6}$$

$$\varphi_\perp = \frac{(Y_{1上} + Y_{2上}) - (Y_{1下} + Y_{2下})}{2D} \tag{9-7}$$

水平平面内的偏移值 δ_- 和曲折值 φ_- 分别为：

$$\delta_- = \frac{(Z_{1左} + Z_{2左}) - (Z_{1右} + Z_{2右})}{4} \tag{9-8}$$

$$\varphi_- = \frac{(Y_{1左} + Y_{2左}) - (Y_{1右} + Y_{2右})}{2D} \tag{9-9}$$

指针法测量精度高，当法兰外圆腐蚀或两法兰直径不等时采用指针法测量可保证精度，但操作较麻烦。

实际测量偏中值时需拆去法兰连接螺栓，由于轴系的每节中间轴用一个中间轴承支承，所以应增设临时支承,其位置应以使轴自重所引起的附加偏移值 $\Delta\delta$、附加曲折值 $\Delta\varphi$ 最小为原则。一般在距法兰端面(0.18~0.22)L(L 为中间轴长度)处加设临时支承,或依设计图纸加设临时支承。加设临时支承后,拆去轴系各对法兰上的连接螺栓。如两法兰用中心凸起定位,应在拆去螺栓后使两法兰脱开,中间有 0.5~1.0 mm 的间隙。若连接螺栓锈死,应设法拆除,但一定要保护螺栓孔的精度。实测法兰上的偏移值和曲折值应符合船舶轴系修理技术标准的要求,见表 9-2(CB/T 3420—92)。长轴系为挠性轴,对弯曲变形不敏感,故对偏差要求稍低;短轴系为刚性轴,轴系稍有弯曲变形就会引起主机艉端轴承和艉轴的尾前轴承产生较大的附加负荷,故对偏差要求较高。

表 9-2　轴系法兰校中的偏差要求

分类	要求校中部位	偏移值 δ/mm	曲折值 φ/(mm/m)	
长轴系	推力轴与相邻中间轴法兰	≤0.15	≤0.20	
	艉轴与相邻中间轴法兰	艉轴安装间隙的25%	$\delta=0$ 时	≤0.25(上开口之值)
				≤0.50(下开口之值)
	中间轴与中间轴法兰	按规定:参照艉轴与相邻中间轴法兰的要求稍许降低,各中间轴法兰的 δ、φ 值基本上是平均分配,但靠近轴系中间部分的法兰,要求可相应降低些。当 $\delta=0$ 时,φ_{max}≤0.60 mm/m,合理分配中间轴相邻法兰的 δ、φ		
短轴系	推力轴后各法兰	≤0.25	≤0.25	
离合器	气胀式离合器	≤0.60	≤2.00	
	齿形离合器	≤0.40	≤1.00	
弹性橡胶圈连接螺栓联轴器法兰		≤0.40	≤1.00	
主机曲轴与推力轴(或齿轮轴)法兰		—	≤0.10	

2) 轴系两端轴同轴度偏差的检查

主机曲轴和艉轴分别位于轴系的两端,故称之为端轴。检查轴系校中状态时,还应对两端轴同轴度偏差进行检查。测量出两端轴法兰的总偏移值 $\delta_{总}$ 和总曲折值 $\varphi_{总}$,以判断轴系中心线的技术状态。

生产中采用平轴法、平轴计算法、拉线法或光学仪器法等来检查同轴度偏差。

用平轴法检查同轴度偏差时,在各中间轴规定位置增设临时可调支承;拆去各对法兰连接螺栓并使两法兰脱开;以艉轴(或曲轴、推力轴)的法兰为基准,自尾向首(或相反方向)通过逐个调节中间轴承和临时支承来调节中间轴的位置,使每对法兰上的 $\delta=0$、$\varphi=0$;测量第一节中间轴首端法兰与曲轴或推力轴尾端法兰(或最后一节中间轴尾端法兰与艉轴首法兰)的偏移值和曲折值,也就是两端轴法兰的总偏移值 $\delta_{总}$ 和总曲折值 $\varphi_{总}$,如图 9-10 所示。

测量出的两端轴法兰的偏中值($\delta_{总}$ 和 $\varphi_{总}$)应符合船舶轴系修理技术标准表 9-3 的要求。表中 $L_{计算}$ 为轴系发生弯曲部分的长度,随主机与轴系的连接形式不同有不同的选取方

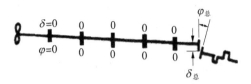

图 9-10　平轴法检验两端轴同轴度偏差

法,如图 9-11 所示。轴系中心线允许的总偏差根据所测轴系的计算长度 $L_{计算}$ 和最小轴径 d 从表 9-3(CB/T 3420—92)中查出 $\delta_总$ 和 $\varphi_总$,并以此作出 $\delta_总$—$\varphi_总$ 的坐标三角形,如图 9-12 所示。例如,采用平轴法测得某轴系的总偏中值 δ_A 和 φ_A,其在坐标上的交点 A 位于三角形内(阴影部分),则该轴系的同轴度偏差在要求的范围之内;若测得的总偏中值 δ_B 和 φ_B 在坐标上的交点 B 位于三角形之外,则该轴系的同轴度偏差过大,超过规范要求,应进行修理。

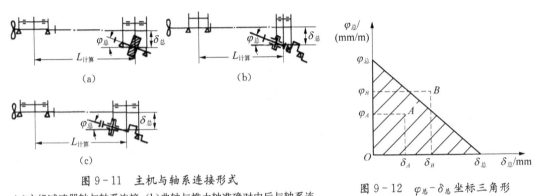

（a）　（b）

（c）

图 9-11　主机与轴系连接形式

（a）主机减速器轴与轴系连接;（b）曲轴与推力轴准确对中后与轴系连接;（c）曲轴直接与轴系连接

图 9-12　$\varphi_总$-$\delta_总$ 坐标三角形

表 9-3　轴系中心线总偏差要求

$L_{计算}$/m	总偏移 $\delta_总(\varphi=0)$/mm						总曲折 $\varphi_总(\delta=0)$/(mm/m)					
	轴的最小直径 d/mm											
	100	150	200	300	400	500	100	150	200	300	400	500
5	1.25	0.85	0.65	0.42	—	—	0.42	0.28	0.21	0.14	—	
10	5.2	3.50	2.60	1.70	1.30	—	0.78	0.51	0.39	0.26	0.20	—
15	11.7	7.80	5.80	3.90	2.90	2.30	1.17	0.78	0.58	0.39	0.29	0.22
20	20.8	13.9	10.4	6.90	5.20	4.20	1.56	1.04	0.78	0.52	0.39	0.31
30	45.8	31.2	23.4	15.6	11.7	4.90	2.34	1.56	1.17	0.78	0.58	0.47
40	83.2	55.5	41.6	27.7	20.8	16.6	3.12	2.07	1.56	1.04	0.78	0.62
50	—	86.7	65.0	43.3	32.5	26.0	—	2.59	1.59	1.30	0.97	0.78
60	—	—	93.6	62.4	46.8	37.4	—	—	2.34	1.56	1.17	0.94
70	—	—	—	84.9	63.7	51.0	—	—	—	1.82	1.36	1.09
80	—	—	—	—	83.2	66.6	—	—	—	—	1.56	1.26

9.2.2.2　轴系状态的调整

通过对轴系状态的检验——轴系中心线偏差度和两端轴同轴度偏差的检测,若发现个别连接法兰的偏中值超差,应调节相关中间轴承左右或高低的位置,使法兰上超过标准的 δ、φ 调整到许可范围内;若发现同轴度误差较大即 $\delta_总$ 和 $\varphi_总$ 超差,应采用以下修理方法:

(1) 偏心镗削艉轴承或艉轴管,通过改变艉轴中心线的位置,达到与曲轴同轴。但应保证艉轴承或艉轴管偏心镗削后的强度。

(2) 当同轴度误差过大,偏心镗削的方法达不到标准要求时,则应改变主机的位置,从而使 $\delta_总$ 和 $\varphi_总$ 符合要求。此法工程量很大,并且也受机舱的限制。

(3) 同时使用以上两个措施,即通过改变两端轴的轴线位置来达到同轴。但是此种方法工程量更大,制约的因素也更多。

在船舶轴系的实际运转中,一般轴系的同轴度误差均在允许范围内,轴系产生过大的同轴度误差通常是在发生海损事故时,如船舶搁浅或碰撞使船体受到较大破坏或变形时。偏差度容易出现不符合要求的情况,但当个别法兰上的偏差度超过标准时,如果轴承的温度与轴的振动仍属正常,一般不需调整。

9.2.2.3　轴承负荷试验

对于经过更换轴承,并经过重新校中安装后的轴系(即轴系中心已经变动过了),在安装完成后,需要测量轴承负荷,以了解各轴承承受的负荷是否处于正常范围内。测量方法有弹簧测力计法和电子测力计法,这些方法需要工厂拥有专门的测量工具。但现在船舶普遍采用油泵顶举(升)法测量。

采用油泵顶举(升)法测量时需要用到各测量轴承位置的顶举系数。在轴系设计时已经计算好各测量轴承位置的顶举系数,并记录在随船的《轴系计算书》中。

测量时要求轴系已经全部安装完成,操作方法如图 9-13 所示,打开轴承上盖,根据《轴系计算书》估算的负荷选择合适的液压千斤顶和百分表放置在轴承旁(安放位置严格按照《轴系计算书》的要求),对千斤顶缓慢加压发现百分表略动时将表归零,然后继续加压顶升,每加压 1 MPa 记下压力和顶起高度(顶升高度不得超过轴承间隙),顶至最大高度后缓慢松油泵,使轴下降,每减压 1 MPa 记下压力和下降高度。

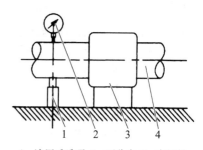

1—液压千斤顶;2—百分表;3—中间轴承;4—中间轴。

图 9-13　轴承负荷试验

根据记录的数据在直角坐标系内绘制曲线图,求得 P_a、P_b,并计算轴承负荷 F(kN):

$$F = \frac{K_{Oj}(P_a + P_b)S}{2\,000} \tag{9-10}$$

式中:K_{Oj}——顶举系数,由设计者提供;

　　　S——油泵的有效面积,cm^2,按油泵说明书;

　　　P_a——上升段的压力,MPa,作图求得;

　　　P_b——下降段的压力,MPa,作图求得。

油泵顶升法可以测量中间轴承、艉轴管前轴承的负荷,但各轴承测量不能同时进行,计算得到的数据在设计值的±20%内即视为合格。

1) 工艺概述

(1) 下水后根据计算书中的对中要求以艉轴为基准,由尾至首逐个对中各中间轴和主机,合格后将主机固定。然后复核轴法兰对中数据,合格后,即可固紧轴系螺栓(若对中时艉轴上有附加力,则要在连接螺栓前取掉)。

(2) 把临时支撑的作用力转换到中间轴承上,用顶升法(称重)检验轴承实际负荷。

(3) 顶升测力,根据记录的位移量和油压绘制顶举曲线,计算轴承负荷。

(4) 各轴承负荷与其计算值的误差是在±20%范围内,与此同时还要进行主机冷态曲轴开档的测量。上述两项要求都合格后,即可配中间轴承垫片及地脚螺栓,并固紧。

2) 顶升测力过程

(1) 按照轴系校中计算书所示的位置安装千斤顶,检查千斤顶座架是否牢固,松开中间轴承上盖。

(2) 在与千斤顶对应位置放置百分表,要求牢固可靠,将百分表归零(此时中间轴未被顶起,千斤顶刚刚与中间轴接触)。

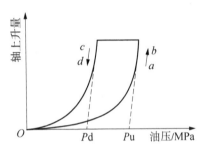

P_d—降压曲线段延长线与横轴的交点,下降负荷;P_u—升压曲线段延长线与横轴的交点,顶起负荷。

图 9-14　中间轴顶升坐标图

(3) 油泵加压,将轴分档位慢慢顶升,要求油压每升高 2.0 MPa(视情况而定),记录对应的百分表读数(即轴上升量),直到压力上升不大但轴颈抬高较快时为止。顶起的高度不能超过中间轴承的装配间隙。

(4) 慢慢地泻放油压,每降 2.0 MPa(视情况而定),记录对应的百分表读数(即轴下降量),直至油压完全释放,千斤顶不受力,轴回复原位。

(5) 根据列表记录的中间轴位移量和千斤顶负荷,即可作出顶举曲线图如图 9-14 所示,计算轴承负荷。

$$R = C(P_d + P_u)A/2 \qquad (9-11)$$

式中:R——轴承实际负荷;

　　C——顶升系数,千斤顶支撑位置不同,顶举系数亦不同,见计算书;

　　A——千斤顶活塞面积。

3) 试验注意事项

(1) 各轴承的顶升须单独进行,不能几个轴承同时进行。

(2) 千斤顶座子必须有较好的刚性,百分表架应装在不受顶升影响的独立的稳定结构上。

(3) 千斤顶顶升支点、百分表杆的触点必须在同一轴颈截面上的最低点与最高点的上下对称中心点上。

(4) 轴在顶举过程中不受任何阻碍。

(5) 在升压与降压过程中,记录千斤顶压力和百分表指针稳定后的读数。

(6) 测量应在校中结束后的近期内进行,以避免后续施工造成的轴系区域变形及吃水变化。测量时间尽量与报检时间一致,避免因温差引起的船体变形。

（7）最大测试力应限制在被测轴承实际负荷的 $2\sim2.5$ 倍。这样既可保证作出的 $P-\delta$ 图有较好的线性,又能保证相邻轴承不脱空。

（8）垫在轴着力点间的保护板不应用橡胶及石棉等非线性弹性变形的物品,以保证测试起点的精度。

（9）如果 $(P_u-P_d)>0.4\times(P_u+P_d)/2$,则说明测量的数据不理想,建议重测。

轴承负荷测量

（10）不允许在千斤顶上升过程中降压或千斤顶下降过程中升压。

9.2.3　船轴的检修

船轴是对钢质海船的艉轴（螺旋桨轴）、中间轴和推力轴的统称。

9.2.3.1　艉轴

艉轴位于船舶轴系的尾端与螺旋桨连接,首端与最后一节中间轴连接。艉轴按其与法兰的连接方式分为可拆式和固定式两种;如图 9-15 所示。按润滑方式分为油润滑式和水润滑式两种。

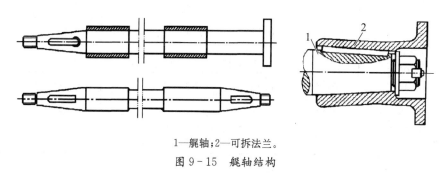

1—艉轴;2—可拆法兰。

图 9-15　艉轴结构

可拆式艉轴拆装方便,艉轴可从船外装入或抽出;固定式艉轴,只能在船内拆装艉轴,拆装不便。

油润滑式艉轴的工作轴颈较非工作轴颈尺寸大,精度和表面粗糙度要求高;水润滑式艉轴工作轴颈包覆铜套,以防腐蚀,一般采用热套工艺将铜套装于轴上。非工作轴颈可包覆玻璃钢或橡胶保护层。

9.2.3.2　中间轴

中间轴位于主机曲轴（或推力轴）与艉轴之间,由法兰和轴构成,可采用整体锻造或分锻焊接成一体,工作轴颈较非工作轴颈一般大 $5\sim20\,\text{mm}$。各中间轴法兰用螺栓连接。中小船舶常采用圆柱形螺栓,其加工比较容易;大中型船舶一般采用圆锥形紧配螺栓,其对中性好、不易松动,但加工较难。对采用圆柱形连接螺栓的法兰,其紧配螺栓数应不少于总数的 50%,两者相间排列。锥形紧配螺栓与孔均匀接触面积达 75% 以上。

9.2.3.3　推力轴

推力轴位于曲轴和中间轴之间,按法兰与轴的连接方式分为整体式和可拆式两种。船上广泛采用整体式,可拆式用于滚动式推力轴承的船上。推力轴直径较大,长度较短、刚性较好。

9.2.3.4 船轴的检修

船轴常见的损坏形式有:轴颈磨损、腐蚀、裂纹、折断;轴套松弛、漏泄;轴包覆层破损等。

1) 磨损检修

船轴工作轴颈磨损后常采用外径千分尺检测并计算圆度、圆柱度误差;采用百分表测量轴颈和法兰的径向圆跳动量,测量值应分别符合表9-4(CB/T 3417—92)、表9-5(CB/T 3417—92)规定。非工作轴颈圆度公差不得大于表9-4规定值的2.5倍;工作轴颈长度大于轴颈时,每增大100 mm,圆柱度公差值增加0.005 mm。工作轴颈磨损后采用光车修复,其最小工作轴颈可至非工作轴颈;也可用喷涂、电镀等工艺恢复尺寸。小船或内河船舶的船轴可用堆焊金属和镶钢套恢复轴颈尺寸。对磨损严重的应换新。

表9-4 船轴磨损极限(单位:mm)

| 轴颈 d | 中间轴、推力轴磨损极限 | | 艉轴磨损极限 | | | | 光车修理后 |
| | 圆度 | 圆柱度 | 圆度 | | 圆柱度 | | 圆度圆柱度 |
			油润滑	开式水润滑	油润滑	开式水润滑	
≤80	0.08	0.09	0.10	0.13	0.13	0.15	0.010
80~120	0.09	0.10	0.12	0.15	0.15	0.18	0.010
120~180	0.10	0.12	0.14	0.17	0.17	0.22	0.015
180~260	0.12	0.14	0.16	0.20	0.20	0.28	0.015
260~360	0.14	0.16	0.18	0.23	0.23	0.36	0.020
360~500	0.16	0.19	0.20	0.27	0.26	0.45	0.020
500~700	0.18	0.23	0.23	0.32	0.29	0.55	0.025

表9-5 船轴轴颈径向圆跳动(单位:mm)

| 轴长与工作轴颈之比 L/d | 工作轴颈及锥体部分 | | 非工作轴颈 | |
	极限跳动	光车修理后	极限跳动	光车修理后
≤20	0.12	0.03	0.36	0.12
20~35	0.16	0.04	0.48	0.16
35~50	0.2	0.05	0.65	0.20
50~65	0.24	0.07	0.72	0.24
65~80	0.28	0.09	0.84	0.28
80~95	0.32	0.12	0.96	0.32

2) 裂纹检修

主要是艉轴锥部大端截面变化处、键槽根部、艉轴铜套接缝处轴颈等均易产生裂纹。尤其是柴油机扭振引起铜套缺陷处艉轴表面的十字形裂纹,严重时会出现艉轴断裂的事故。

船轴裂纹可采用着色探伤、磁粉探伤、超声波探伤或钻孔法检查船轴表面裂纹的长度和深度。当船轴上裂纹的线性尺寸小于 $d/15$（d 为轴径，mm）时，可用挖修、打磨光滑的方法修理；当船轴裂纹深度不大于轴径的 5%、长度不大于轴径的 10% 时，采用焊补修理，焊后应保温缓冷；对严重裂纹的船轴应换新。

3）腐蚀检修

船轴中以艉轴的工作条件最为恶劣，其中艉轴锥部腐蚀最为严重，铜套接缝不良处海水渗入导致艉轴的电化学腐蚀。

对于腐蚀不严重的船轴，经清理检查后可继续使用；若船轴锈蚀呈尖角状，应仔细检查深度和周长，经修锉或光车、探伤检查合格后可继续使用；若艉轴锥部车削使其尺寸变化较大时，可采用堆焊修复。

4）艉轴铜套检修

艉轴铜套上产生严重磨损、裂纹或多次光车使壁厚过薄、套合松动、渗水等缺陷均应更换铜套。艉轴铜套磨损较重时可采取光车铜套，为了延长铜套使用寿命，光车时允许在工作轴颈部分残留磨痕；铜套上局部裂纹或局部磨损严重时，可进行局部更换，接缝应符合规定。修理后铜套厚度应符合表 9-6（CB/T 3417—92）的规定。注意：已套装在艉轴上的铜套不允许焊补修复。

表 9-6　艉轴铜套厚度（单位：mm）

新制铜套最小厚度 t	非工作轴颈部位厚度	光车修理时厚度	极限厚度
$\geqslant 0.03d+7.5$	$\geqslant 0.75t$	$\geqslant 0.02d+5$	$0.015d+3.5$

9.2.4　艉轴管装置的检修

9.2.4.1　艉轴管装置的组成

艉轴管装置是用来使艉轴通出船尾、支承艉轴和螺旋桨、防止海水漏入船内和润滑油自艉轴承溢出的设备。艉轴管装置主要由艉轴管本体、艉轴承、密封装置、润滑和冷却系统等组成。艉轴承是艉轴管装置中最重要的部分，根据艉轴承的不同，艉轴管装置可分为水润滑艉轴管装置和油润滑艉轴管装置，如图 9-16 所示。

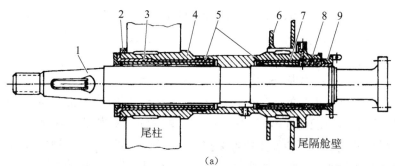

（a）

1—艉轴；2—锁紧螺母；3—尾后轴承；4—艉轴管；5—艉轴铜套；
6—轴承支座；7—尾前轴承；8—填料；9—压盖。

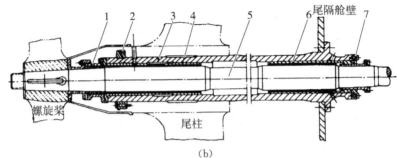

(b)

1—尾端密封装置；2—锁紧螺母；3—艉轴管；4—尾后轴承；5—艉轴；
6—尾前轴承；7—首端密封装置。

图 9-16　艉轴管装置

(a)水润滑艉轴管装置；(b)油润滑艉轴管装置

9.2.4.2　艉轴承材料和检修

船舶的艉轴承绝大多数采用滑动轴承，根据艉轴承材料和润滑剂的不同，分为水润滑艉轴承和油润滑艉轴承。目前大多采用油润滑艉轴承。

1）艉轴承材料

艉轴承由轴承衬套和轴承衬组成。水润滑艉轴承衬套材料主要采用铸铜（ZCuSnl0Zn2、ZCuZn40Mn2），轴承衬材料采用铁梨木（Lignum Vitae）、层压胶木、橡胶（Synthetic Rubber）和合成材料（尼龙、赛龙）等；油润滑艉轴承衬套采用铸钢（ZG230-450）或铸铜（ZCuSn10Zn2），轴承衬采用白合金（White Metal）等材料。

（1）铁梨木艉轴承：材质细密坚硬、密度大（约为 1.2），含有丰富的树脂，具有耐水浸、耐蚀和耐磨等特点。但铁梨木的水胀性大，而且干燥时又会产生变形和裂纹。铁梨木中含有树脂精汁等，精汁与水作用形成乳胶状黏液，具有润滑作用使摩擦系数大大降低。摩擦系数为 0.003～0.007。此外，摩擦系数随水温度升高而增大。如果保持水温低（50 ℃左右）、水量充足，铁梨木则具有很好的耐磨性。铁梨木一直被用作海船水润滑艉轴承的传统轴承材料。

（2）层压胶木艉轴承：桦木层压板材质致密坚硬、耐热、绝缘性好，有较好的耐磨性和能承受冲击负荷。此外，成材率高达 85％以上（铁梨木只有 20％），价格便宜。但脆性较大，易发热，耐磨性不及铁梨木。

（3）橡胶艉轴承：橡胶是以天然橡胶与其他矿物成分硫化加工制成。橡胶具有弹性好，吸收振动，耐磨，耐泥砂；导热性差，工作温度不能超过 65 ℃，否则很快老化失效；橡胶不耐油、遇油老化等特点。橡胶艉轴承可在含泥砂水域工作，冷却条件充分时使用寿命为铁梨木艉轴承的 2～4 倍；橡胶艉轴承工作平稳、容易安装找正，轴承负荷分布均匀。但橡胶中的硫对艉轴有腐蚀作用。

（4）合成材料艉轴承：赛龙（Sialon）也就是氮化硅 Si_3N_4 和氧化铝 Al_2O_3 的固溶体，自恢复性和弹性极好，具有很高的抗冲击性，不会永久变形，能吸收撞击负荷，对泥砂杂质不敏感。由于摩擦系数低，自润滑性能好，有很好的抗磨损性。赛龙是一种模制均质材料，使用中不会发生材料剥落现象，不会发生胶着磨损。赛龙轴承密度低，重量轻，容易加工及安装，其化学性能稳定，耐污水，抗老化性强，没有保存年限的限制。但其导热性差，且不耐高温。

赛龙艉轴承的性能优于铁梨木、尼龙和层压胶木等艉轴承材料，使用寿命约是其他轴承材料的 4 倍。工作温度为 $-65\sim107\,℃$，赛龙轴承可承受冷缩安装的温度达 $-196\,℃$，而不会硬脆。赛龙轴承浸入水或水溶液的温度不得超过 $60\,℃$，否则会产生水解作用使轴承变软，因此赛龙艉轴承冷却水温度在 $50\,℃$ 以下，冷却水量为每英寸轴径每分钟 4 升。

(5) 白合金艉轴承：白合金艉轴承常用锡基巴氏合金($ZChSnSb11\text{-}6$、$ZChSnSv7.5\text{-}3$)。将白合金浇铸在艉轴承衬套上。油润滑艉轴承在闭式润滑系统中工作，艉轴不需套装铜套。

2) 艉轴承的检修

(1) 铁梨木艉轴承的检修。铁梨木艉轴承的主要损坏形式有过度磨损和裂纹、开裂。

铁梨木艉轴承的后轴承磨损较快，往往形成一个向后喇叭口。轴承过度磨损使板条厚度减薄，轴承间隙增大，运转时产生冲击和振动，导致铁梨木艉轴承产生裂纹或开裂。因此，船舶进坞检修时应测量艉轴承间隙和艉轴承孔，确定铁梨木板条的厚度。艉轴承间隙和铁梨木板条的厚度应不超过表 9-7(CB/T 3420—92)的规定。艉轴承的安装间隙 Δ 和极限间隙 Δ_{max} 也可依下式计算：

$$\Delta = 0.003d + (0.50 \sim 0.75) \qquad (9\text{-}12)$$

$$\Delta max \approx 4\Delta \qquad (9\text{-}13)$$

式中：d——艉轴直径，mm。

表 9-7 铁梨木和层压胶木艉轴承间隙(单位：mm)

轴颈 d	更换		安装	
	极限间隙 Δ_{max}	板条极限厚度	安装间隙 Δ	新制板条最小厚度
≤100	3.50	—	0.90~1.00	—
100~120	4.00	—	1.00~1.10	—
120~150	4.50	6.00	1.10~1.20	11.00
150~180	5.00	6.50	1.20~1.30	12.00
180~220	5.50	7.00	1.30~1.40	12.00
220~260	6.00	7.00	1.40~1.50	13.00
260~310	6.60	8.00	1.50~1.65	14.00
310~360	7.30	9.00	1.65~1.80	15.00
360~440	8.00	10.00	1.80~2.00	16.60
440~500	8.70	11.50	2.00~2.20	18.00
500~600	9.50	13.00	2.20~2.40	20.00
600~700	10.50	14.50	2.40~2.60	22.00

艉轴承间隙一般是在距尾后轴承尾端 100 mm 处的垂直方向测量径向间隙。中机型船舶艉轴架处艉轴承极限间隙按表 9-7 规定值增大 20%；尾机型船舶艉轴承极限间隙取表 9-7 规定值的 75%。

当艉轴承间隙超过极限值，而板条厚度尚未超过极限值时，采取以下修理方法。

① 更换艉轴铜套来调整艉轴承间隙。新制铜套厚度允许加大到原设计厚度的 1.25 倍，使艉轴承间隙减小至规定值。

② 在艉轴承下瓦铁梨木板条与轴承衬套之间垫入整张铜皮，以减小艉轴承间隙。

当铁梨木艉轴承间隙和板条厚度均超过极限值时，采取以下方法修理：

① 换新艉轴承。

② 仔细检查后依具体情况局部换新。

③ 缺少铁梨木材料时，采用上下瓦对调的方法。

铁梨木板条产生裂纹或开裂时，采用局部或全部换新。铁梨木在坞修时要注意保持铁梨木艉轴承的湿态。例如，抽出艉轴后，应将艉轴承孔内充水或填塞湿木屑或湿草包，也可将轴承孔内表面涂一层牛油，并将艉轴承两端堵死。修理时需经常向轴承喷水，保持湿态。

（2）层压胶木艉轴承的检修。

可参照铁梨木艉轴承检修的有关规定。

（3）橡胶艉轴承的检修。

橡胶艉轴承磨损后艉轴承间隙应符合表 9-8(CB/T 3420—92)的规定。金属板条橡胶艉轴承的安装间隙 Δ 依下式计算：

表 9-8　橡胶艉轴承的间隙(单位:mm)

轴颈 d	金属板条橡胶艉轴承		整铸橡胶艉轴承	
	安装间隙 Δ	极限间隙 Δ_{max}	安装间隙 Δ	极限间隙 Δ_{max}
≤100	0.60～0.70	3.50	0.45～0.50	3.50
100～120	0.65～0.75	4.00	0.50～0.55	4.00
120～150	0.70～0.80	4.50	0.55～0.60	4.50
150～180	0.75～0.85	5.00	0.60～0.70	5.00
180～220	0.80～0.95	5.50	—	—
220～260	0.90～1.05	6.00	—	—
260～310	1.00～1.15	6.50	—	—
310～360	1.10～1.25	7.20	—	—
360～440	1.20～1.35	7.80	—	—
440～500	1.30～1.50	8.50	—	—
500～600	1.45～1.70	9.00	—	—
600～700	1.65～1.90	10.00	—	—

$$\Delta = 0.002d + 0.50 \qquad (9-14)$$

式中：d——艉轴直径，mm。

整铸式橡胶艉轴承安装间隙 Δ 依下式计算：

$$\Delta = 0.002d + 0.20 \qquad\qquad (9-15)$$

式中：d——艉轴直径，mm。

艉轴承间隙超过极限值时，不允许偏心磨削板条橡胶艉轴承，但可挫削板条背面，使轴承间隙符合要求。备件缺少时可将上、下橡胶板条对调，以继续使用，橡胶老化、脱壳、剥落严重时应换新。

（4）赛龙艉轴承的检修。

可参照铁梨木艉轴承检修的有关规定。

（5）白合金艉轴承的检修。

白合金艉轴承的主要损坏形式有过度磨损、擦伤、裂纹和剥落、烧熔等。

白合金艉轴承产生磨损后使艉轴承间隙增大，检测后与表 9-9(CB/T 3420—92)对照，以判断其使用性。白合金艉轴承的安装间隙 Δ 和极限间隙 Δ_{max} 也可依下式计算：

表 9-9　轴承合金艉轴承间隙（单位：mm）

轴颈 d	更换		安装	
	极限间隙 Δ_{max}	轴承合金允许最小厚度	安装间隙 Δ	轴承合金新制最小厚度
≤100	1.80	1.60	0.40～0.50	3.20
100～120	2.00	1.60	0.45～0.55	3.20
120～150	2.20	1.80	0.50～0.60	3.60
150～180	2.40	1.80	0.55～0.65	3.60
180～220	2.60	2.00	0.60～0.70	4.00
220～260	2.80	2.00	0.65～0.75	4.00
260～310	3.00	2.20	0.70～0.80	4.40
310～360	3.20	2.20	0.75～0.85	4.40
360～440	3.50	2.40	0.80～0.90	4.80
440～500	3.80	2.40	0.85～0.95	4.80
500～600	4.10	2.60	0.90～1.00	5.20
600～700	4.50	2.60	1.00～1.10	5.20

$$\Delta \approx 0.001d + 0.40 \qquad\qquad (9-16)$$

$$\Delta_{max} \approx 4\Delta \qquad\qquad (9-17)$$

式中：d——艉轴直径，mm。

白合金艉轴承产生过度磨损、剥落和咬伤严重时应予以修换。当艉轴承产生严重裂纹、过度磨损和烧熔时应重浇合金。

9.2.4.3 艉轴密封装置的检修

1）水润滑艉轴承

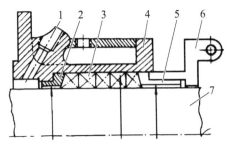

1—进水管；2—衬环；3—填料；4—艉轴管；5—压盖衬套；6—压盖；7—艉轴。

图 9-17　首端填料函式密封装置

水润滑艉轴承只设首端密封装置，图 9-17 为其结构示意。

填料一般多采用浸油脂的棉、麻或尼龙绳，在压盖的预紧力作用下与艉轴紧密接触达到阻水密封的目的。艉轴承磨损使艉轴下沉时，可径向调节填料函本体使与艉轴同心，保证密封效果。引入具有压力的舷外水冷却和冲走积存在填料内的泥砂。该装置结构简单、工作可靠，但摩擦损失大、容易损伤艉轴或铜套。

填料函工作时允许有少量水滴漏，若艉轴发生磨损或填料函失效造成大量海水漏入机舱，应进坞检修更换填料。若不能进坞，可用压载水使船艉翘起艉轴露出水面更换填料，但应注意安全。

更换填料时应注意：

（1）每圈填料的长度应恰好在两端接拢。

（2）各道填料的接口应相互错开。

（3）压盖衬套内圆面不得与艉轴接触，上、下、左、右间隙相等。

（4）压盖安装后前后移动应灵活、无卡阻。

（5）填料函装妥后，压盖法兰与艉轴管端面间的各点距离相等。

（6）按一定对角顺序上紧压盖螺母，使之均匀压紧填料。

2）油润滑艉轴承

油润滑艉轴承的首、尾两端均装有密封装置。首端密封装置是防止艉轴承内润滑油泄漏到机舱；尾端密封装置既防止艉轴承内润滑油漏泄污染海面，又防止海水进入艉轴承。密封装置的种类很多，目前大中型船舶广泛采用辛泼莱克斯（Simplex）式密封装置。它是一种橡皮环式密封，具有结构简单、密封效果良好、摩擦损失小、寿命长、安装和修理方便等优点。

图 9-18(a)(b)为尾端和首端密封装置。首尾密封装置的损坏主要发生在防蚀衬套与橡胶环上。防蚀衬套与橡胶环相对运动使它们产生磨损、磨痕；橡胶环老化，唇部产生裂纹、缺口、毛边等缺陷。

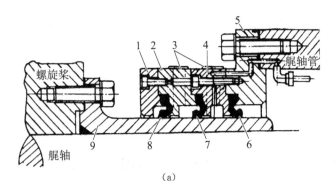

（a）

1—压盖；2、4—中间环；3—注油孔旋塞；5—凸缘；6、7、8—橡胶环；9—钢衬套。

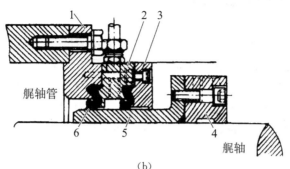

艉轴管

艉轴

(b)

1—凸缘；2—中间环；3—压盖；4—压紧环；5—钢衬套；6—橡胶环。

图 9-18　辛波莱克斯艉轴承密封装置

(a)艉端密封装置；(b)首端密封装置

防蚀衬套一般选用不锈钢、钢套镀铬或青铜,加工后经过 0.2 MPa 的水压试验检验,不得有任何渗漏,其内孔与艉轴之间有一定的配合间隙。防蚀衬套磨损、磨痕可采用光车予以消除或错开磨损部位；防蚀衬套光车后使外径尺寸过小时,可采用喷涂金属恢复原设计尺寸。

艉轴管定位

橡胶环一般采用丁腈橡胶或氰橡胶。橡胶环的碎裂、唇边硬化开裂和过度磨损、老化及防蚀衬套光车后均应换新。

任务 9.3　螺旋桨的检修

螺旋桨(Propeller)是一种反作用式推进器,在海船上普遍采用。螺旋桨的作用是将船舶主机发出的功率转变为推动船舶运动的推力,使船舶前进或后退。

螺旋桨按直径尺寸 D 可分为大、中、小三型:大型螺旋桨 $D>3.5$ m；中型螺旋桨 $D=3.5\sim1.5$ m；小型螺旋桨 $D<1.5$ m。按照桨叶面螺距的分布规律可分为固定螺距螺旋桨和可调螺距螺旋桨。还有一些特殊结构的螺旋桨,包括导管螺旋桨、串列螺旋桨、对转螺旋桨、直翼螺旋桨等。

螺旋桨的材料主要有锰黄铜(ZHMn55-3-1)、铝青铜(ZQAl12-8-3-2)、铸钢(ZG200-400)、铸铁(HT200、HT250)、球墨铸铁(QT400-18)和塑料(尼龙 6、尼龙 610、尼龙 1010)以及复合材料(玻璃钢)等。

9.3.1　螺旋桨故障及其桨叶损坏的修理

螺旋桨的缺陷主要发生在桨叶上,常见的有腐蚀、变形、裂纹和断裂等；桨毂上的损坏形式有裂纹、锥孔表面及键槽侧面的咬痕和撞痕。此外,航行营运中的螺旋桨还会出现鸣音、重载或轻载等故障。

9.3.1.1 船舶航行中螺旋桨的故障

1) 螺旋桨重载或轻载

所谓螺旋桨重载是船舶航行中或试航时,螺旋桨转速低于设计转速导致航速下降。重载的原因可能是船体设计不良或海生物污损,也可能是螺旋桨制造不准确。例如螺距和直径太大、桨叶厚度过大和表面加工粗糙等。解决螺旋桨重载的有效办法是减小螺距或直径。另外也可对桨叶随边压力面进行修整以使其冲角减小、有效螺距角减小,从而增加螺旋桨的转速,如图 9-19(a)所示。用此方法修理时,不需拆卸螺旋桨,操作简单,不影响螺旋桨推进性能和轴系扭振。

螺旋桨轻载是由于某种原因使船体阻力减小,这时在相同的航速下螺旋桨吸收的功率比主机原来提供的功率小,对主机来说由于受转速限制不能提高转速,因此不能发挥主机的设计功率。螺旋桨轻载时可对随边吸力面或导边压力面进行修整,如图 9-19(b)所示。

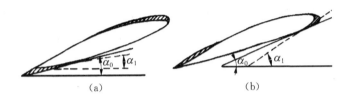

$$(a) \qquad\qquad (b)$$

图 9-19   螺旋桨重载和轻载的消除

2) 螺旋桨鸣音

船舶航行中螺旋桨发出有节奏的"嗡、嗡"或"吭、吭"声。这种现象是由于螺旋桨回转时,在桨叶随边 $0.4R$(R 为螺旋桨半径)以外部位产生有节奏的涡流。在某几个转速下,涡流所引起的振动频率恰好与桨叶的固有频率接近而产生共振,使螺旋桨发出鸣音。

消除螺旋桨鸣音是用改变桨叶随边 $0.4R$ 以外的涡流,使其引起的振动频率远离螺旋桨的固有频率来避免产生共振。具体方法是把桨叶随边 $0.4R \sim 0.8R$ 部分加厚或减薄,或加工成特殊边形(如做成锯齿状、黏贴一排小圆块、钻一排孔、开封闭圆孔槽等)的抗鸣边缘。如图 9-20 所示。

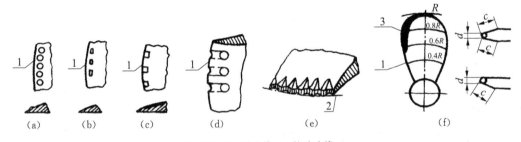

$$(a) \quad (b) \quad (c) \qquad (d) \qquad\qquad (e) \qquad\qquad (f)$$

1—随边;2—随边线;3—抗鸣边缘。

图 9-20   特殊加工消除鸣音

3) 螺旋桨失去平衡

由于螺旋桨的材料不佳、铸造缺陷、桨叶受到严重的腐蚀和海生物的污损,或者桨叶碰到礁石、缆绳等导致桨叶的剥蚀、变形、断裂,甚至桨叶丢失,造成螺旋桨失去平衡性。螺旋桨失去平衡会在艉轴承处产生敲击,导致轴系和船体产生异常振动。

9.3.1.2　桨叶损坏的修理

1) 桨叶表面缺陷分区

根据缺陷在桨叶不同部位所造成的危害程度不同,通常将桨叶表面(压力面和吸力面)分为三个区域,如图 9-21 所示。

A 区是指桨叶压力面 $0.4R$ 以内范围。

B 区是指桨叶压力面 $0.4R \sim 0.7R$ 的范围和 A 区两侧边缘;吸力面 $0.7R$ 以内范围。

C 区是指桨叶压力面和吸力 $0.7R$ 以外的部分。

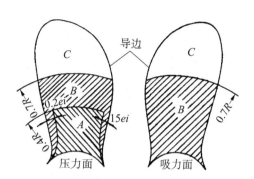

R—螺旋桨半径;ei—弧长。

图 9-21　螺旋桨叶面缺陷分布区域

2) 各区域缺陷的修理

(1) A 区内的缺陷一般不允许焊补修理。缺陷深度不超过 $t/40$(t 为局部叶厚,mm)或 4 mm,允许磨去两值中较大缺陷,特殊情况下必须焊补时,应采用特殊工艺措施。

(2) B 区仅从外观考虑的小缺陷应避免焊补。缺陷深度不超过 $t/30$ 或 3 mm,允许磨去两值中较大缺陷,需焊补时,应采用完善的工艺措施。

(3) C 区的缺陷通常允许焊补修理,焊补工艺应符合规定。桨叶边缘和表面的微小缺陷允许磨去修光。

(4) 不严重的穴蚀小孔及凹陷,在不便焊补时允许采用环氧环脂等胶黏剂涂补或采用金属喷涂,使桨叶表面平整光顺。

(5) 一般裂纹,在限定条件下允许用钻止裂孔作为临时处理措施,$0.6R$ 以外的裂纹也可采用波浪键扣合工艺。裂纹严重时,已经多次大面积焊补修理后,因材料性能发生变化,再修补也难保证质量时,则应换新。

桨叶焊后应进行磨光,然后用观察法或着色法检验焊补质量。如有呈线状分布和长度或深度大于 3 mm 的缺陷应再次焊补修理。焊补后,除镍铝青铜材料外,其他材料的螺旋桨均应进行退火处理,以消除内应力。

3) 桨叶变形的矫正

桨叶变形较小时,可采用冷态矫正(即加热温度在 250 ℃ 以下的矫正)。冷态矫正适用于叶尖和桨叶边缘厚度小于 30 mm 处。桨叶较厚或变形较严重时应采用热态矫正。

螺旋桨经冷态或热态矫正后均应用观察法或着色法检查,并对缺陷进行修整,最后进行退火处理(镍铝青铜除外)。

9.3.2　螺旋桨修理后的检验

螺旋桨经过修理后,除对修理质量进行检验外,还应对螺旋桨的螺距和静平衡性进行检验。

9.3.2.1 螺旋桨螺距的检验

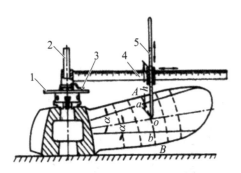

1—刻度盘；2—心轴；3—指针；4—水平尺；5—量杆

图 9 - 22 螺旋桨局部螺距的测量

测量螺旋桨螺距时，把桨平放在平整的地上，桨叶叶面朝上。将螺距规安装在桨毂的锥孔中，调整螺距规的中心线使其垂直桨毂端面并固紧在上面，如图 9 - 22 所示。

测量叶片螺距时，一般要在桨叶上 $0.3R$、$0.4R$、$0.5R$、$0.6R$、$0.7R$、$0.8R$、$0.9R$ 等截面分别测量，而且每一叶片在同一截面的测量点应不少于 3 点。例如，在某截面上任选三点 a、o、b，先将量杆移至 o 点，记录下量杆高度数值 l_O，然后将水平尺绕心轴转过选定角度 α（取 $360°$ 的因数），使量杆与叶面上 a 点接触，记下量杆读数 l_1，则该半径截面上 o、a 两点所对应的 α 角的部分螺距值为高度差值 $l_O - l_1$。由此计算出的局部螺距 h' 为：

$$h' = 360°(l_O - l_1)/\alpha \qquad (9-18)$$

同理，可以测量和计算出该截面处其他各相邻点的局部螺距 h''、……。

将该桨叶上同一半径截面上的局部螺距的算术平均值称为该半径截面的截面螺距 h_i。则该半径截面的截面螺距 h_i：

$$h_i = (h' + h'' + \cdots\cdots)/n \qquad (9-19)$$

式中：n——测得同一截面上的局部螺距数目。

同理，可以测量并计算出桨叶上各半径截面的截面距 h_i，计算其算术平均值则得到该桨叶的平均螺距 H_i。再测量并计算出螺旋桨各桨叶的平均螺距 H_i，计算其算术平均值，即得该螺旋桨的总平均螺距 H。

修理后的螺旋桨的半径和各种螺距的偏差值应不超过表 9 - 10（CB/T 3423—92）的规定数值（以设计值的百分数表示），偏差值为设计值与实测值之差。

表 9 - 10 螺旋桨半径和螺距的偏差值（设计值的百分数）

偏差	螺旋桨级别		
	Ⅰ	Ⅱ	Ⅲ
螺旋桨半径 R	$\pm 0.5\%$	$\pm 0.75\%$	$\pm 1\%$
截面螺距 h_i	$\pm 2.5\%$	$\pm 3.5\%$	$\pm 5\%$
桨叶平均螺距 H_i	$\pm 1.5\%$	$\pm 2.5\%$	$\pm 4\%$
总平均螺距 H	$\pm 1\%$	$\pm 2\%$	$\pm 3\%$

9.3.2.2　螺旋桨静平衡试验

当螺旋桨回转时,桨叶不平衡质量就会引起离心力和不平衡力矩,使螺旋桨失去平衡,造成轴系和船体的剧烈振动和损坏。为此,螺旋桨每次修理完后都需进行静平衡试验,把桨叶上的不平衡质量限制在一定的范围内。

试验时,把螺旋桨安装在试验支架上,如图 9-23 所示,用手转动螺旋桨,待其自行停止。若几次转动后总是某一桨叶停在下方,说明该桨叶较重。通常在较轻的桨叶叶尖附近加重物,再让其转动,直至各桨叶质量均衡出现随遇平衡为止。取下加在叶尖处的重物,称其质量为 P,要求 P 不超过规定值[P]。

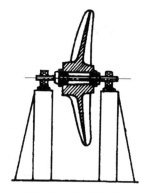

图 9-23　螺旋桨静平衡试验

螺旋桨不平衡质量允许值一般规定为:此质量使螺旋桨在最高转速时所引起的离心力应等于或小于螺旋桨重力的 1%。

为简化计算,桨叶叶尖处允许的不平衡质量[P]由下式确定:

$$[P] \leqslant KG/D \tag{9-20}$$

式中:G——螺旋桨的质量,t;

　　　D——螺旋桨的直径,m;

　　　K——系数,按表 9-11 选取。

表 9-11　系数 K 值

直径 D/m	螺旋桨各级别不同转速/(r/min)								
	Ⅰ			Ⅱ			Ⅲ		
	<150	150~350	350~700	<150	150~350	350~700	<150	150~350	350~700
$D<1.5$	2.0	1.5	1.0	3.0	2.5	1.5	4.0	3.0	2.0
$1.5 \leqslant D \leqslant 3.5$	1.5	1.0	0.3	2.0	1.5	0.6	3.0	2.0	1.0
$3.5 < D < 6.0$	1.0	0.3	0.1	1.5	0.5	0.2	2.0	0.8	0.3

当桨叶上不平衡质量 P 超过允许值[P]时,通常对质量较大的桨叶进行修整,在该桨叶叶背距边缘不少于 1/10 叶宽处铲削桨叶金属,如图 9-24 所示,但铲削后桨叶截面厚度应满足要求,静平衡试验应符合要求。

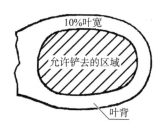

图 9-24　桨叶允许铲削区域示意图

任务 9.4   舵系的检修

将舵机动力传递到舵叶产生舵效,实现船舶转向、调头、保持航向等操纵船舶航向的控制装置称为舵系。舵系是由舵杆舵承(上、下舵承)、舵销轴承、舵轴等固定件及舵杆、舵叶和舵销等运动件组成的,不包括舵机及其操纵系统。舵系安装于船舶尾部螺旋桨的正后方,有单舵系和双舵系之分。

9.4.1   舵系故障、舵杆和舵承的检修

9.4.1.1   舵系故障

舵系除因海损事故需要进行修理外,一般情况下很少修理。舵系检修可随同轴系检修在坞内进行。

舵系修理的内容和范围根据船舶航行中发现的问题和船舶进坞后的实际勘验而定。舵系在实际运转中一般会产生以下故障。

(1) 舵沉重,转舵不灵敏,转满舵需较长时间。在舵机功能正常情况下,可能是舵叶进水使转舵负荷增加;舵杆弯曲或扭转变形,使各舵承负荷不均,摩擦力增加;舵承损坏;舵系安装不良使配合件卡紧等原因造成。

(2) 转舵时声音异常,有严重的撞击现象。主要是舵承与舵杆、舵轴、舵销等的配合间隙过大、转舵时舵叶忽左忽右产生撞击,或上舵承滚珠碎裂、护圈松动,转舵沉重并产生撞击。

(3) 转舵不准确,舵角不正,正舵时舵角不在零位。舵角指示器正常时,主要是以下原因造成:舵杆扭曲变形,舵叶方向随之变化;安装舵时舵角没对准零位。当舵角指示器发生故障指示错误时,转舵也不准确。

(4) 操舵轻松,航向失控。可能是发生舵杆折断,或舵杆与舵叶法兰连接螺栓脱落造成舵叶丢失等导致。

(5) 舵系振动。主要由于舵系安装不正;舵承间隙过大;舵系安装部位的船体刚度、强度不足,上舵承座强度差等造成。

此外,还可能产生舵系密封装置损坏,造成海水漏入舵机舱的事故。

9.4.1.2   舵杆的检修

在航行中,舵杆承受巨大扭矩和弯矩作用以及偶然的外力作用,舵杆与舵承间有相对运动,承受着摩擦磨损。因此舵杆的主要损坏形式是:轴颈磨损、表面腐蚀和裂纹以及舵杆弯曲变形。

1) 检测

(1) 舵杆工作轴颈的磨损可以通过测量工作轴颈的直径并计算其圆度、圆柱度误差,与标准比较来检测。

(2) 舵杆表面腐蚀、裂纹可采用观察法、渗透探伤、磁粉探伤或超声波探伤等方法来检测。

（3）舵杆弯曲变形可在车床或支架上进行检测。

2）修理

（1）舵杆过度磨损可采用堆焊金属，光车后继续使用。

（2）锈蚀面积超过总面积的 25% 时应进行光车、焊补或堆焊修复。轴颈光车后直径减小值不得超过公称直径的 10%，个别残留痕迹深度不得超过 0.5 mm。

（3）舵杆上有 2～3 条细小纵向裂纹时，可用手工修理；纵向裂纹长度不超过 1/4 公称直径，数量不超过 3 条且不在同一母线上，裂纹深度不超过 5% 公称直径时，可进行焊补修理。舵杆上不允许有横向裂纹。

（4）舵杆弯曲变形时，直线度不大于 2 mm/m 允许采用冷校法校直；若直线度大于 2 mm/m 时需采用热校法校直，但加热温度不得超过 650 ℃。

9.4.1.3　舵承的检修

（1）上舵承的检修。上舵承大多为滚动轴承，当轴承发生锈蚀、剥蚀、护圈破裂、滚珠（滚柱）严重磨损或破碎、转动不灵活时，均应予以换新。

（2）其他滑动轴承检修。白合金滑动轴承磨损严重时可采用重浇白合金修复；铁梨木轴承过度磨损、严重变形或开裂时需更换铁梨木进行修理。

9.4.2　舵系中心线的检验和调整

新造船舶安装舵系前应首先确定舵系中心线，通常舵系中心线与轴系理论中心线同时进行确定。在拉好轴系理论中心线和舵系中心线后，按校中技术要求进行校中测量和安装舵系。营运船舶由于海损事故或其他原因造成舵系失中时，应检查舵系中心线的状态。与新造船舶一样，也是采用拉线法进行校中测量。以上舵承和舵底承孔中心为基准拉钢丝线，一般拉线用钢丝线直径不大于 0.8 mm，如图 9-25 所示。

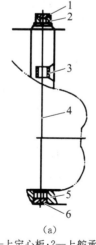
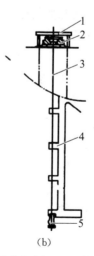

（a）

（b）

1—上定心板；2—上舵承；3—下舵承；4—舵系中心线；5—尾柱底骨（或舵斗）；6—下定心板。

1—上定心支架；2—上舵承；3—舵系中心线；4—尾柱舵钮；5—下定心支架。

图 9-25　拉舵系固定件中心线的钢丝线

（a）穿心舵轴平衡舵舵系中心线；（b）多支承不平衡舵舵系中心

9.4.2.1　舵系校中技术要求

1) 固定件校中技术要求

(1) 舵系固定件中心线与船舶基线垂直,垂直度偏差不大于 1 mm/m。

(2) 新造或营运的单桨单舵船舶,舵系中心线与轴系中心线相交,如图 9-26 所示,其位置度偏差 δ 不得超过以下公式的计算值 $δ_{计}$:

$$δ_{计} = 0.001\sqrt[3]{L} \qquad\qquad (9-21)$$

式中:L—船长,m。

(3) 固定件各舵承孔中心线同轴度允许偏差不大于舵承安装间隙的 0.7 倍。

(4) 恢复性修理的双桨双舵船舶的两条舵系中心线的前后定位偏差、相互位置偏差均不得大于 5~10 mm,舵系中心线与轴系中心线位置度偏差 δ 要求同上,且两舵的 δ 不允许在同侧。

2) 舵系运动件校中技术要求

校中前,在车间将舵杆与舵叶组装在一起,以便校准舵杆中心线与舵叶轴承孔中心线同轴。通过刮研法兰平面、铰削紧配螺栓孔等以使相对位置固定。

(1) 采用组装拉线校中时,舵系运动件法兰连接螺栓中至少应有 4 个紧配螺栓,法兰结合面应紧贴;

(2) 舵叶轴承孔与舵杆轴颈同轴度偏差不得大于舵承安装间隙的 0.7 倍。

9.4.2.2　舵系中心线的检验和调整

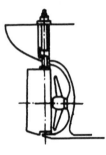

(1) 舵系固定件同轴度检验。拉出舵系固定件中心线的钢丝线后,测量各舵承孔至钢丝线前、后、左、右的距离,以确定轴承孔与舵系中心线的偏差度,即各舵承孔的同轴度偏差。当偏差过大时,可以偏心镗削舵承孔衬套,或用胶黏剂使舵承衬套在舵承孔内偏心固定。镗削后舵承衬套,最小厚度应不小于新制衬套厚度的 75%,并应可靠固定,防止衬套转动。

(2) 舵系运动件同轴度检验。用拉线法或平台测量法检验舵杆中心线与轴承孔中心线是否同轴,要求两者的同轴度误差小于 0.5 mm。若偏差过大,可采用偏镗舵承孔、重新定位舵杆、研磨舵杆与舵叶连接法兰平面等方法予以纠正。

(3) 舵系中心线与轴系中心线位置度检验。用拉线法或光学仪器法测量舵系中心线与轴系中心线之间的距离 δ(如图 9-26),并与计算值比较。

图 9-26　舵系中心线与轴系中心线的相互位置

知识拓展
经典案例分析
练习题

艉舵安装动画

参 考 文 献

［1］《轮机工程手册》编委会编. 轮机工程手册上［M］. 北京：人民交通出版社，1992.

［2］《机修手册》第 3 版编委会. 机修手册 第 2 卷 修理技术基础［M］. 3 版. 北京：机械工业出版社，1993.

［3］CB/T 3473—93. 船用柴油机修理技术标准［S］. 中国船舶工业总公司，1993.

［4］中国船级社. 钢质海船入级规范（2023）［J］. 船舶标准化工程师，2023，56（5）：3.

［5］满一新. 船机维修技术［M］. 大连：大连海事大学出版社，1999.

［6］吴恒. 高强，孙建波，等. 船舶柴油机动力装置管理 CAI 课件的研制［J］. 现代教育技术，1998，（4）：34 - 37＋41.

［7］顾卓明. 轮机维护和修理［M］. 北京：人民交通出版社，2001.

［8］李春野. 轮机维护与修理［M］. 大连：大连海事大学出版社，2001.

［9］吴宗荣. 船舶机械修理工艺学［M］. 北京：人民交通出版社，2000.

［10］刘永辉，张佩芬. 金属腐蚀学原理［M］. 北京：航空工业出版社，1993.

［11］沈心敏，闻英梅，孙希桐，等. 摩擦学基础［M］. 北京：北京航空航天大学出版社，1991.

［12］张俊哲. 无损检测技术及其应用［M］. 北京：科学出版社，1993.

［13］梁卫武. 船舶动力装置安装工艺［M］. 黑龙江：哈尔滨工程大学出版社，2019.

练习题参考答案